미래의 부자인 _____ 님을 위해

이 책을 드립니다.

현명한 당신의
주식투자
교과서

현명한 당신의
주식투자
교과서

초판 1쇄 발행 | 2019년 2월 22일
초판 5쇄 발행 | 2021년 5월 31일

지은이 | 박병창
펴낸이 | 박영욱
펴낸곳 | 북오션

편 집 | 권기우
마케팅 | 최석진
디자인 | 서정희·민영선
SNS마케팅 | 박현빈·박가빈

주 소 | 서울시 마포구 월드컵로 14길 62
이메일 | bookocean@naver.com
네이버포스트 | m.post.naver.com('북오션' 검색)
전 화 | 편집문의: 02-325-9172   영업문의: 02-322-6709
팩 스 | 02-3143-3964

출판신고번호 | 제2007-000197호

ISBN 978-89-6799-453-2 (03320)

이 도서의 국립중앙도서관 출판예정도서목록(CIP)은 서지정보유통지원시스템
홈페이지(http://seoji.nl.go.kr)와 국가자료공동목록시스템
(http://www.nl.go.kr/kolisnet)에서 이용하실 수 있습니다.
(CIP제어번호: CIP2019001457)

박병창 지음

현명한 당신의
주식투자
교과서

북오션
콘텐츠그룹

10여 년 만에 원고를 쓴다. 주변의 요청으로 책을 내기로 했지만, 고민이 많다. 23년의 경험은 내게 주식 투자 방법론에 대한 '확신'보다 '회의'를 더 많이 주었기 때문이다. 데이트레이딩을 하고, 무한 수익의 꿈을 품고 트레이딩 시스템을 개발하고, 고객의 돈을 위탁받아 투자하면서 누구 못지 않게 열심히 주식 투자 방법론을 고민하고 공부했다. 처음 증권사에 입사해 전화통을 붙잡고 정보 매매를 하는 선배를 보며 주식을 배웠고, 온라인 거래가 허용된 이후에는 짧은 단기 매매 기법을 공부했다. 시세와 거래에서 매매 타이밍을 알아내고자 수많은 기술적 지표를 분석했다. 저평가된 성장 기업을 발굴하려고 기업 탐방에 전력을 다한 시기도 있었다. 돌이켜 생각해 보면, 결국 수익을 내는 투자 방법론을 알아내려고 20여 년간 무진 애를 쓴 셈이다.

세상의 모든 일이 연륜이 쌓이고 전문가가 되면 도통할 수 있을 것인데, 주식 투자는 그렇지 않은 듯하다. 이제 막 입사한 신입 직원이나, 주식 투자를 시작한 초보나, 오랜 경력의 투자자나, 전문 투자가 집단이나 최종 투자 성과는 장담할 수 없다. 주식시장은 과거와 동일하게 움직이지 않고 미래의 상황은 어느 누구도 예측할 수 없는데, 주식 투자란 늘 미래에 투자하는 일이기 때문이다.

그간 데이트레이딩을 비롯해 기술적 분석 위주의 책을 썼고 강의를 했다. 그것만이 답이 아니라는 것은 누구나 알고 있지만, 그것도 모르고 주식 투자를 하는 것은 말 그대로 나침반 없는 항해와 같기 때문이다. 기술적 분석은 꼭 알아야 하지만, 그것만으로 투자 수익을 낸다고는 볼 수 없다. 거의 모든 기술적 분석은 '사후적'이기 때문이다. 비단 기술적 분석만이 아니다. 가치적 분석 역시 투자할 기업을 발굴하는 도구이지 그 자체가 수익과 직결된다고는 볼 수 없다. 만일 그것에 모든 해법이 있다면 많은 '차티스트'와 '애널리스트'는 부자가 되어 있어야 한다.

오랜 동안 주식 투자를 하면서 내린 간단한 결론은, 해박한 지식과 오랜 경험만으로는 주식 투자에 성공하기가 쉽지 않다는 것이다. 주식시장은 세상의 다른 영역과 달리 독특한 시스템이 작동한다. 흔히 주식 투자를 두고 '머니게임', '타이밍의 예술', '정보 싸움', '인지 행위적 투자론' 같은 말들을 한다. 결국 주식시장은 산업 사이클을 이해하고 성장 사이클을 추종해야 한다는 간단한 논리 위에서 돌아가고 주식시장이 존재한 그 오랜 세월 동안 수익은 '정보와 돈'을 추종했다는 것이다.

다음에 다시 책을 쓰게 된다면 이론과는 너무나 다른 시장의 현실을 23년간의 경험치를 바탕으로 소개하고 싶다. 하지만 지금은 지난 20여 년 동안 투자해온 노하우를 그간 출간한 책을 바탕으로 가능한 한 쉽고 간단하게 정리했다. 그것이 수익과 바로 연결되는 것은 아니라고 얘기하면서도 다시 한번 투자 방법론을 말하는 것은 정말 '의외로' 가장 기본적인 기술적 분석과 가치 분석을 잘 모르는 투자자가 많기 때문이다. 우선 그 분들에게는 이론이 필요하다. 이론적으로 무장한 후 실전에 나서야 한다. 이론 없이 실전에서 '우연히' 수익을 낼지도 모르지만, 결국 시간이 지나면 결과는 좋지 않은 쪽으로 흘러갈 것이다. 끊임없이 변화하는 시장에서 어찌할 바를 몰라 힘들어 하는 투자자들을 많이 보와 왔다. 이들에게 필요한 것은 기본이다. 모든 것은 기본에서 출발하기 때문이다.

주식시장에 참여하는 투자자가 제각각인 것처럼, 주식 투자를 하는 방법론도 제각각이다. 주식시장에서 수십억, 수백억을 벌었다는 투자자 모두가 같은 방법론을 사용하지 않았다. 각자의 성향에 따라, 상황에 따라, 잘하는 분야에서 성공했다. 그렇기에 이 책에서는 주가와 거래량 등의 움직임을 이해할 수 있는 시세 중심의 단기 거래(스캘핑, 데이트레이딩, 스윙)와 일반적으로 일봉과 주봉의 차트와 거래량을 보며 거래하는 중단기 거래, 가치 분석을 기초로 성장 기업을 발굴해 투자하는 중장기 투자 방법론을 설명한다. 더불어 다양한 ETF를 이용한 중장기 투자 및 분산 투자도 소개할 것이다.

기본 지식 없이 투자하는 것은 도박과 같다. 요행을 바라지 말고, 큰 손실을 피하고, 위기에 대처할 능력을 키우고, 기회가 됐을 때 투자 수익을 극대화하려면 기본을 쌓고 나서 나만의 방법론을 찾아야 한다.

이 책만으로는 지면에 한계가 있어 핵심 설명에 집중하느라 포함하지 못한 것이 있다. 기술적 분석을 설명하면서 각 보조 지표의 변수 값 변화에 따른 실전적 활용을 넣지 못했다. 가격, 거래량, 거래원의 성향, 주가 움직임의 속성 등에 집중했다. 매매 기법별 실전 사례와 이론을 구체화해서 실전에서 사용하는 HTS 화면도 부족하게 보여줬다. 과거 시분할 트레이딩을 통한 단기 거래를 교육할 때는 3주간, 주식비기를 교육할 때는 2주간 프로그램을 진행했다. 긴 시간이 필요한 내용을 제한된 지면 안에서 설명하는 한계를 이해해주길 바란다. 가치 분석 부분에서는 재무 분석을 깊이 있게 설명하지 못했다. 그보다 성장 가치를 평가하고 발굴하는 방법론에 집중했다. 여러분이 기본적인 분석 도구와 화면 구성을 직접 찾아보고 실행해보길 당부하며, 주식시장을 속성으로 이해시켜 주고 실전 거래를 하기 전에 마인드를 재정립하는 데 도움이 되는 책이 되길 바란다.

2019년 1월에⋯⋯. 박병창

목차

PART

01

주식 투자
어떻게 할 것인가?

01 주식시장을 움직이는 주체는?

주식시장에 참여하는 주체에는 외국인과 국내 기관 그리고 개인이 있다. 주식시장을 좀 더 이해하려면 그들의 투자 성향을 세부적으로 파악해야 하고, 대세 상승 혹은 하락 추세를 어떤 투자 주체가 주도하는지 알아야 한다.

외국인은 우리나라 주식시장의 방향을 움직이는 중요한 주체다. 2018년 1월 기준 외국인이 소유한 국내 상장 주식 규모는 약 658조 원으로 약 36퍼센트에 육박한다. 코스피는 약 1530조 원이고 코스닥은 약 273조 원이므로 그 영향력이 매우 크다. 외국 자본이 국내 시장을 좌우한다는 '윔블던' 현상이 나타나고 있다. 글로벌 투자은행의 투자 자산 중에서 우리나라의 비중은 극히 일부지만, 그들의 매매가 우리 시장을 절대적으로 좌우한다. 외국인의 자금은 대부분 미국과 유럽에서 유입되는데 장기 투자 성향이다. 그러나 글로벌 이벤트의 발생으로 일정 기간 동안 그들이 매수하면 시장은 상승하고, 매도하면 하락한다. 그렇기 때문에 우리는 늘 외국인들의 한국 투자 비중과 일정 기간 동안의 매매 동향을 파악하려는 것이다. 기본적으로 장기 투자 성향이지만 간혹 아시아에 사무실에 둔 일부 자금은 단기 거래를 시도하기도 하며, 최근에는 슈퍼컴퓨터를 이용한, 알고리즘에 의한 프로그램 매매도 빈번하다. 종목별로 보면 확연히 차이가 난다. 어떤 종목은 가격이 하락해도 외국인들이 꾸준히 매입하지만, 어떤 종목은 하루 이틀 매수하다가 주가가 조금 오르면 곧바로 차익 실현 매도가 나온다. 전체 시장 방향을 알려면 외국인의 매매 동향을 파악해야 한다. 동시에 장기 투자하려는 것인지 단기 투자인지도 알아야 대처할 수 있다. 단기 성향의 자금이라면 지속적으로 끌고 가기보다 적은 폭의 수익이 나도 차익 매물이 나올 수 있다고 봐야 한다. 외국인이 우리나라의 중소형 기업까지 모두 분석하고 투자할까? 그렇지 않다. 전체 시장을 인덱스로 거래하거나 일부 글로벌 기업과 확실한 자료가 있는 기업에 국한해 투자한다. 그렇지 않는 대부분의 주식에 유입된 외국인 자본이라면 단기 자금이거나 아시아계의 소위 '검은 머리 외국인'의 자금일 가능성이 높다.

국내 기관들은 좀 더 세밀히 구분해야 한다. 우리는 흔히 기관 투자가라고 통틀어 말하지만, 어떤 기관이냐에 따라 투자 성향이 확연히 다르다. 기관을 세분화하면, 금융투자, 보험, 투신, 은행, 연기금, 사모펀드, 국가지자체, 기타 법인 등으로 나눌 수 있다. 먼저 투자 기간으로 분류하면 보험과 은행 그리고 연기금이 중장기 투자의 성향을 띠고 나머지 기관은 일반적으로 단기 성향이다. 특히 연기금이나 은행, 보험 등에서 자금을 위탁받아 운용하는 투신이나 자문사, 사모펀드 같은 운용사는 분기별/반기별 평가를 받고, 그 평가에 따라 자금을 회수당할 수 있기 때문에 단기 성과를 내야 한다. 즉, 평가 기간 때문에 단기 성과에 치중할 수밖에 없는 것이다. 금융투자도 운용자의 평가가 뒤따르기 때문에 단기 성향이 짙다. 결국 외국인이나 연기금 은행 보험 등의 장기적 성향의 투자 주체가 매수한 주식은 단기간에 원하는 시세 차익이 나지 않는 경우가 많다. 반면, 금융 투자나 사모펀드 투신 같은 주체가 집중 매수하는 주식은 단기간에 급등하는 경우가 빈번하다. 투자 주체에 따라 주가 움직임이 달라지는 것이다. 국내 기관은 외국인에 대응해 거래할 수 있는 힘을 가진 주체다. 그러나 현실은 그렇지 않다. 시장이 급락할 때 '애국심'의 발로로 기관이 외국인의 매물에 맞서 매수할 것이라는 추측은 과거 후진국형 발상이다. 국가를 떠나 글로벌 시장에서 수익을 추구하는 기관은 최종 목표인 투자 수익을 내려고 자신의 입장에서 최선을 다 할 것이다. 기관은 외국인처럼 일관되거나 뚜렷한 투자 가이드라인을 따르지 않는 듯이 보인다. 가령 외국인들이 한국 시장에서 보유 비중을 줄이는 결정을 했다고 하자. 일관되게 그리고 집중적으로 매물이 나올 것이다. 반면 기관은 한국 시장을 좋게 보고 매수 입장이라도 해도 그들처럼 일관되고 집중적이지 않기 때문에 피부로 느끼기에는 외국인이 이기는 싸움이 된다. 그래서 시장의 상승과 하락을 결정짓는 것은 외국인의 거래라고 말하는 것이다.

그렇다면 항상 외국인이 이기는 싸움인가? 그렇지는 않다. 어떤 기간에는 외국인이 이기고 또 어떤 기간에는 기관이 이기는 팽팽한 싸움이다. 다만, 전체적으로 볼 때 시장은 외국인에 의해 좌우되고 종목별 등락은 기관에 의해 좌우된다. 기관은 전체 시장 싸움에서 막대한 자금을 가진 외국인이 만든 흐름을 돌리기에 역부족이지만, 개별 종목이라면 충분히 그들의 자금으로도 상승과 하락을 만들 수 있다. 특히 개별 이슈가 있는 상황에서 단기 성향의 투신과 금융 투자 그리고 사모펀드 등의 자금이 단기적으로 주가를 급등시키는 경우가 많다. 기관의 거래에서 우리는 두 가지를 체크해야 한다. 시장을 움직일 수 있는 성향의 자금인지? 단지 개별 주식에 진입해 수익을 내려는 자금인지?

시장이 추세 상승을 하고 있는 구간에서 외국인이 매수 중이면 그들이 이기고 있는 것이며, 기관이 매수 중이면 그들이 이기고 있는 것이다. 즉, 추세 상승 구간에서는 매수하는 쪽이 이기는 쪽이다. 나는 이것을 황소와 곰의 싸움이라고 표현한다. 황소가 이기면 시장이 상승하고 곰이 이기면 시장이 하락한다. 외국인은 황소가 되기도 하고 반대로 곰이 되기도 한다. 대체로 외국인이 황소일 경우 시장이 상승하고 곰일 경우 시장이 하락하기 때문에 외국인들의 매매를 중요하게 체크하는 것이다. 만일 외국인들이 매도하는 기간에 기관들이 매수를 하고 있고 시장이 상승한다면 기관이 황소이고 외국인이 곰이며, 기관이 이기고 있는 것이다. 우리는 시장의 주체와 기간별 수급을 체크함으로써 누가 황소인지 곰인지 알 수 있다.

이러한 판단은 매우 중요하다. 어떤 투자 주체가 시장에 적극적으로 진입하고 있고 또 누가 이기고 있는지에 따라 그 방향대로, 그 주체를 추종해야 하기 때문이다. 극단적으로 외국인이 곰이고 시장이 추세 하락을 하는 기간에 홀로 시장 상승에 투자한다면 결국 큰 손실을 볼 것이다. 그러한 시기에는 외국인을 추종하고 그들이 매도하는 주식에 동참해 매도해야 수익이 날 것이다. 개별 주식도 마찬가지다. 주가를 끌어 올리고 있는 주체가 투신과 사모펀드라면 그들을 추종해서 거래해야 하며, 그들이 차익 실현하고 난 뒤에 홀로 그 주식을 보유하고 있다면 오랫동안 곤혹스러워질 수 있다. 이는 자신의 투자 성향에 따라 어떤 투자 주체를 추종할 것인지를 판단하는 기준이 된다.

외국인과 기관 외에 또 하나의 주체는 개인이다. 사실 개인의 힘은 개인 투자자라고 하는 직접 투자 주체에서 나오기보다 개인의 자금이 각종 펀드에 모임으로써 기관의 힘이 강해지는 현상에서 나온다. 개인 투자자는 자금이 크고 전업으로 투자하는 전문 투자자(소위 '세력'이라 불리는)와 일반 투자자로 분류할 수 있다. 일반 투자자는 시장과 개별 주식의 주가를 움직이는 주체가 아니므로 분석에서 제외한다. 전문 투자자는 대부분 증권사나 운용사 등의 이력을 가지고 있거나 애널리스트 출신인 경우가 많다. 경력이 있어 시장의 생리를 잘 알고 있으며, 기관과의 네트워크도 있다. 결국 그들은 개인 투자자이지만 자금력과 정보력이 있는 작은 규모의 기관이나 마찬가지다. 흔히 증권사나 운용사 출신의 매니저와 애널리스트 출신의 분석가가 모여서 함께 투자하는 경우가 많다. 시장에서는 그런 그룹을 '브띠크'라고 부른다. 개별 중소형 주식의 주가에는 이들이 막강한 영향을 끼친다.

수십 년 전에는 '작전 세력'이라고 불리는 개인 세력이 있었다. 하지만 최근의 개인 세력은 작전 세력이 아니라 좋은 기업을 발굴해 제 가치의 가격까지 상승할 수 있도록 돕는 역할을 한다고 표현하는 편이 맞을 것이다. 외국인이든 기관이든 운용사에는 투자할 기업을 발굴하는 부서가 있지만, 그들의 의사 결정이 실전 투자까지 이어지려면 많은 시간이 필요하다. 반면 개인 세력은 빠르게 판단하고 집중적으로 투자하기 때문에 주가의 강한 상승을 유도하는 경우가 많다. 이들의 움직임은 전체 시장과 상관없이 '그들만의 리그'이며, 특히 시장이 방향 없이 박스권이거나 횡보하는 구간 그리고 이벤트가 있어서 테마가 형성될 때 왕성하게 투자한다. 외국인과 기관이 활발히 움직이지 못하는 시황에서 더욱 빛을 발하는 것이다. 그러한 시기에는 그들이 어떤 업종, 어떤 주식에 집중하는지 살펴봐야 한다. IT 중소형주나 바이오주 그리고 남북 경협주 등의 테마성 업종이 대세 상승하는 구간에서 그들이 막대한 수익을 거두었다는 것은 공공연한 비밀이다.

　주식시장에 참여하는 여러 주체가 있고, 각 주체는 투자 성향과 스타일이 다르다. 상승과 하락 그리고 박스권 시장을 어떤 주체가 주도하고 있는지를 파악하고 그들이 시장의 방향을 어디로 이끌고 있는지에 따라 시황을 판단할 수 있으며, 어떤 업종(테마)을 이끌고 있는지에 따라 수익을 낼 만한 주식을 선별할 수 있다.

02 가치 투자와 모멘텀 투자

가치 투자는 광의의 개념으로 보면 성장 가치를 포함해야 하지만, 흔히 가치 투자라고 할 때는 협의의 개념으로 본질 가치를 기준으로 한다. 즉, 본질 가치를 계산해서 현재 가격이 그보다 현저히 낮다고 판단되는 주식에 투자하는 것이다. 본질 가치 대비 현재 가격의 갭을 '안전 마진'이라고 한다. 무엇이 가치주인지는 많은 논란이 있다. 자산 가치는 고정자산을 평가하는 기준에 따라 상이하게 평가할 수 있으며, 성장주의 무형자산을 어떻게 평가하는지 역시 논란거리다. 가치 분석의 기본 자료인 재무제표에 무형자산이 제대로 평가돼 있는지 확인하는 작업은 중요하다. 기업의 기술과 사업모델, 브랜드, 네트워크, 지적재산권 등등 무형자산이 기업 가치의 상당 부분을 차지하지만, 현행 재무제표에는 토지나 설비, 기계 장치 등의 유형자산 위주로 평가

돼 있기 때문이다. 4차 산업혁명 시대라는 현 시기에 과거의 가치 평가를 잣대로 삼아 투자하는 것은 무리다. 기업 가치는 '자산 가치'와 '수익 가치'로 구분하는데, 자산 가치는 총자산에서 총부채를 차감한 것이며, 수익 가치는 기업이 앞으로 얻을 이익을 현재 가치로 할인한 것이다. 미래의 수익을 창출할수 있는 무형의 자산을 재무제표에서 평가하지 않는 한계가 있기 때문에 협의의 가치주는 주로 자산 가치를 기준으로 한다.

여하튼, 현재 '기업이 창출한 수익'으로 평가하는 PER과 '현재 기업의 자산'으로 평가하는 PBR과 대비해 현재 가격이 낮으면 저평가된 가치주로 분류해투자 대상으로 삼는다. 가치 투자의 장점은 단기 시세 변동에 크게 연동하지않으며 장기로 보유하다가 가격이 기업의 가치를 반영하는 순간이 오면 결국수익을 낼 수 있다는 것이다. 반면 단점은 가치주 장기 투자라 하더라도, 시황이 좋지 않으면 동반 하락한다는 점이다. 결국 기업이 자기 가치를 찾아간다고는 하지만, 시황 변동에 따라 오랫동안 손실인 상태로 보유해야 할 수도있다. 그러다가 사정상 참지 못하고 매도하면 이익 실현은 멀어지는 것이다. 가치 투자의 성공 포인트는 단기 시세 차익을 보려고 주식을 사는 것이 아닌, 기업을 산다는 마인드다. 기업의 성장을 신뢰할 수 있어야 한다. 현재 가치대비 가격이 싸다고 하지만, 기업이 성장하지 못하면(극단적으로 후퇴하면) 현재 가격이 싼 것이 아니라 미래의 가치 하락을 반영한 것이다. 결국 가치 투자는 미래의 기업 가치 어떻게 판단하느냐가 성공을 좌우한다.

가치 투자에 적합한 시황은 대세 상승 시장에서 기업 가치를 가격에 온전히 반영하거나 또는 좀 더 높게 반영하려는 움직임이 보이는 '가치의 재평가 구간'이다. 반대로 시황이 아주 좋지 않아 패닉 상태가 됐을 때는 결국 내재 가치가 있는 가치주를 선택해야 안전하게 수익을 낼 수 있다. 가치 투자의 대가로 알려진 워렌 버핏, 피터 린치, 필립 피셔 등의 투자론을 살펴보면 '지속 가능한 기업', '지속 가능한 수익을 창출할 수 있는 기업'에 집중했다는 것을 알 수 있다. 개인 투자자 중에서는 장기 투자를 할 수 있는 자금력과 성향을 갖고 있는 투자자에게 적합할 것이다.

모멘텀 투자는 주가 움직임이 과거 흐름과 현저히 다른 새로운 흐름이 생기는 변곡점에 투자하는 방법이다. 변곡점이란 시황과 업황, 기업의 이익에 큰 변화가 발생할 때를 말한다. 그 변화의 재료를 모멘텀이라고 한다. 기업이 성장해 가치가 제대로 반영될 때까지 주식을 보유하는 것이 아니라, 반영되는 시점에, 정확한 타이밍에 맞춰 투자하는 것이다. 얼핏 생각하면 장기 투자보다 그때 그때 타이밍에 맞춰 투자하는 모멘텀 투자가 유리하게 보이지만, 그 변화를 인지하기 쉽지 않기 때문에 타이밍을 잡아서 투자하는 것 자체가 전문가의 영역이다. 장점은 주식을 보유하고 있지 않고 있다가 변곡점이 오면 투자하기 때문에 평소 시장 상황에 크게 연동하지 않으며 모멘텀만 있으면 언제든 수익을 추구할 수 있다는 점이다. 반면 잦은 시세 변동에 민감하므로 좋은 기업의 주식에 투자해도 타이밍을 잘못 잡아 손실이 날 수 있다. 장기적인 가치 투자가 단기 시세 변동에 연동하지 않지만 시황 위험에 노출되는 것과 대조적이다.

성공 포인트는 모멘텀을 찾거나 포착할 수 있는 능력이다. 기업 이익 성장의 변곡점, 시장 움직임의 변곡점, 투자자 대중의 심리 변곡점, 테마 형성과 소멸의 변곡점, 산업 사이클의 변곡점을 알아야 한다. 모멘텀 투자는 대세 상승이나 하락보다 박스권 시장에서 많이 발생하는 테마 장세에 적합하다. 시황이 좋고 나쁨이 중요한 것이 아니고 변동성이 많고 모멘텀이 많은 시장에서 유리한 투자 방법이다. 윌리엄 오닐이나 제시 리버모어, 니콜라스 다비스 등이 쓴 투자서를 보면 그들은 늘 모멘텀을 찾고 빠른 판단으로 투자 수익을 거뒀다는 것을 알 수 있다. 장기 투자 할 자금이 아닌 단기 운용 자금이 있거나, 길게 보유하기보다 단기로 승부를 보려는 단기 투자자에 적합한 투자법이다.

03 성장주 투자와 가치주 투자

성장주 투자는 신기술·신제품·신사업·신약 등을 개발해 미래의 기업 가치가 크게 변화할 수 있는 기업에 투자하는 방법이다. 흔히 얘기하는 '고PER에 매수하여 저PER에 매도하라'는 말과 일맥 상통한다. 가치 투자는 '저PER', '저PBR' 주식에 투자하지만, 성장주 투자는 현재 기업 가치는 크지 않지만, 그래서 현재 실적으로 보아서는 시가총액이 고평가돼 있지만 미래의 기업 가치와 비교해서는 현재의 시가총액이 상당히 낮다고 판단되는 주식에 투자한다.

이해를 돕기 위해 극단적인 예를 들어보면, 제약주 중에서 현재 순이익이 10억 원에 총주식수가 1000만 주인 주식이 있다고 하자. 시가총액이 3000억 원이라면 PER를 기준으로는 투자할 수 없다. EPS(주당순이익)가 100원이니, 주가 3만 원은 PER이 300배다. 그런데 이 회사가 임상 3상 중인 신약이 개발

완료돼 판매될 경우, 5조 원의 시장 규모 중 이 회사가 40퍼센트 이상 점유할 것이라고 기대된다면, 기대 매출액은 2조 원이다. OPM(영업이익률)이 40퍼센트라고 하면, 기대 이익이 8000억 원이다. 미래 순이익으로 계산한 PER은 0.375배이니 극단적으로 낮다. 단순히 PER 10배로 계산해도 시총은 8조 원이 돼야 하며, 적정 주가는 약 26.6배로 상승한 79만8000원이다. 너무 극단적일 수 있지만, 신약 개발 바이오 기업이라면 가능한 폭등 시나리오다. 결국 지금은 300배라는 고평가에 매수하지만, 미래의 특정 시점에는 10배라는 저평가에 27배의 수익으로 매도하는 거래가 되는 것이다(PER의 계산과 시가총액 그리고 시장 크기와 영업이익률 같은 자세한 계산식은 다음에 논하기로 하고 단순하고 극단적인 예를 들어 이해를 쉽게 하고자 했다).

이는 기술주에서도 흔히 나타나는 현상이다. 삼성전자의 새로운 스마트폰에 지문인식, 고해상 카메라, 음성인식, 새로운 사양의 디스플레이 등의 기능이 탑재될 경우 그와 관련한 부품을 납품하는 중소기업은 회사 외형에 비해 큰 수익을 얻는다. 중소형 기술주인 A 회사의 현재 주가가 5000원이고 시가 총액은 1200억 원이라고 하자. 신기술 개발에 성공해 삼성 갤럭시 스마트폰에 1차 벤더로 참여하게 됐고, 납품하는 당해에 매출 5000억 원, 영업이익률 20퍼센트로 1000억 원 정도의 영업이익과 800억 원 정도의 순이익을 남겼다고 하자. 보통 기술주의 멀티플을 10배 내외로 계산하지만 신기술의 성장성을 감안해 15배 정도로 계산한다면 이 회사의 목표 시가총액은 1조2000억 원이다. A 회사의 주가는 5만 원까지 상승해 '소위 10배 폭등'을 하는 것이다. 이러한 사례는 흔히 볼 수 있다. 가까이는 2017년에 IT 부품주들이 한 해에 주가 10배의 상승을 하기도 했다.

주가가 5000원일 때는 이 회사가 저평가됐다든지, 미래의 성장 가치주라는 사실을 투자자 대부분은 모른다. 미래의 성장을 미리 알고 있다면 분명히 극히 저평가된 것이다. 간혹 "지금 재무제표를 보면 현재의 주가를 이해할 수 없는데, '미래의 가치를 보았을 때 지금 가격은 현저히 저평가 상태'"라고 기술한 기업 분석 보고서가 있다. 중요한 것은 주가가 5000원일 때 이 회사의 기술력과 그 기술이 삼성 스마트폰에 탑재될 것을 알아보는 예측력과 분석력이다. 기업이 기술력 같은 미래 성장 가치를 보유하고 있다 하더라도 그것이 현실화되는 것은 또 다른 문제다. 증시에서 흔히 얘기하듯 '좋은 기업'이 꼭 '좋은 주식'은 아니다. 성장 가치의 평가와 그것이 현실화되는 과정을 주기적으로 업데이트해야 한다. 자세한 성장주 투자 방법론은 이 책의 4부에서 다루기로 한다.

성장주 투자의 장점은 중장기 투자로 큰 수익을 낼 수 있다는 점이다. 반면 단점은 기업의 성장 스토리에는 수많은 변수가 존재하므로 큰 손실 위험이 있다는 점이다. 흔히 성장주 투자에는 다수의 패자와 소수의 승자가 있다고 한다. 승자는 큰 이익을 거둔다. 성공 포인트는 기업 성장 단계의 이해와 정책, 시황, 산업 사이클과 유행을 분석하는 능력이다. 경기가 좋을 때 신기술이 성공할 확률이 좀 더 높으므로 대세 상승 시장이 이 투자법을 사용하기 좋은 시점이며, 상승 시장이 아니더라도 테마 장세에서 유리한 투자 방법이다. 기업을 잘 알고, 시장보다 기업에 집중하는 장기 투자로 큰 수익을 노리는 투자자에게 적합하다.

반면 가치주 투자는 앞서 설명한 바와 같이 현재의 자산과 실적에 비해 저평가된 기업의 현재 가치에 투자하는 것이므로 성장주 투자에 비해 상대적으로 적은 수익을 추구하지만 안전한 투자다. 시장이 위험한 하락기에는 유리하지만, 대세 상승기나 성장주가 각광을 받는 시기에는 소외될 수 있다. 성공 포인트는 당연히 적절히 재무제표를 분석해 기업 가치를 평가하는 능력이다.

04 단기 투자와
중장기 투자

단기 투자에는 스캘핑, 데이트레이딩, 스윙 기법이 모두 포함되며, 주식 매매 회전률이 높은 우리나라의 투자자는 대부분 단기 투자를 하고 있다고 봐도 무방하다. 주식을 매수하여 몇 주 이내에 매도하는 거래는 모두 단기 거래다. 단기 투자는 기업에 투자한다기보다 주가 변동성을 이용해 시세 차익을 노리는 거래이므로 중장기 투자와 구별해 '단기 거래'라고 표현한다. 단기 거래는 기업의 내재 가치와 성장 가치에 상관없이 주가의 시세 변동성을 이용해 수익을 추구한다. 흔히 볼 수 있는 기술적 분석을 이용해 거래하거나 거래량과 소위 세력의 움직임을 추종해 거래한다. 시황이나 산업 사이클 그리고 기업 가치를 참고해서 시세 변동성이 급격히 발생할 때 거래함으로써 수익을 추구한다.

단기 거래는 시황에 크게 영향을 받지 않으며 길게 기다릴 필요 없이 짧은 기간에 고수익을 노릴 수 있다. 반면 거래가 빈번하게 일어나므로 비용이 발생하고(거래 수수료 부담 외에 매번 매도할 때마다 부과되는 증권 거래세가 0.3퍼센트이므로 큰 부담이다. 1억 원을 거래할 때마다 30만 원의 세금을 내야 하는 것이므로 빈번하게 거래하면 누적 비용이 매우 커진다) 적은 손실일지라도 그것이 연속적으로 쌓이면 단기 고수익을 올리겠다는 목표가 반대로 단기에 큰 손실을 내는 결과로 끝날 수 있다(1998년 온라인 거래와 연속 재매매가 허용되면서 이후 2~3년 동안 단기 거래가 붐을 이뤘다. 그 시기에 큰 돈을 벌어 부자가 된 트레이더도 있지만 소수이고 대부분의 투자자는 레버리지를 이용한 단기 거래를 하다가 원금을 다 날리는 상황이 됐다. 결국 금융당국은 데이트레이딩을 위험한 거래로 분류해 증권사로 하여금 고객에게 '일중매매 위험의 고지'를 하게 했다).

단기 거래의 성공 포인트는 시장과 주가 움직임의 속성을 잘 이해하는 능력에 있다. 시장 주체의 성향과 거래 스타일, 시세 움직임의 특징, 시장 수급의 이해, 가격 움직임의 독특한 속성 등을 잘 알아야 그 흐름을 이용해 수익을 낼 수 있다. 단기 거래, 특히 초단기 거래의 가장 큰 장점은 어떤 시황이라도 상관없이 변동성만 있으면 수익을 추구할 수 있다는 점과 주식을 오래 보유함으로써 발생하는 '시간의 위험'을 줄일 수 있다는 것이다.

데이트레이딩으로 신흥 부자가 탄생한 시기가 1998년부터 2000년 사이였다. 외환위기와 그것을 극복하는 과정에서 급등과 급락을 반복하던 시기다. 즉, 극심한 변동성이 있던 시기에 데이트레이딩은 가장 수익을 내기 좋은 매매 기법이었다. 그러나 단기 거래는 시장에 집중할 수 있고 시세 변동을 주의 깊게 관찰할 수 있는 투자자에게 유리하다. 결국 전업 투자자만 할 수 있다. 하루 종일 시세 움직임을 볼 수 있는 환경이 돼야 시도할 수 있는 방법론이란 점에서 일반적인 투자자에게는 적합하지 않다.

데이트레이딩 매매 기법에는 시세와 수급, 시장 참여자들의 심리 분석이 포함돼 있다. 결국 기술적 분석의 핵심이 모두 포함돼 있다. 그래서 나는 기술적 분석 강의를 할 때 우선적으로 단기 매매 기법을 소개한다. 단기 매매 기법을 충분히 이해하면 일봉이나 주봉 그리고 각종 보조 지표를 이용한 기술적 분석도 쉽게 알 수 있다. 데이트레이더가 아니더라도 단기 매매 기법을 공부해두면 매우 유용할 것이고 시장을 이해하는 데 많은 도움이 된다. 이 책의 2부에서 단기 거래를 집중적으로 설명한다.

반면 중장기 투자는 내재 가치와 성장 가치에 투자하는 것이며 시장이 상승할 때, 특히 대세 상승 시기에 큰 수익을 낼 수 있다. 오랜 기간 주식을 보유하고 있어야 하므로 투자 기간 설정과 미래에 대한 예측이 어렵다는 점 그리고 대세 하락기에는 크게 손실을 볼 위험이 있다는 점이 단점이다.

주식을 중장기 동안 보유한다는 것은 '시간의 위험'을 안고 있다는 의미다. 당장 5분 후, 1시간 후, 내일, 일주일 후, 한 달 후, 1년 후라는 시간의 개념을 생각해보면 미래 예측은 당연히 시간이 짧을수록 쉽고 정확하다는 것을 이해할 수 있다. 데이트레이더들은 이 시간의 위험을 안고 가지 않으려 한다. 반면 보유하는 시간이 길수록 기대 수익률은 더 크다. 단기 거래는 시간의 위험을 줄이는 대신 큰 폭의 수익을 포기하는 것이고, 중장기 투자는 그 위험을 안고 가지만 성공했을 때 큰 폭의 수익을 기대하는 것이다. 시간의 개념이 매우 중요한 포인트이므로 장기 투자로 성공하려면 시장 및 경기 사이클과 산업 사이클을 이해해야 한다. 더불어 장기 투자할 기업의 현재 재무 상황과 미래 성장 스토리를 잘 알고 있어야 한다.

중장기 투자로 큰 수익을 낼 수 있는 기회는 주기적으로 나타나는 주식시장의 패닉이다. 경기와 산업에 사이클이 있듯이 주식시장에도 대세 상승과 대세 하락하는 사이클이 있다. 소위 '10년 주기 위기설'이란 말처럼 주식시장은 주기적으로 버블이 만들어졌다가 붕괴되는 대세 사이클이 있었다. 세계적으로 투자의 귀재라 불리는 대 부호는 대부분 시장이 패닉일 때, 즉 대세 하락기에 집중 투자해 크게 성공했다. 자본주의의 꽃이라고 하는 주식시장에서의 투자는 중장기 투자를 일컫는다.

경기 사이클이 짧아지고, 산업의 다변화와 극심한 변동성 탓에 중장기 투자로 성공한 사례보다 단기 거래로 성공한 사례가 더 많을 것이라 생각하겠지만 결과를 길게 보면 결국 중장기 투자의 성공 확률과 수익 폭이 월등히 컸다. 특히 전업 투자자가 아닌, 직업을 갖고 있는 대부분의 투자자는 재테크의 일환으로 주식 투자를 해야 하는데 이런 환경이라면 중장기 투자가 적합하다.

투자 전문가 대부분이 중장기 투자를 해야 한다고 말하지만, 주장하는 그들조차 빈번히 단기 거래에 집중하는 이유는 시황의 변화가 너무 빨라 시황 판단이 어렵고, 나아가 산업 사이클, 기업의 성장 스토리를 판단하기 어렵기 때문이다. 가령 A 기업의 내재 가치 및 미래 성장 가치를 높게 평가해 투자했다고 하자. 그 기업이 아무리 좋아도 경기 둔화기에 시장이 추세 하락하면 주가는 하락한다. 또 경기와 시황이 좋다고 해도 산업 환경이 바뀌면 그 기업의 성장 과정이 변화하고, 기술 변화 등의 이유로 실패할 수도 있다. 그만큼 개별 기업에 중장기 투자 하기란 어렵다.

그러나 최근 들어 중장기 투자 환경이 매우 빠른 속도로 좋아지고 있다. 중장기 투자에 적합한 투자 대안이 다양하게 만들어지고 있기 때문이다. 대표적인 것이 ETF다. 한국 시장을 대표하는 ETF, 바이오·IT 등 업종을 대표하는 ETF, 미국·중국·일본·유럽 등등의 해외 국가를 대표하는 ETF, 해외 다른 국가의 특정 업종을 대표하는 ETF, 금·은·원유·구리·철강 등등 원자재를 대표하는 각각의 ETF가 다양하게 있다. 한국 증권사에 계좌를 개설해서 세계 각국의 산업 및 상품에 투자할 수 있다. 진정한 분산투자와 중장기 투자가 가능해졌다. 중장기 투자의 가장 큰 단점이 시간의 위험이고 특히 개별 기업의 성장 예측이 어렵다는 점인데, 전체 시장이나 업종에 투자할 수 있게 됐으므로 위험을 분산하거나 줄일 수 있는 것이다.

주식시장은 대세 하락과 상승의 사이클이 있지만, 지난 수십 년 동안을 돌이켜보면 결국 우상향으로 상승했다. 1995년에 1000포인트로 시작해서 1998년에 500포인트 아래로의 혹독한 하락을 경험했지만 2018년 1월에는 2600포인트에 이르지 않았는가! 지수에 장기 투자했다면, 그것도 적립식으로 꾸준히 투자했다면 정말 좋은 결과를 얻을 수 있었다.

개별 성장 기업에 중장기 투자하는 것은 좀 더 신중하고 면밀한 노력이 필요하다. ETF를 비롯한 '대안 투자를 이용한 장기 투자'와 '성장주의 장기 투자'는 이 책 4부에서 좀더 자세히 설명하고자 한다.

05 정보 추종 투자와 시세 추종 투자

주식 투자는 정보 싸움이라고들 한다. 주가 상승의 요인인, 기업의 실적에 영향을 미치는 호재를 미리 알고 있으면 투자가 '땅 짚고 헤엄치기'일 것이다. '미리 안다'는 것, 즉 시장에 공개되지 않은 정보를 미리 알고 투자에 이용하는 행위를 주식시장에서는 엄격하게 감시한다. 미공개 정보를 이용한 투자는 불법이다. 그래서 공개된 정보이지만 시장에 널리 알려져 있지 않고 일부 투자자만 공유하고 있는 정보를 남보다 조금 더 빨리 알고자 하는 것이다. 많은 정보를 갖고 있거나 혹은 정보의 원천 소스를 제공하는 사람과 친분을 맺음으로써 시장보다 빨리, 다른 투자자보다 빨리 정보를 얻고자 한다. 그러한 능력을 세상에서는 '네트워크'라고 한다. '내일의 주식 시세표를 보고 오늘 투자한다면' 답을 알고 시험을 치르는 셈이다. '내일의 정보를 알고 오늘 투자한다면' 문제 풀이를 보고 시험을 치르는 정도 아닐까? 모든 정보가 유용하게 수익과 연결되지는 않는다. 정보 중에서는 오류, 역정보(거짓 정보)도 많을 것이다. 그럼에도 정보를 얻으려고 노력하는 것이 투자의 본질이다.

정보를 이용한 투자를 하면 시장 상황과 관계 없이 단기적으로 수익을 낼 수 있다. 미래에 어떻게 될지 모를 예측은 정보가 아니다. 당장 주가에 영향을 미치는 것만 정보다. 훌륭한 정보원으로부터 받은 정보는 수익과 직결된다. 그러나 우리 주변의 정보가 모두 다 맞는 것은 아니다. 잘못된 정보, 역정보 때문에 손실을 볼 수도 있다. 흔히 '내게 어떤 정보가 들려 왔다면 이미 시장에서 알 만한 사람들은 모두 알고 있다고 보아야 한다'는 말은 정보의 맹신을 주의해야 한다는 의미이다. 어떤 세력은 주식을 충분히 매수해놓고 주가를 올리려고 정보를 시장에 흘리기도 한다. 거짓 정보를 흘려서 주가를 올려 팔아 먹기도 하고, 반대로 주가를 끌어 내려 매수하기도 한다. 정보를 맹신하다가 시세가 정보 내용과 반대로 움직임에도 대응하지 않아 큰 낭패를 본 사례도 있다.

정보 투자의 성공 포인트는 다양한 정보를 얻을 수 있는 네트워크를 구성하는 능력과 들려오는 많은 정보를 선별하여 쓸만한 정보인가를 판별할 수 있는 능력이다. 또한 그 정보를 활용해 투자에 이용할 수 있는 능력이 있어야 한다. 많은 정보를 얻었다 해도 그것이 주식시장에, 주가에 어떤 영향을 줄 것인지를 판단하지 못하면 그것은 정보가 아니라 누구나 알 수 있는 뉴스에 지나지 않는 것이다. 앞서 설명한 바와 같이 모든 정보가 유용한 것은 아니기에 거짓인지, 루머인지, 악용할 목적의 역정보인지, 어떤 산업이나 기업에 영향을 미치는 정보인지 등의 판단은 본인 스스로 해야 한다. 간혹 언론에 회자되는 정보를 무작정 추종하는 투자자가 있는데, 그것은 모두 알고 있는 사실이므로 정보로서의 가치가 없다. 주식 투자는 미래에 투자하는 것이므로 이미 알려진 정보는(언론에 회자됐다는 것은 이미 지나간 내용이란 의미다. 경기 지표가 좋지 않다는 뉴스를 보았다고 하자. 그것은 과거의 지표일 뿐이다. 주식 투자자는 그것을 이용해 미래의 상황을 판단할 수 있어야 한다) 투자에 도움이 되지 않는다.

정보의 유형에는 여러 가지가 있겠지만, 시황에 영향을 미치는 정보보다는 개별 산업 및 기업에 영향을 미치는 정보가 더 민감한 정보다. 따라서 개별 기업의 주가 움직임이 활발한 박스권 장세나 테마 장세라면 정보는 더욱 가치가 커진다. 정보 투자는 중장기 투자자보다 전업 투자자나 단기 거래자에게 좀 더 유용하며, 투자 경험이 많아서 정보 루트가 많거나 받아온 정보를 잘 활용할 수 있는 투자자에게 적합하다.

반면, 시세 추종 투자는 시황이나 기업 가치 그리고 정보에 치중하지 않고 가격 움직임과 거래량 그리고 수급 주체를 판단해 투자하는 방법이다. 시황을 판단하기도 어렵고 정보를 구하기도 힘들다. 특히 정보의 진위를 파악하는 것 자체가 위험 요소라고 판단하는 투자자는 단지 현재 상황에서 벌어지는 시세의 움직임만을 추종해 거래한다. 주로 시세 추종 거래는 시황이나 업황에 상관없이 변동성만을 이용해 거래하고 단기 수익을 추구하므로 단기 거래에 해당한다. 변동성이 심한 시장에서 수익을 추구할 수 있는 반면 시세만 쳐다보다가 전체 시장의 흐름을 보지 못할 위험이 있다. 즉, 종목 시세만 보고 있다가 시황이 급변하여 급락하는 상황에서도 공격적으로 거래하는 실수를 할 수 있다. 또한 시세 조정자에 의한 위험이 있다. 주가를 올려서 매도하려는 세력을 추종하다가 이들 세력이 빠져나가면 주가가 떨어져 손실이 날 수도, 주가를 내려서 매수하려는 세력을 추종해 매도하고 나면 반대로 주가가 상승할 수도 있다. 등락을 이용해 매수하거나 매도하는 시장 주도 세력의 심리와 행동을 경험적으로 잘 아는 단기 거래자가 성공할 수 있는 매매 기법이다.

시장이나 산업을 잘 알지 못해도 되므로 전문 지식 없이 거래할 수 있다는 장점이 있다. 과거 2000년대 초반 대학생을 비롯한 젊은 초보 투자자가 시세 추종 단기 거래를 선호한 이유다. 그들 중 투자에 성공하여 지금은 단기 거래가 아닌 가치 투자나 성장주에 중장기 투자하는 식으로 투자 방법을 바꾼 사람이 많지만 지금도 매수 및 매도 타이밍을 정할 때는 시세와 수급의 변화를 보고 판단한다.

주식 투자에 대한 재무적 전문 지식이 없어도 투자할 수 있는 매매 방법인 반면, 주식시장의 속성을 이해하고 있어야 하며 주가 움직임의 패턴을 잘 알아야 한다. 주가 움직임은 랜덤으로 중구난방 등락하는 것 같지만 실제로는 일정한 패턴이 있다. 그래서 기술적 분석이 무용지물만은 아닌 것이다. 하루 장 중에도 패턴이 있으므로 그러한 패턴의 움직임을 이해하고 그것을 이용한 매매 원칙을 세워야 한다. 원칙이 있어야 빠른 판단을 할 수 있다. 시세 추종 매매는 대세 상승이나 하락, 박스권이나 테마 등 어떤 유형의 시장에서도 수익 추구가 가능한 방법론이지만 싸게 사서 비싸게 파는 게 목적이므로 하락 변동성보다 상승 변동성이 큰 시장에서 좀 더 유리하다. 즉, 대세 상승 시장이나 강력한 테마가 형성된 시장에서 큰 돈을 벌 수 있다. 장 중 실시간으로 초단위, 분단위의 시세 움직임을 관찰해 매매 타이밍을 잡는 방법이므로 당연히 시장을 집중해서 관찰할 수 있는 전업(전문) 투자자에게 적합하다. 주식 투자 경험이 많은 연륜 있는 투자자나 전문 지식이 있는 투자자보다는 투자 경험이 적고 처음 시작하는 투자자가 수익을 잘 내는 것도 특징이다. 시세 추종 투자의 가장 큰 위험은 선입관이기 때문이다. 시세 움직임을 있는 그대로 보지 않고 사전 지식을 바탕으로 주가 움직임을 해석하려 할 때 실패할 확률이 높아진다.

06 자신의 투자 환경과 투자 방법 선택

앞으로 이 책에서는 단기 거래와 중기 거래, 성장 가치주의 장기 투자 방법론을 설명할 것이다. 앞서 설명한 바와 같이 자신의 투자 환경을 알아야 한다. 즉, 자금의 운용 기간은? 자금의 성격은? 목표 수익률은? 자신의 평소 성향은? 주식시장에 대한 자신의 이해도는? 주식시장을 관찰할 수 있는 시간적 환경은? 기업 정보를 구할 수 있는 자신의 네트워크는? 등 자신의 환경을 스스로에게 질문해보고 투자 방법을 달리 해야 하며 자신에게 적합한 방법론을 선택하는 것부터 시작해야 한다. 주식시장에서 큰 돈을 벌었다는 사람이 주변에 꽤 있다. 확실한 것은 그들의 투자 방법론은 똑같지 않다는 사실이다. 어떤 이는 데이트레이딩으로 수익을 냈고 지금까지도 지속하고 있으며 어떤 이는 중소형 성장주에 투자해 몇 차례의 성공으로 부자가 됐다. 반면 그들의 공통점은 꾸준히, 지속적으로 수익을 낸 것이 아닌 시장 변동성이 심하거나 변곡점이 발생했을 때 큰 수익을 냈다는 점이다. 외환위기를 겪으며 극심한 변동성이 발생한 시기나, 시장이 300포인트에서 1000포인트까지 그리고 500포인트에서 1000포인트까지 대세 상승을 하던 시기, 닷컴 버블의 형성 시기, 바이오 열풍이 불었던 시기에 그랬다.

주식 투자로 성공해서 자신의 이론을 책으로 엮은 투자가는 대부분 정석 투자, 가치 투자, 단기 거래로 꾸준히 수익을 냈다고 말하지만, 내가 알기론 실상은 그렇지 않다. 자신만의 투자론이 있다는 말은 맞지만, 큰 수익은 특정한 기회에 얻은 것이다. 세계적으로 유명한 투자의 대가들 역시 대부분 글로벌 금융위기나 전쟁, 시장 패러다임의 변화 시기에 대부분의 수익을 거두었다. 결국 주식시장에서 큰 수익을 목표로 하는 투자자는 자신의 투자 원칙을 만들고 꾸준히 투자하다가 절호의 기회가 왔을 때 놓치지 않아야 한다.

세간에 나와 있는 주식 투자 관련 책을 보면 크게 두 가지로 나뉜다. 한 가지는 기술적 분석 위주의 단기 트레이딩 관련서다. 또 한 가지는 기본적 분석을 통한 가치주 투자서다. 그러나 실전 투자에 들어가면 기술적 분석을 통한 타이밍 잡기는 단기 거래자나 중장기 투자자 모두에게 필요하다. 단기 거래자는 모멘텀 투자와 성장주 투자 그리고 시세 추종 투자를 한다. 중장기 투자자는 가치 투자와 성장주 투자, 정보 추종 투자를 한다. 크게 나눠 보면 스팟 정보나 모멘텀 때문에 시세 변동이 발생하는 주식을 집중 거래하는 단기 거래와 기업 가치 변화를 이끄는 정보를 기반으로 향후 성장할 만한 주식에 투자하는 장기 투자로 나눌 수 있다. 좀 더 세분하면 단기 거래자라 하더라도 중소형 성장주에 집중하거나, 시황에 연동하는 지수 관련주에 집중하거나, 기업 정보에 집중하거나(시장에서는 일정 매매라는 표현으로 거래하는 투자자들이 있다), 시세만을 추종하거나 하는 식으로 어떤 한 가지에 집중하는 트레이더의 성공 사례가 많다. 가치주를 투자하는 사람도 내재 가치에 집중하거나, 성장 가치에 집중할 수 있다. 내재 가치에 집중하는 이들은 시황을 중요하게 고려할 것이며 성장 가치에 집중하는 이들은 기업의 성장 스토리에 집중할 것이다.

흔히 주식 투자는 개인 사업을 하는 것과 같다고 한다. 가령 소규모 사업을 한다고 가정해보자. 사업 아이템을 정해야 하고, 사무실 위치를 정해야 하고, 고객층을 분석해야 하고, 마케팅을 어떻게 할지 등 수많은 사전 분석이 필요하다. 사업을 하면서는 임대료, 인건비, 세금 등의 비용과 함께 원가 계산을 해야 하고 비용 대비 수익을 계산해야 할 것이다. 그렇게 고심해서 시작하지만, 사업에 성공하기란 그리 만만치 않다. 주식 투자도 그와 다르지 않다. 많은 투자자들이 자신의 계좌에 돈을 입금하고 좋은 주식을 매수해서 기다리기만 하면 수익이 날 것이라고 생각한다. 주식 투자가 그렇게 쉬운 것이라면, 오랜 세월 그렇게 많은 투자자들이 주식 투자로 실패하지는 않았을 것이다. 주식 투자를 시작하면서도 사업을 시작할 때와 같이, 어떻게 시작할지를 충분히 고민해야 한다. 투자 기간, 자금의 용도, 자신의 성향과 환경에 맞는 투자 스타일을 선택해야 한다. 투자 원금의 성격과 목표 수익 그리고 손실 한계를 사전 설정해야 한다. 투자 조언을 받을 수 있는 전문가를 옆에 두어야 한다. 투자 정보를 얻을 수 있는 채널도 만들어 두어야 한다. 수수료를 비롯한 비용을 고려해 직접 투자할 것인지, 간접 투자할 것인지도 생각해 봐야 한다. 지금의 상황이 주식 투자를 하면 수익을 낼 수 있는 환경인지, 어떤 업종이 유망한지, 어떤 종목을 선택하고 어떤 매매 기법을 사용해 투자할 것인지를 결정해야 한다. 가장 먼저 자기 자신에 대한 분석과 시장에 대한 분석이 선행돼야 투자 원직을 만들어 낼 수 있다. 투자 원칙이 있어야 실전 투자에서 잘못된 판단을 할 확률을 줄일 수 있다. 수익이 났다면, 왜? 성공 포인트가 무엇이었는지? 손실이라면, 왜? 뭘 잘못한 것인지를 알아야 한다. 그래야 다음 번의 투자에서 더 좋은 결과를 얻을 수 있다.

많은 사람들이 주식 투자는 꼭 해야 하는 재테크이며 나이를 먹어서도 꾸준히 할 수 있는 사업과 같다고 한다. 주식 투자로 큰 실패 없이 수익을 내며 롱런하려면, 기초부터 탄탄히 다져가는 투자 원칙을 만들어 보자.

어떤 시황에서도 수익을
추구할 수 있는 단기 투자

01 단기 거래의 기본 개념

단기 거래 방법론으로 불리는 스캘핑과 데이트레이딩, 스윙 매매 기법은, 첫째 주식 보유 기간이 길어짐으로써 증가하는 시간의 위험을 회피하고, 둘째 시황이나 산업 및 기업 분석의 어려움과 오류에서 멀어짐으로써 손실 리스크를 줄이는 것이 핵심이다. 차트와 수급으로 타이밍을 포착하고 스팟 시황이나 정보를 이용하여 거래하는 것은 모두 단기 거래라고 볼 수 있다. 기업 가치에 투자하는 중장기 투자를 제외한 거의 모든 투자는 단기 거래다. 특히 약세장과 테마성 거래가 활발한 시장에서 고수익을 추구할 수 있는 매매 기법으로 유용하지만, 시장 속성과 시세 변화의 패턴을 이해하지 못한 채 무분별하게 거래하는 바람에 데이트레이딩이 위험한 거래로 인식됐다. 많은 투자자가 데이트레이딩을 하면서 무모하게 높은 레버리지를 사용하다가 막대한 손실을 입어서 '일중매매 위험 고지(일중매매란 데이트레이딩을 말한다. 데이트레이딩의 위험성을 의무로 고지하게 만들었다는 말이다)'를 의무로 만들었지만, 그래도 단기 거래는 시장에 유동성을 보강해주고 주가 변동성을 줄이는 효과가 있다.

스캘핑은 시장이 열리고 있는 동안 발생하는 초단기 변동성을 이용해 시세 차익을 추구하는 것으로 매수와 매도, 즉 한 번의 거래가 수 초, 수 분 내에 종결된다. 데이트레이딩은 매수한 포지션을 다음 날로 넘기지 않고 당일 모두 청산하는 하루 중의 거래를 말한다. 스윙은 매수한 주식을 며칠 동안 홀딩함으로써 상승 탄력을 받은 주가의 수익을 극대화하려는 방법이며, 며칠 동안 상승과 하락을 반복하는 주가 움직임의 속성을 이용해 거래한다. 흔히들 얘기하는 '눌림목 매매'라는 것이 대표적인 방법이다. 이름만 다를 뿐이지 단기 거래를 할 때 사용하는 기초 자료는 차트와 수급, 주가에 영향을 주는 외부 충격의 생성과 소멸 등으로 동일하다. 스캘핑은 수 초에서 수 분, 데이트레이딩은 하루 중, 스윙은 며칠 동안이라는 시간의 길이만 다르며, 그래서 약간의 매매 기술만 차이 난다.

단기 거래를 하기 전에 기본 개념으로 이해해야 할 요소는 '시간, 가격, 거래량, 속도, 움직임과 멈춤'이다. 주식 보유 시간이 길어질수록 비례하여 위험은 증가한다. 하루 중 아침 장을 시작해서 한 시간, 오후 장을 마감하기 전 한 시간이 가장 변동성이 크고 위험도 비례한다. 짧은 시간에 하락한 주가는 반등 역시 짧은 시간에 일어나며 길게 추세적으로 하락하면 반등 역시 급반등이 아닌 긴 시간 동안 추세적으로 일어난다. 시장 상황이 상승 추세라면 주식 보유 시간을 길게 가져가야 하며, 시황이 하락 추세라면 주식 보유 기간을 가능한 짧게 해야 한다. 수많은 주식이 모두 똑같이 상승하거나 하락하지 않는다. 등락이 심한 주식은 추세가 짧기 때문에 보유 기간을 짧게 잡아야 하며, 완만한 기울기를 보이는 주식은 보유 기간을 그 주기에 맞게 길게 가져가야 한다.

거래량이 많다는 것은 유동성이 좋다는 뜻이며 변동성이 크다는 의미다. 순간적으로 거래량이 급증하면 가격 변동성도 커진다. 거래량이 급격히 증가할 때는 호가 잔량도 매우 빠르게 변하며, 체결 속도도 비례하여 빨라진다. 결국 가격도 급하게 변해 호가 간 갭이 발생할 수 있다. 호가 잔량의 급격한 변화, 체결량의 급격한 변화, 호가 갭의 발생은 수익을 얻을 기회이면서 위험이 증가하는 것이므로 거래 속도가 빨라야 한다. 즉, 주가가 급격히 상승과 하락을 반복하는 변동성 속에서 가격 변화의 속도, 체결의 속도, 주가 움직임의 속도와 멈춤 등의 요소가 단기 거래에서 목표 수익률과 주식 보유 시간을 결정한다. 이러한 핵심 요소는 단기 거래 기법을 소개하면서 구체적으로 설명하기로 한다.

지금부터 설명하는 단기 거래의 기본 개념과 각 기법을 거창하게 데이트레이딩이라고 표현하지만 그간 알고 있던 차트와 거래량, 수급 등의 분석을 기초로 하고 있다는 점을 알게 될 것이다. 역설적으로 그것이 여러분께 설명 드리고자 하는 핵심이다. 그간 알려진 많은 기술적 분석이나 중장기 투자에서 매수 및 매도할 타이밍을 포착하는 방법 등은 어떤 투자에도 적용되는 기초

스킬이다. 이런 것이 모두 단기 거래를 할 때 알아야 할 개념에서 출발한다. 그렇기 때문에 자신이 단기 거래자가 아니더라도 시장과 주가 움직임을 이해하려면 데이트레이딩 스킬을 공부하는 것이 좋다. 어떤 시장이라도 변동성과 유동성만 있다면(단기 거래가 가장 어려운 시장은 거래 대금과 거래량이 급격히 줄며 가격 움직임도 거의 없는 심리적 침체 시장이다) 수익을 추구할 수 있다. 극단적으로 추락하는 시장에서 더욱더 빛나는 성과를 낸다.

2000년 이후 지금까지 단기 거래에 전념하는 전문 투자자가 많다. 역사적으로 단기 거래로 명성을 날린 유명한 투자 대가들도 많았다. 자신의 성향과 환경이 단기 거래를 할 수 있는지는 각자의 판단이다. 그렇지만 자신의 투자 스타일과 상관없이 단기 거래의 스킬을 공부함으로써 시장과 시세 변동이 어떻게 흐르는지 이해할 수 있을 것이다.

02 스캘핑과 데이트레이딩

종목 선정

어떤 매매를 하더라도 종목 선택이 가장 중요하다. 스캘핑을 할 때는 스캘핑 매매에 맞는 종목을 선정해야 한다. 단기 거래자는 대부분 전일 장 중 흐름을 보고 다음 날 거래할 종목을 미리 선정한다. 장 중에는 주가 변동을 보며 짧은 구간에서 빠르게 추가적으로 선정한다. 매매하기에 좋은 종목을 찾으려면 화면 구성도 잘해야 한다. 특히 스캘핑은 빠른 거래이므로 속도가 중요하다. 빠른 판단이 가장 중요하겠지만, 가격 급변을 빠르게 알아채 빨리 주문할 수 있는 환경도 중요하다. 따라서 사전에 적절히 화면을 구성해 놓아야 한다.

종목은 여러 방식으로 선정할 수 있지만, 시세 변동을 이용해 선정하겠다고 마음먹었다면 가장 기본적으로 봐야 할 화면은 '순간체결량'이다. 각 증권사마다 이름은 달리 표현하지만 매 번의 체결을 리스트로 보여주는 화면을 말한다(다음 페이지의 그림을 보자). 여기서 '체결량'이란 누적 거래량을 말하는 것이 아니고 매수와 매도가 한 번 체결되며 거래한 양이다. 즉, '한 번에 몇 주씩 거래됐는가'를 말한다. 한 번의 체결에서 대량 거래가 됐다는 것은 누군가 큰 금액으로 한 번에 매수했다는 뜻이고, 반대로는 한 번에 대량 매도했다는 뜻이다. 어떤 주식이 급등하거나 급락할 때는 당연히 대량 체결이 연속적으로 일어나며 주가가 움직인다. 이를 잘 보면 급등하거나 급락하는 주식을 놓치지 않을 수 있다. '거래량비' 항목은 전일 거래량 대비 현재까지 거래량을 말한다. 대량 체결이 되면서 주가가 급등락하면 당연히 거래량이 전일 대비 급격히 증가할 것이다. 특히 아침 시작하자마자 전일 대비 50퍼센트를 넘어서거나 극단적으로 100퍼센트 이상 거래되면서 주가가 움직인다는 것은 당일 대량으로 거래가 일어나면서 상승하거나 하락하는 것이기 때문에 의미가 크다. '체결강도'는 체결될 때 매도 호가 잔량을 매수자가 매수 체결하면(매수세가 강하면) 100 이상으로 상승하고 매도자가 매수 호가 잔량에 체결하면(매도세가 강하면) 100 아래로 하락한다. 계산식은 (매수체결량 / 매도체결량) × 100이다. 즉, 위로 가격을 올리면서 매수했는가, 아래로 가격을 내리면서 매도했는가를 알 수 있으며 체결강도가 지속적으로 상승하며 주가가 오른다는 것은 시장 참여자가 가격을 올리면서 매수하고 있다는 의미다. 체결강도가 100 아래로 떨어지면서 주가가 하락한다는 것은 시장 참여자들이 주가를 아래로 내리면서 매도하고 있다는 것이다. 그 옆의 '카운트'는 해당 주식이 순간체결량 검색 조건에 맞아 몇 번이나 리스트됐는지 보여주는 것이다.

| 지우기 | 해제 | 항목편집 | 조건설정 |

코드	종목명	현재가	전일대비	등락률	체결량	거래량비	체결강도	카운트
225430	IBKS제3호스?	5,450	▼ 180	-3.20 %	6,594	12.93	45.07	2
091990	셀트리온헬스	100,000	▲ 2,700	2.77 %	972	37.30	177.03	22
068270	셀트리온	301,500	▲ 10,500	3.61 %	400	43.01	196.85	58
207940	삼성바이오로	476,000	▲ 5,000	1.06 %	110	24.40	221.73	17
034220	LG디스플레이	19,750	▼ 350	-1.74 %	5,800	20.24	28.06	9
215600	신라젠	95,000	▲ 1,900	2.04 %	617	13.02	103.79	25
047810	한국항공우주	45,800	▲ 300	0.66 %	2,000	12.04	96.17	6
000660	SK하이닉스	77,500	▼ 200	-0.26 %	2,866	8.31	106.24	29
017800	현대엘리베이	113,500	▼ 1,500	-1.30 %	500	27.45	46.98	53
031390	녹십자셀	70,100	▲ 2,500	3.70 %	1,500	28.53	155.56	22
009150	삼성전기	151,000	▼ 1,000	-0.66 %	660	13.42	113.23	18
032640	LG유플러스	16,950	▼ 50	-0.29 %	5,625	4.36	74.62	4
068270	셀트리온	301,500	▲ 10,500	3.61 %	1,407	43.79	200.57	59
017800	현대엘리베이	113,500	▼ 1,500	-1.30 %	589	27.79	48.79	54
066570	LG전자	72,500	▲ 400	0.55 %	1,000	14.51	97.61	12
011690	유양디앤유	10,650	▲ 150	1.43 %	5,000	41.95	72.76	8
207940	삼성바이오로	476,000	▲ 5,000	1.06 %	392	24.85	228.01	18
017800	현대엘리베이	113,500	▼ 1,500	-1.30 %	1,066	27.98	48.52	55
006360	GS건설	52,500	▼ 200	-0.38 %	1,496	15.70	69.56	3
006390	한일현대시멘	66,500	▼ 100	-0.15 %	837	19.65	35.18	2
091990	셀트리온헬스	100,000	▲ 2,700	2.77 %	2,000	38.27	177.55	23
047810	한국항공우주	45,800	▲ 300	0.66 %	1,093	12.36	101.59	7
079160	CJ CGV	53,900	▼ 800	-1.46 %	1,076	7.32	47.38	2
004540	깨끗한나라	4,405	▲ 165	3.89 %	5,000	97.33	125.71	3
052020	에스티큐브	17,350	▲ 350	2.06 %	3,207	11.68	181.04	1
034220	LG디스플레이	19,750	▼ 350	-1.74 %	4,293	21.32	27.85	10
068270	셀트리온	302,000	▲ 11,000	3.78 %	272	45.18	210.73	60
178920	SKC코오롱PI	51,800	▼ 1,300	-2.45 %	1,000	24.02	27.32	3
045390	대아티아이	9,410	▼ 30	-0.32 %	5,000	27.23	52.43	15
068270	셀트리온	302,000	▲ 11,000	3.78 %	497	45.57	213.65	61
068270	셀트리온	302,000	▲ 11,000	3.78 %	200	45.88	216.09	62
035810	이지바이오	7,390	▼ 60	-0.81 %	5,518	12.34	20.26	3
011390	부산산업	220,000	▲ 1,500	0.69 %	500	17.02	39.06	10
059210	메타바이오메	4,450	▲ 10	0.23 %	5,399	6.56	58.90	1
204020	엠코르셋	13,000	▲ 150	1.17 %	6,701	27.93	151.46	1
000720	현대건설	68,500	▼ 100	-0.15 %	1,000	30.33	50.62	15
017800	현대엘리베이	113,500	▼ 1,500	-1.30 %	2,905	28.96	51.78	56
058820	CMG제약	5,650	▲ 10	0.18 %	9,134	10.38	120.48	19
051910	LG화학	356,500	▲ 4,500	1.28 %	141	36.61	111.37	16
008770	호텔신라	106,500	0	0.00 %	500	6.13	193.91	4
068270	셀트리온	301,000	▲ 10,000	3.44 %	170	42.01	189.16	56
068270	셀트리온	301,000	▲ 10,000	3.44 %	2,198	42.78	195.28	57

순간체결량 창

그림에서 셀트리온을 보면 등락률 3.61퍼센트이고 순간체결량이 1407주다. 셀트리온 주가가 30만1500원이므로 대량 체결이다. 전일 대비 거래량은 장이 시작한 지 십여 분이 지났는데 벌써 43.79퍼센트나 되며 체결강도는 200.57이고 카운트는 59다. 즉, 당일 셀트리온은 순간체결이 대량이면서 연속적으로 이어지고 시장 참여자가 주가를 올리면서 위로 매수하고 있다는 뜻이다. 그 결과 거래량은 전일 대비 크게 증가하고 있으며 체결강도와 카운트가 상승하고 있다. 그 이면에 어떤 호재가 발생했는지 바이오 테마가 강세인지는 차후 문제다. 흔히 기술적 분석을 하면서 "일봉상 대량 거래가 실리면서 장대 양봉(저가로 시작해 가격이 오르면서 길게 봉이 늘어난 모양)인 주식을 매수"하라고 한

셀트리온 현재가

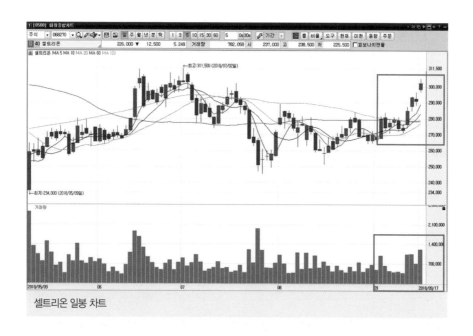

셀트리온 일봉 차트

다. 아침 십여 분 만에 그러한 종목을 캐치할 수 있는 것이다. 참고로 앞의 그림은 셀트리온의 현재가 화면과 일봉 차트다.

순간체결량 화면에서 LG 디스플레이를 보자. 주가는 1.74퍼센트 하락 중이고 순간체결량은 5800주다. 전일 거래량 대비 20.24퍼센트의 거래량이 발생했고 체결강도는 28.06이고 카운트는 9다. 이제 알 수 있을 것이다. 당일 장이 시작하자마자 LG 디스플레이는 대량 거래가 발생하면서 시장 참여자가 주가를 아래로 내리면서 매도하고 있으므로 체결강도가 28.06인 것이고 거래량과 카운트가 늘면 늘수록 주가는 더 하락하고 있다. 다음 그림은 LG디스플레이의 현재가 화면과 일봉 차트다.

LG 디스플레이 현재가

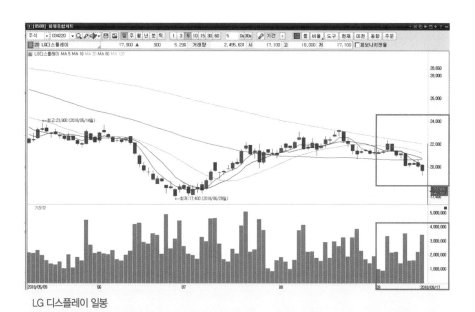

LG 디스플레이 일봉

현재가 화면에서 장 중 흐름을 알 수 있는 선차트만 봐도 셀트리온은 우상향하며 상승 중이고 LG디스플레이는 우하향하며 하락하고 있는 것을 알 수 있다. 일봉 차트에서는 더욱 확실히 알 수 있다. 이런 부분은 다음에 다시 설명하기로 한다.

이제 순간체결량의 기능을 알았는데, 그럼 어떻게 조건 설정을 하고 어떤 개념인가를 알아보자. 다음 그림은 순간체결량의 조건 설정 화면이다.

체결량은 한 번 체결의 수량을 말하고, 거래대금은 '체결 수량 × 가격'이다. 그 아래로 '둘 다 만족'과 '하나 이상 만족'으로 구분돼 있는데, 체결량이 많으나 가격이 저가인 경우가 있고 체결 수량은 적은데 가격이 고가인 주식이 있기 때문에, 양쪽을 모두 고려한다면 AND 조건보다 OR 조건이 좋다. '거래량/가격/등락률 범위'는 누적 거래량이 너무 적거나 가격이 너무 싼 주식까지 리스트하다가는 화면에 저가주가 너무 많이 보이게 되므로 일정한 가격 이상으로 지정한다. '제외종목'은 관리종목이나 정리매매, 투자주의 종목 등 거래하지 않을 주식을 미리 제외 대상으로 지정하는 것이다. 이렇게 지정해두면 아침 시작부터 시스템은 전 종목을 검색해 해당 조건에 맞는 종목을 화면에 리스트한다. 결국 대량 체결이 되며 가격이 급변하는 주식은 이 조건을 벗어나지 못한다. 단기 거래자가 찾으려 하는 시세 변동성이 큰 주식을 이 화면이 빠짐없이 보여주는 것이다. 극단적으로 어떤 특정 주식이 대량 체결이 되면서 가격 제한폭까지 상승 또는 하락하고 있다면 화면의 맨 위에서 아래까지 그 주식으로 채워질 것이다.

순간체결량 설정   ☒

체결량/순간거래대금 범위

체결량   ⦿ 5000주 이상   ○ 7000주 이상   ○ 10000주 이상
        ○ 20000주 이상 ○ 30000주 이상 ○ [   ] 주 이상

거래대금 ⦿ 5000만원 이상 ○ 7000만원 이상 ○ 1억원 이상
         ○ 3억원 이상   ○ 5억원 이상   ○ [   ] 만원 이상

        ○ 체결량 거래대금 둘다 만족   ⦿ 하나이상 만족
        ○ 거래대금만 만족   ○ 체결량만 만족

거래량/가격/등락률 범위

☑ 누적거래량   [10000] 주이상
☑ 가격지정   [4000] 원 이상   [999999999] 원이하
☐ 등락률지정   [   ] % 이상   [   ] % 이하

등락구분   ☑ 상한 ☑ 상승 ☑ 보합 ☑ 하락 ☑ 하한

대상업종   ⦿ 전종목 ○ 거래소 ○ 코스닥 ○ 업종선택 [1035 ▾] 🔍

제외종목   [▾] 🔍 [추가] [삭제] [전체삭제]

☑ 관리종목 ☑ 거래정지 | 종목코드 | 종목명 |

☑ 정리매매 ☑ 불성실공시

☑ 투자주의 ☑ 투자위험예고

☑ 우선주   ☑ 증거금100%

☑ 투자위험 ☑ 투자경고
                      제외 종목 : 0개

기능설정   ☐ 소리사용
            [   ]   [소리] [...]

종목 추가 위치   ○ 위로 추가   ⦿ 아래로 추가

개별 조건 설정이 가능합니다.   [확 인] [취 소]

순간체결량의 조건 설정 화면

단기 거래에 적합한 종목을 선정하는 방법에는 다른 여러 가지가 있다.

- 시장 시작 전에 변동성이 클 것이라 예상되는 주식을 선정하려면 최근일 강세 또는 연속 상승 주식을 주목한다(신고가, 매물대 돌파, 거래량 급증, 지지선의 상향 돌파, 호재 보유, 테마 형성 등).
- 최근일 약세 또는 연속 하락 종목을 선정한다(신저가, 반등 후 매물대 진입, 거래량 급증, 지지선 하향 돌파, 단기 급락 등).
- 테마에 의한 종목 선정을 한다.
- 지지와 저항 그리고 패턴을 이용해 선정한다.
- 시장이 열리고 나서 변동성을 보면서 선정하는 방법으로는, 순간체결량 화면을 이용한다(거래량과 가격 급변하는 주식 선정 등).
- HTS의 기능을 이용해 시세 및 거래 급변 종목을 선정한다(HTS에는 실시간으로 거래량 증가 상위 종목, 가격 급등락 종목, 상하한가 직전 종목, 체결강도 급증 종목, 골든·데드 크로스 종목 등을 검색하는 기능이 있다).
- 지수 움직임을 이용한다(선물과 지수가 상승 또는 하락할 때 동반해서 등락하는 지수 관련주가 있다. 그러한 주식은 지수 움직임을 이용해 단기 매매한다).
- 장 중 마켓 임팩트 발생 주식에 집중한다(장 중 공시, 속보, 뉴스, 루머 등에 의해 주가는 크게 등락한다. 이러한 정보를 이용해 거래하는 단기 거래자가 많으며 그들은 남들보다 빠르게 정보를 얻고자 검색어로 종목이 리스트되도록 프로그램해서 사용한다).

여러 방법을 나열하긴 했지만, 그중 한 가지에 집중하기도 만만치 않다. 대부분의 단기 거래자는 그중 자신이 가장 잘하는 방법을 선택해서 거래한다. 최근일 초 강세인 주식만 거래, 최근일 급락한 주식만 거래, 테마 형성된 주식만 거래, 신고가만 거래, 신저가만 거래, 상한가만 거래, 하한가만 거래, 거래 폭증 주식만 거래, 지수 연관 주식만 거래, 정보에 의해 등락하는 주식만 거래, 시스템에서 검색되는 주식만 거래 등이 그것이다. 하나하나가 많이 준비해야 하고 집중력이 필요한 거래이기에 그것에 맞게 종목 선정을 한다.

다음 그림은 업종별 종목 시세 화면이다. 당일 강세 업종, 기간별 강세 업종을 빠르게 확인할 수 있으며 강세 업종을 클릭하면 그 업종 내에 있는 주식의 시세를 보고 어떤 주식이 가장 강하게 업종을 이끌고 있는지 알 수 있다. 단기 거래자가 많이 이용하는 화면이다.

[0234] 업종별 종목시세

업종별지수 | 업종 시간대별 추이 | 업종 일/주/월 주가추이 | 업종별 종목시세 | 업종별 투자지표

거래소　코스닥　KRX　KOSPI200　　　업종 1009 의약품　　　(단위:천주,백만)

업종명	지수	전일대비		종목명	현재가	전일대비	등락률▼	거래량	시가	고가	저가	시가총액
코스피지수	2,299.46	▼ 18.79		셀트리온	302,500	▲ 11,500	3.95	1,030,548	298,500	305,000	297,000	37,994,959
코스피(대형주)	2,195.99	▼ 17.50		삼성바이오로	482,000	▲ 11,000	2.34	210,108	474,000	485,000	473,000	31,858,448
코스피(중형주)	2,717.63	▼ 27.64		한미약품	501,000	▲ 11,000	2.24	46,928	490,500	510,000	490,500	5,704,231
코스피(소형주)	2,274.24	▼ 14.97		삼성제약	3,340	▲ 70	2.14	1,171,389	3,315	3,425	3,280	194,505
음식료품	4,017.67	▼ 48.00		유한양행우	230,000	▲ 4,000	1.77	229	228,000	230,000	228,000	54,323
섬유의복	326.88	▼ 4.14		일양약품우	23,300	▲ 200	0.87	6	22,950	23,300	22,950	10,370
종이목재	467.35	▼ 10.04		경보제약	12,750	▲ 100	0.79	11,554	12,650	12,750	12,550	302,422
화학	5,510.14	▼ 72.32		녹십자	199,500	▲ 1,500	0.76	13,116	198,000	200,500	197,000	2,331,464
의약품	14,411.63	▲ 276.74		유유제약	15,050	▲ 100	0.67	55,787	14,900	15,400	14,800	95,847
비금속	1,969.81	▲ 1.32		유한양행	241,000	▲ 1,000	0.42	9,681	239,000	241,500	238,500	2,936,350
철강금속	4,621.18	▼ 36.79		유유제약2우B	18,450	▲ 50	0.27	280	18,250	18,500	18,250	3,027
기계	903.42	▼ 10.31		일동제약	26,350	0	0.00	36,236	26,400	26,500	26,150	568,934
전기전자	17,191.09	▼ 233.41		알보젠코리아	27,350	0	0.00	157	27,350	27,400	27,350	324,314
의료정밀	3,459.50	▼ 37.17		신풍제약우	7,800	0	0.00	6,489	7,710	7,870	7,690	17,160
운송장비	1,534.70	▼ 8.71		에이프로젠제	3,780	▼ 5	0.13	226,681	3,780	3,820	3,775	407,795
유통업	439.65	▼ 3.92		부광약품	26,750	▼ 50	0.19	74,089	26,600	26,900	26,600	1,307,280
전기가스업	1,014.14	▼ 3.62		대원제약	19,000	▼ 50	0.26	27,322	19,200	19,250	19,000	362,874
건설업	131.04	▼ 0.66		명문제약	7,080	▼ 30	0.42	269,439	7,110	7,170	7,060	173,743
운수창고	1,352.05	▼ 20.91		환인제약	21,100	▼ 150	0.71	10,055	21,250	21,250	21,050	393,391

업종별 종목 시세

03 스캘핑과 데이트레이딩 매매의 기본 원칙

앞에서 간략히 설명했지만, 여섯 가지 기본적인 원칙을 도표로 설명하겠다. 시간, 가격, 거래량, 움직임, 멈춤, 속도의 개념을 이해하자.

시간

단기 매매를 하는 이유 중 하나는 주식 보유 시간이 길어짐으로써 발생하는 시간의 위험을 회피하려는 것이다. 보유 시간이 길다는 것은 불확실성이 증가하며 예측이 어려워진다는 의미이며, 위험은 시간과 비례해 높아진다. 따라서 가능한 짧은 시간에 매매를 종결하는 것을 원칙으로 한다. 하루 중 변동성을 살펴보면 그림과 같이 장 시작 후 1시간과 장 종료 전 1시간이 가장

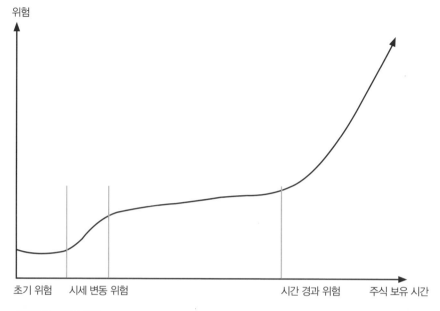

주식 보유 기간과 위험

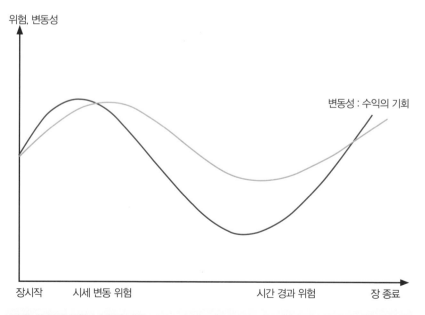

장 중 시간대별 위험과 수익의 기회

심하다. 단기 매매자는 변동성이 커야 수익의 기회를 잡을 수 있다고 앞에서 이야기했다. 그런데 아침과 저녁의 변동성은 성격이 다르다. 아침 한 시간의 변동성이 예상과 달랐다 하더라도 시장이 종료될 때까지는 상승할 기회가 있다. 반면 오후 장 종료 무렵에 매수했다가 실패한다면 만회할 시간이 없다. 결국 아침의 변동성은 수익 기회가 위험보다는 크고, 오후의 변동성은 수익 기회보다 위험이 크다. 심리적으로도 아침 거래보다 오후 거래를 하다가 원칙 없이 허둥댈 가능성이 높다. 많은 데이트레이더가 장 후반에 그날의 매매를 종료하려고 매물을 내놓기 때문에 오후에는 상승하던 주식도 하락으로 전환하는 하락 변동성이 크다. 따라서 데이트레이더는 아침에 거래하는 쪽이 유리하다. 반면 스윙 거래자는 오후에 '아래꼬리와 양봉을 형성하는(반등하려는)' 주식을 매수해서 보유하는 편이 유리하다.

①

주가 움직임을 나타내는 분이나 선 차트의 기울기와 주식 보유 시간 역시 밀접한 관련이 있다. 차트의 기울기가 급하다는 것은 단기에 급등락했다는 의미다. 이미지 그림과 같이 차트의 기울기가 급할수록 주식 보유 시간이 짧아야 한다(거의 90도 각도로 급격히 상승한 주식은 다시 급락하는 경우가 빈번하다). 반면 완만하게 상승하는 주식은 그 각도만큼 주식을 오래 보유해야 원하는 수익을 얻을 수 있다. 차트가 완만하다는 것은 크게 상승하지 않았다는 뜻이기에 수익 폭이 작다. 이러한 움직임은 수급 문제 때문에 나타난다. 주식이 급격히 하락하면 매수하는 사람이 적어서 상승할 때 나오는 매물도 적다. 반면 완만하게 시간을

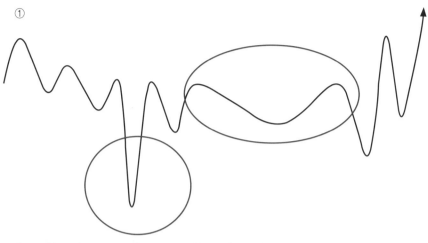

①

가격 움직임의 기울기와 주식 보유 기간

끌면서 하락한 주식은 하락할 때도 매수자가 많았다는 뜻이므로 그만큼 상승 시 매물이 많이 나와 소화에 시간이 걸리거나 반등에 실패할 확률도 높다. 단기 거래자는 가능한 짧은 시간에 등락한 주식에 집중해야 한다.

②, ③

시황이 강세일 때는 긴 시간 동안 크게 상승을 하고 짧은 시간 동안 소폭 하락한다. 약세일 때는 반대의 움직임이 나타난다. 따라서 강세 시장에서는 좀 더 길게 보유해서 수익을 극대화해야 하며, 약세 시장일 때는 잠시 반등 후 길게 하락할 수 있기 때문에 가능한 짧게 보유해야 한다. 시황의 흐름과 마찬가지로 개별 주식의 흐름이 상승 추세일 때는 길고 크게 상승하며 하락

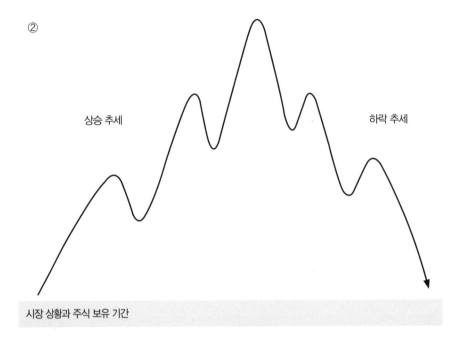

② 상승 추세　　　　　　하락 추세

시장 상황과 주식 보유 기간

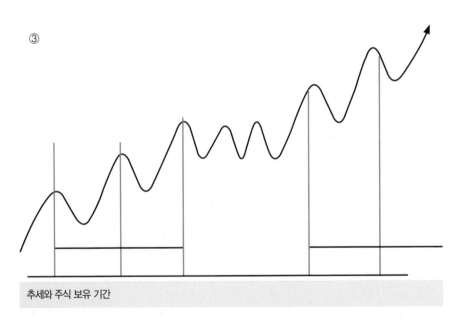

③

추세와 주식 보유 기간

추세일 때는 긴 하락과 짧은 반등이 있으므로 그 주기에 맞춰 보유 시간을 결정해야 한다. 시황과 상관없이 각 주식은 각각의 특이한 주가 움직임이 있다(가령 상승하면 상한가, 하락하면 하한가였던 주식은 다음에 상승할 때도 다시 상·하한가에 이른다. 그러나 어떤 주식은 하루 움직임 폭이 3~4퍼센트에 이르면 더 이상 상승하거나 하락하지 않는다). 각 주식들의 과거 등락 폭이 향후 그 주식을 매매할 때 목표 수익률과 보유 시간을 결정하는 중요한 요소다.

가격

단기 거래에서 가격은 매수자와 매도자의 수요와 공급이 맞아서 형성된

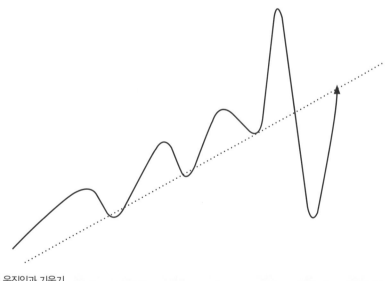

가격 움직임과 기울기

균형 가격 그 자체로 인식해야 한다. 현재 거래되고 있는 가격을 적정 가격으로 생각하고 단지 수급 불균형으로 발생하는 변동성에 집중해야 한다. 주식시장에 오래 몸담고 있었거나 주식 공부를 많이 한 사람은 어떤 주식을 보면 무의식적으로 회사의 가치를 평가한다. 어떤 주식이 대량으로 거래되며 급등하는 현상을 보면 우선 그 회사의 재무제표를 살핀다. 그리고 수급을 보고 차트를 살펴본다. 재빠르게 지금 거래되고 있는 가격은 비정상이니 위험하다고 판단한다. 그래서 거래하기를 포기한다. 역설적으로 기업을 많이 알고 가치 판단을 잘하는 투자자의 오류다. 가치 판단은 중장기 가치 투자자에게 필요한 것이다. 단기 거래자는 단지 현재 상황에서 시세 변동성을 이용하여 수익을 추구해야 한다. 단기 거래자가 가격을 보는 관점은 일반적인 투자와 달라야 한다.

단기 거래자가 가격 변화를 보며 판단해야 할 포인트는 거래수수료와 거래세, '슬립피지' 등 제비용을 감안하고도 수익을 낼 수 있는가다. '슬립피지'란 목표 거래와 실제 거래의 차이다. 1만 원에 매수해서 1만500원에 매도하려는 거래를 시도할 때 현재가가 1만 원이라도 실제 거래에서는 정확히 1만 원에 매수할 수 없다. 매수할 때의 평균가격은 1만100원 정도가 되고, 매도할 때도 정확히 1만500원에 매도하지 못하고, 그보다 아래에서 매도할 수 있다. 만일 1만400원에 매도한다면 결국 목표인 500원이 아니라 300원의 시세차익이 발생한다. 슬립피지는 200원인 셈이다. 수수료와 세금을 0.5퍼센트에서 1퍼센트만 계산해도 100원 정도는 드니 결국 수익률은 2퍼센트다. 5퍼센트 수익을 추구했지만 결국 2퍼센트의 수익만 본 것이다. 그러므로 수익을 추구하기 충분한 '업사이드' 가격이 발생할 때 거래를 시도해야 한다. 거래 실패로 인한 손실을 2퍼센트로 정해 두었다면, 수익의 업사이드는 최소한 6~7퍼센트 이상의 가능성이 있는 주식을 선정해야 한다. 단기 거래는 가격 변동성을 이용하는 거래이므로 갑작스러운 수급 불균형으로 가격 갭이 발생했다면 제비용을 감안할 만큼 충분한지 따져봐야 한다. HTS는 이러한 가격 갭이 발생할 때 빠르게 인지할 수 있도록 검색 기능을 제공한다.

라운드피겨 가격도 고려해야 한다. '라운드피겨'란 나누어 딱 떨어지는 가격, 끝자리가 00으로 끝나는 가격을 말한다. 1만 원, 1만1000원, 1만2000원, 10만 원, 11만 원 등의 가격을 말한다. 거래에는 투자자의 심리가 작용하고, 그래서 의미가 있는 것처럼 보이는 라운드피겨 가격이 저항 가격, 지지 가격이 되는 경우가 많다.

단기 거래는 제비용을 감수하면서 짧은 시간에 작은 수익을 추구하는 거래이기 때문에 매수 및 매도 타이밍이 놓쳤을 때 수익이 손실로 바뀌는 경우가 많다. 그래서 주문 가격을 라운드피겨 가격을 피해서 한다. 가령 1만 원에 매수하고자 한다면, 1만50원에 매수 주문하는 것이 좋다. 1만 원에 매수 주문을 했는데 체결이 됐다면 주가가 그 이하로 하락했기 때문이다. 반대로 1만1000원에 매도하고 싶다면 1만950원에 주문하는 것이 좋다. 1만1000원에 주문했는데 체결됐다는 것은 그 위로 상승했다는 의미다. 상승하지 못하는 주가는 1만1000원에 도달하지 못하고 꺾여 내려갈 것이고 더 이상 하락하지 않고 반등할 주식은 1만 원에 도달하지 않고 그 이전에 반등하기 때문이다.

거래량

거래량, 특히 순간체결량이 급증한다는 것은 해당 주식의 변동성과 유동성이 증가한다는 뜻이다. 어떤 이유든 시장이 관심을 보여 급격히 거래가 증가하고 있는 것이다. 대량으로 거래되면서 등락하는 주식은 유동성이 충분하므로 빠르게 거래할 수 있으며, 변동성이 크다는 것은 단기 거래로 수익을 낼 확률이 높다는 의미다. 아무리 좋은 호재가 있더라도 거래량을 수반한 가격 움직임이 없으면 시세 차익을 내기 힘들다. 가격 변화가 발생해야 수익을 추구할 수 있는 것이며 가격 변화는 거래량의 증가 없이 일어나지 않는다. 그래서 단기 거래에서는 거래량이 중요하다. 특히 순간체결량이 중요하다. 대량 거래가 일어나며 가격이 상승하는 시점을 매수 타이밍으로, 대량 거래가 일

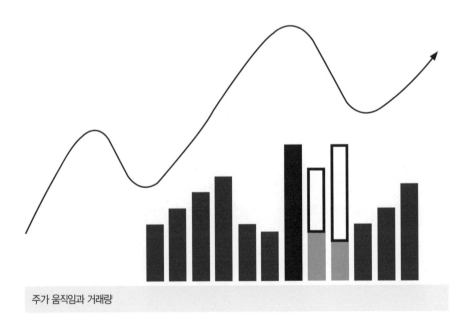

주가 움직임과 거래량

64

어나며 가격이 하락하는 시점을 매도 타이밍으로 정하는 것도 같은 이치다.

그림과 같이 주가가 상승하는 구간에서는 거래량이 증가하며, 어느 정도 상승한 후에는 거래량이 줄어든다. 주가가 크게 상승한 후 거래량이 증가했다는 것은 그 시점이 고점일 가능성이 높으며 추세 상승 중인 주식은 하락 시에 거래량이 감소한다. 상승 시 거래량 증가, 하락 시 거래량 감소가 기본 개념이다.

거래량을 이용한 단기 거래를 할 때는 순간체결량의 급증, 대량 거래 체결, 급격한 거래량 급증 등을 빠르게 판단할 수 있는 HTS의 화면을 구성해 두어야 한다는 게 포인트다. 앞서 설명한 '순간체결량' 화면이 가장 대표적이다. 거래하고자 선정한 주식의 평소 거래량을 사전에 알고 있으면 많은 도움이 된다. 어떤 주식은 한 번에 체결이 1만 주씩 되어도 거래 급증이 아니고 어떤 주식은 1000주만 거래되어도 거래 급증일 수 있다. 가격에 따라 그 판단이 다를 수 있지만, 평소 거래량이 다르기 때문에 주식마다 거래 급증의 기준은 다르게 판단해야 한다. 순간체결량의 급증이 일회성이 아닌 연속적이여야 의미가 있다. 한 번 대량 거래가 있었지만 이후 거래가 급감한다는 것은 일시적인 의도에 의해 거래가 이루어진 것이며, 매수자가 달려드는 거래가 아닌 것이다. 연속적인 거래가 발생할 때 가격 변동이 생긴다. 일봉을 봐도 어떤 주식이 며칠 사이 급등 또는 급락할 때는 연속적으로 거래량이 급증하면서 가격 변동이 일어난다. 이것도 같은 개념이다.

거래량의 급격한 증가는 가격의 상투와 바닥이라는 양면성이 있다. 흔히 알고 있듯이 지속적으로 하락하던 주식이 어느 날 급격히 거래량이 증가하면 바닥 신호이고 연속적으로 상승하던 주식이 가격이 많이 오른 상태에서 거래량이 급증하면 단기이든 중장기이든 상투 신호다. 많이 하락한 주식을 누군가 대량으로 매수했기 때문에 반등하는 것이고 많이 상승하는 주식은 누군가 대량 매도했기 때문에 반락하는 것이다. 단기 거래에서도 같은 개념이 작용한다. 순간체결량이 급증하면서 반등하면 주식의 매수 타이밍, 반대로 순간체결량이 급증하면서 하락하면 주식의 매도 타이밍이다. 주가의 변곡점에서 대량의 거래량을 수반한다는 속성을 이해하고 이용할 수 있어야 한다.

움직임과 멈춤

매매 타이밍을 잡으려면 '움직임'과 '멈춤'을 이해하자. 가격과 거래량의 움직임과 멈춤이 있다. 가격이 등락하지만 일정 시간 동안 지속 상승하는 '상승 움직임'과 지속 하락하는 '하락 움직임'이 있다. 상승하던 주가가 일정 가격권에서 더 이상 상승하지 않는 '가격 상승의 멈춤'이 있고 일정 가격권에서 더 이상 하락하지 않는 '가격 하락의 멈춤'도 있다. 거래량은 가격이 급격히 움직이는 동안에는 동반해 늘어나는데 이를 '거래량의 움직임'이라고 하고, 일정한 가격권이 되면 거래량이 급격히 감소하는데 이를 '거래량의 멈춤'이라고 한다. 가격 움직임과 호가 잔량도 변하는데, 가격이 상승하는 동안에는 매수 호가 잔량이 증가하고 매도 호가 잔량이 감소한다. 반대의 경우에는 매도 호가 잔량이 증가하고 매수 호가 잔량이 감소한다. 이때 증가하고 감소하는 호가 잔량을 '호가 잔량의 움직임'이라고 한다.

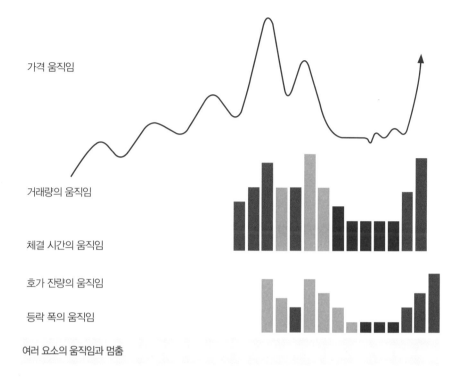

가격 움직임

거래량의 움직임

체결 시간의 움직임

호가 잔량의 움직임

등락 폭의 움직임

여러 요소의 움직임과 멈춤

가격이 급격히 상승하는 상황을 생각해 보자. 가격 움직임이 발생하면서 거래량도 동반해 증가한다. 매수자가 가격을 올리면서 매수하는 것이다. 상승하는 가격을 보고 매도자도 주문하기 때문에 거래량이 증가한다. 그러다가 매도하려던 투자자가 가격 상승을 보고 매도 주문을 취소하기 때문에 매도 호가 잔량은 줄어들고 매수자는 추격 매수하고자 매수 주문을 하기 때문에 매수 호가 잔량은 증가한다. 단기 급등을 하고 나면 매수자는 너무 고가에 추격 매수하지 않으려고 추가 매수 주문을 하지 않는다. 따라서 거래량이 감소하며(엄밀히 말하자면 체결량이 감소하는 것이다) 가격 상승도 멈춘다. 가격 상승 움직임이 멈추고, 거래량 증가 움직임이 멈추고, 매수 호가 잔량의 증가와 매도 호가 잔량의 감소도 멈춘 바로 그 시점이 단기 고점이며 '매도 타이밍'이다.

그 고점부터 가격이 하락하기 시작하면 매도자는 늘고 매수자는 줄기 때문에 매수 호가 잔량이 감소하고 매도 호가 잔량은 증가한다. 단기 매도자는 차익 매도를 하고 매수자는 눌림목 매수를 하기 때문에 다시 거래량이 증가하면서 가격 하락 움직임이 발생한다. 하락하는 주가 움직임과 거래량, 호가 잔량의 변화는 상승 시기의 반대로 생각하면 된다.

움직임과 멈춤을 이용한 단기 거래의 성공 포인트는 움직임의 구간을 미리 가늠하는 능력이다. 즉, 상승과 하락 그리고 멈춤 구간을 예상하는 능력이다. 주가는 무작정 상승하고 하락하지 않는다. 수급에 따라 일정 상승 후 반락하고 일정 하락 후 반등한다. 장 중에는 그 폭을 예상하기 어렵기 때문에 멈춤을 관찰하며 거래하지만 전고점, 매물대, 지지, 저항, 추세, 패턴을 이용하면 일정한 패턴을 추적할 수 있다.

HTS 화면은 움직임과 멈춤을 판단하기 편하게 구성할 수 있다. 단기 거래자는 장 중 흐름을 판단하려고 틱 또는 분 단위 선차트를 많이 이용한다. 일봉/주봉과 같은 모양의 차트지만 장 중 주가 흐름을 실시간으로 파악할 수 있도록 한 것이다. 움직임과 멈춤을 파악하려면 매매하는 그 순간에 시장과 가격에 집중할 수 있는 환경을 만들어야 한다(그래서 시장을 집중해 관찰할 수 없는 직장인 같은 일반적인 투자자에게는 데이트레이딩이 맞지 않다고 말하는 것이다) 움직임과 멈춤 구간을 가늠하는 능력은 기술적 분석에 의한 추정일 뿐, 주관이나 선입견이 개입하지 않는다. 가령 어떤 호재가 나와서 상승하는 주가를 보며 그 재료를 주관적으로 해석해 '더 많이 상승할 거야', '별것 아니니 바로 매도 해야지' 하는 판단은 금물이다. 주가 흐름을 있는 그대로 보아야 한다.

움직임을 관찰하는 동안이라도 언제든 매매할 수 있도록 준비해야 한다. 하락하던 주가 움직임이 멈추고 반등하는 구간에 매수하든지, 상승하던 주가 움직임이 멈추고 반락하는 구간에서 매도하든지, 그 멈춤의 순간에 매매하려면 '매수 총 금액은 얼마인지', '분할할 것인지', '매도는 전량 할 것인지', '분할 것인지'를 거래량과 움직임의 속도를 보고 미리 주문 화면에 수량, 예상 가격을 준비해 둔다. 움직임을 보고 준비하고 멈춤을 보고 매매한다.

움직임 판단은 준비지만, 멈춤 판단은 매매이므로 매우 신중해야 한다. 실제로 멈춤을 잘못 판단해 손실을 보는 일이 많이 발생한다(쉬운 예로 일봉에서 단기 급락하던 주가가 일정한 가격권에서 더 이상 하락하지 않고 옆으로 횡보하는 구간에 많이들 매수한다. 그러나 그 가격권에서 반등하지 못하고 횡보 후 재차 급락하는 경우가 더 많다. 즉, 멈춤을 잘못 판단해 손실이 나는 것이다). 가격 상승 중 멈춤이라고 판단해 매도하고 나니 더 상승하는 경우, 가격 하락 중 멈춤이라고 판단해 매수하고 나니 더 하락하는 경우가 있다. 전자는 수익의 폭이 줄어든 것이지만, 후자는 손실이므로 매수 타이밍에 더욱 신중해야 한다.

상승하던 주가가 잠시 멈추었다가 다시 상승하는 경우는 눌림목 조정 이후 다시 상승하는 것이고 하락하던 주가가 잠시 멈추었다가 다시 하락하는 것은 반등 후 재하락하는 것이다. 그래서 눌림목 조정은 매수 타이밍이고 반등은 매도 타이밍인 것이다. 반등에 매수 진입했는데 반등에 실패하거나 아주 소폭 반등한 다음 재하락할 때가 가장 위험하다(일봉을 보고 판단할 때 눌림목과 반등을 이용한 거래가 자주 나오므로 3부에서 자세히 설명하기로 한다). 멈춤은 아주 짧은 시간에 한 번 발생하기도 하지만 보통 두세 번씩 나타난다. 즉, 단 봉으로 고점과 저점을 형성하기보다는 흔히 얘기하는 이중고점(바닥), 삼중고점(바닥)이 많다. 단기 거래에서도 그 패턴을 주의해야 한다.

스캘퍼들은 그 멈춤이 속임수였거나 이중 또는 다중 멈춤이라 하더라도 아주 신속히 거래하기 때문에 손실이 나도 아주 적은 선에서 마무리되지만, 그 외의 단기 거래자는 크게 손실이 날 수 있다. 하락하는 주가를 관찰하고 있다가 하락이 멈추고 순간체결량이 감소하며 매수세가 유입되는 것을 보고 매수 진입했는데 곧바로 대량 매도가 추가적으로 나오면서 급락하는 경우가 왕왕 발생하기 때문이다. 그렇기 때문에 하락 멈춤에 매수했다면, 곧바로 다음 멈춤을 관찰해야 한다. 하락 움직임이 멈추고 상승 움직임이 나타날 것이라고 판단해 매수한 것이므로, 상승 움직임이 아주 짧게 나온 다음 바로 멈추면 위험 신호다. 스캘퍼는 곧바로 매도하겠지만, 대부분 이 상황에서는 그 멈춤이 이중·다중 멈춤이 될지 아니면 추가 하락이 될지 판단해야 한다. 빠른 주가 움직임에서 멈춤을 인지하는 게 너무 어렵게 느껴질 것이다. 실제 차트를 보고 이해도를 높여보자.

개별 주식이 급등락할 때는 그 움직임과 멈춤을 판단하기가 쉽지 않다. 그러나 지수는 시장 전체의 움직임이므로 개별 주식보다 천천히 움직이고 패턴을 형성한다. 다음 그림은 특정일의 아침 9시 30분경 지수 5분 봉차트와 5분 선차트다.

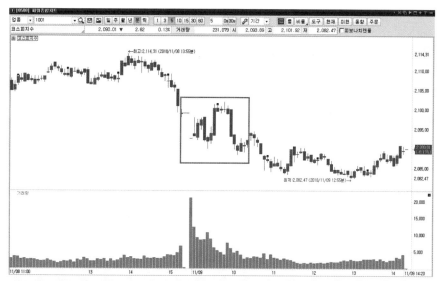

코스피 지수 5분 봉 차트

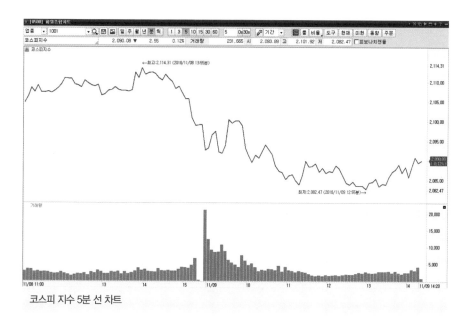

코스피 지수 5분 선 차트

분 봉과 분 선의 차이점이 있다. 5분 봉은 5분 동안 주가 움직임을 마감하고 봉이 완성되는 것이므로 5분 사이에 주가가 급등락한다면 그 시간 동안의 추세를 알 수 없다. 그러나 선 차트는 짧은 시간이라도 선이 움직이므로 추세선을 알 수 있다. 전문 단기 거래자는 매매 시간이 짧을수록 선 차트를 선호한다.

위 5분 봉차트를 보면 하루 종일 시장이 하락하고 있으며 특히 10시경 거래량이 증가하면서 하락해 좀처럼 반등하지 못하고 있는 모습이다. 오후 들어 추가적인 하락은 없다. 이때 저점 형성을 예상하고 시장 진입을 하지 않아야 한다. 거래량이 증가하고 있지 않기 때문이다. 14시 이후 거래량이 다소 증가하고 있지만 이러한 증가가 아닌 확실한 거래량 증가와 양봉이 형성될 때만 저점 확인을 할 수 있다. 아래의 5분 선차트 역시 같은 해석을 하면 된다. 다만 선차트로 볼 때 좀 더 뚜렷하게 추세를 이해할 수 있다.

가격은 랜덤으로 움직일 것 같지만 일정한 패턴을 형성한다. 가격 움직임의 결과가 패턴이다. 가격 움직임의 이면에는 거래량의 움직임이 있다. 거래량의 움직임과 패턴으로 저점과 고점을 판단할 수 있다. 일봉을 보면 개별 주식의 거래량과 패턴 분석이 아주 쉽지만, 장 중 움직임에서 판단하기는 어렵다. 따라서 비교적 판단이 쉽고 속임형이 없는 지수의 장 중 흐름을 공부하면 도움이 된다. 특히 지수와 연동하면서 움직이는 대형주, 즉 베타계수가 1(해당 펀드나 주식 종목의 수익률이 시장 움직임을 그대로 반영한다는 뜻이다)인 지수 관련주를 단기 거래하는 것이 모든 단기 매매 기법 중 가장 단순하고 쉽다.

속도

앞에서 가격 움직임, 순간체결량, 거래량의 움직임을 설명했는데, 그 속도 또한 중요한 판단 요소다. 가격 움직임의 속도가 빠르다는 것은 급등락한다는 의미다. 급등과 급락이 있을 때는 체결 속도와 거래량 증가 속도도 빠르다. 따라서 속도가 빠르다는 것은 그만큼 위험이 커지는 것이지만, 위험이 곧 변동성이므로 변동성을 이용한 단기 거래에서는 수익의 기회라는 말이다. 위험이 클수록 더 크게 수익을 낼 기회가 있다. 거래량 증가 속도가 빠르면 빠를수록 매매할 수량 및 금액의 크기도 커지므로 언제든 매매할 수 있는 유동

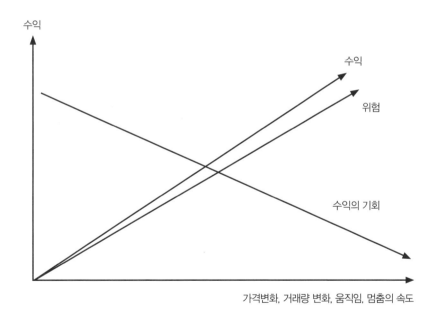

속도와 보유 시간

성이 보장된다. 가격 변화의 속도가 빠르면 빠를수록 목표 수익률은 더 높아진다. 천천히 45도 이하의 각도로 상승하는 주식은 목표 수익률이 낮지만 거의 90도 각도로 급등락하는 주식은 위험한 만큼 목표 수익률도 높다.

가격 변화의 속도로 목표 수익률을 정할 수 있다. 빠른 속도로 10퍼센트 이상 급락한 주식은 5퍼센트 이상 목표 수익률을 잡을 수 있지만 느리게 3퍼센트 하락한 주식은 목표 수익률이 1퍼센트도 안될 수 있기 때문에 매수 대상이 아니다.

거래량이 증가하는 속도가 빠르면, 즉 대량 거래가 터질수록 더 큰 금액으로 매수할 수 있다. 투자 금액은 시장에서 한 번의 매매로 매수 및 매도 주문을 해결할 수 있는 수량을 체크해 그 범위 내에서 정한다. 하루 거래량이 10만 주뿐인 주식을 5~6만 주 매수하면, 매도 타이밍이 됐다 하더라도 원하는 가격에 매도할 수 없다.

움직임의 속도는 멈춤의 속도와 비례한다. 급등한 주식의 고점은 아주 '잠시'다. 그 타이밍을 놓치면 수익을 볼 수 있는 매매가 손실로 끝날 수 있다. 급락한 주식의 멈춤, 즉 매수 타이밍은 아주 짧다. 오랜 시간 멈춰 있어 매수 기회가 많다면 그 주식은 추가 하락한다. 급등한 주식이 고점을 찍고 하락하지 않고 횡보하면(멈추어 있으면) 그 주식은 추가 상승한다. 등락의 속도로 멈춤의 시간을 판단하며, 그 판단에 따라 매매가 이루어진다. 속도 변화는 주가 움직임의 변화다. 빠른 속도로 상승하던 주가가 점차로 속도가 느려진다는 것은 매수세가 약해진다는 증거다. 이제 곧 멈춤이 나타날 것이다. 주가 하락 속도가 점차 느려지면 이제 곧 멈춤이 나타나 반등하거나, 멈추었다가 재하락하는 변곡점이 되는 것이다.

스캘퍼들은 당연히 빠르게 가격과 거래량이 움직이는 주식을 선호한다. 그래야만 원하는 수익을 얻을 수 있기 때문이다. 그렇다면 일봉을 보고 거래하는, 스윙 이상의 거래 기간을 갖고 투자하는 경우는 어떨까? 느리지만 안정적으로 움직이는 주식이 더 좋을까? 그렇지 않다. 주식 강의나 강연회에서 늘 강조하는 것이 있다. 주식 투자는 원래 위험한 투자다. 증권사에 고객이 오면 '고객 성향 파악'이란 것을 한다. 주식 투자는 '초고위험 상품'이다. 성향 파악에서 위험을 회피하려는 '중위험 이하'의 성향이 나오면 주식 투자 계좌도 개설 못 한다. 주식 투자는 위험한 것이니 하지 말라는 뜻이다(성향이 낮게 나오더라도 본인이 감수한다는 확인 서명을 하면 가능하다).

주가는 안정적으로 움직이지 않는다. 하루에 상하 30퍼센트씩 변동하는 등 매우 큰 변동성을 갖고 있다. 실전 매매에서 안정적인 주가 흐름을 추구하다 보면 수익은 작고 손실은 크게 본다. 비단 단기 거래뿐 아니라 기술적 분석을 이용하는 모든 주식 투자에서 빠른 속도로 움직이는 주식을 선택하고 그 속도를 이용해 투자할 수 있어야 한다.

04 스캘핑/데이트레이딩 실전 매매

장 중 급등 주식의 매매

"장 중 호재성 재료가 나오거나, 시황이 급변해 주가가 급등하는 경우 추격 매수할 것인가?"

"추종했다가 손실이면 어쩌나?"

"주가를 올려 팔아먹는 세력이 올린 건 아닌가?"

여러 고민이 따라올 것이다. 어떤 이유인지 아는 것도 중요하겠지만, 단기 거래를 할 만한 기본 요소가 갖춰졌는지 빠르게 확인하는 것이 더 중요하다. 순간체결량이 증가하고 대량 거래가 일어나며 상승한 것인지를 먼저 확인해야 한다. 대량 거래 없이 급등했다면 매매하지 않는 게 낫다. 정보를 미리 알아 첫 급등에 추종하지 못했다면, 급등하는 과정에서 체결량과 거래량, 매수

강도, 호가 잔량, 가격 상승 폭을 확인한 후 상승이 멈추고 조정 하락이 될 때를 기다려서 거래한다. 하락으로 전환한 후 거래량이 감소하고 상승 폭의 30 퍼센트 이내 가격에서 거래되며 횡보하면 매수 준비를 한다. 하락 전환 후 눌림목에 매수 타이밍을 잡는 이유는 다시 상승하는 움직임을 기대하는 것이다. 하락할 때 거래량이 증가하면 상승 주체가 매도하는 것으로 봐야 한다. 그들이 매도한 후에는 오히려 추가 하락할 수 있다고 다들 생각하므로 절대적으로 거래량이 감소해야 한다. 이후 다시 거래량이 증가하며 상승하는 첫 시점에 추종 매수해야 한다. 판단이 늦을수록 수익 폭이 줄거나 높은 가격에 추종하다가 손실을 볼 수 있다.

급등 주식을 추종 매매하는 방법은 강세장이나 강한 테마 형성이 되어 있는 시장에서 성공 확률이 높다. 강세장에서는 시장에 자금이 풍부해 좀 더 높은 가격이라도 매수하고자 하는 투자자가 많다. 강력한 테마 시장에서는 급등했다 하더라도 추후 더 상승할 것이라는 기대가 있어서 매수가 유입되기 때문에 수익을 낼 수 있다. 반대로 약세장일 경우에는 시장에 자금이 부족해서 테마라 하더라도 모두 강한 상승을 하지 못하고 일부 주식만 상승한다. 게다가 상승의 힘도 약하기 마련이다. 특정 세력이 적은 금액으로 주가를 단기간에 끌어올렸다가 소폭의 수익을 보고 매도하기 때문이다. 강세장처럼 특정 세력이 매도해도 대기 자금이 많아 매수세가 성행하면 주가는 쉽게 내려오지 않는다. 그러나 약세 시장에서는 일부 세력의 자금으로 주가가 움직이고 있기 때문에 급등 후 하락하면 급락 위험이 있다. 따라서 현재 시황이 어떠한지와 추가로 상승할 수 있을 정도로 자금이 풍부한 상황인지를 전제로 살펴야 한다.

장 중 눌림목에 매수해 예상대로 추가 상승하면 바로 차익 매도를 하는 스캘핑 매매, 장 중 추세 흐름을 보고 판단하는 데이트레이딩, 재차 하락하지 않으면 다음 날도 강세일 것으로 판단하고 수익 극대화를 노리고 보유하는 스윙 거래를 한다. 예상과 반대로 급등 후 반락해 하락하기 시작하면 스캘퍼는 곧바로 매도, 데이트레이더는 장 중 추세가 유지되면 보유하고 추세가 붕괴하면 매도한다. 스윙 거래를 하는 입장에서는 일봉 차트와 거래량을 보고 보유 여부를 판단한다.

장 중 급등 주식의 거래는 추종 매수하고 싶은 욕심과 급등 후 하락할지도 모른다는 불안이 교차하는 심리 사이에서 이루어진다. 그만큼 순간적인 갈등 속에서 빨리 판단해야 한다. 그렇기 때문에 사전에 매매 원칙을 확고히 세워야 한다. 그때 그때 판단이 달라지면 위험하다. 아마도 단기 거래를 하는 입장에서 가장 힘들겠지만, 매매 원칙을 확고히 세우고 있어야 이 책에서 소개하는 다른 어떤 매매 방법보다 큰 수익을 기대할 수 있다.

연속 급등 주식의 매매

장 중 첫 급등 후 일간으로 연속 급등하는 주식이 있다. 이러한 주식은 대량 거래와 함께 상승하는 것이 기본이며 상한가 또는 큰 폭으로 상승한다. 첫 강세 이후 하루 이틀 사이에 조정의 폭이 작으면 이후 후속 매수세가 강해진다. 연속 급등 후 차익 매물이 나와 하락할 때는 폭이 깊다. 반면 매수도 강하게 유입된다. 조정 후 추가 상승을 기대하는 매수세 때문이다. 연속 급등하는 주식은 혼자 급등할 때보다 테마를 이루며 상승할 때 더욱 강하다. 연속 상승하기는 하나 상승 일 수가 길어지면 상승 폭이 점차 줄어들고 거래량도 줄어든다. 이러한 속성을 이용해 일봉 차트와 수급을 보고 거래하는 것이 가장 일반적인 매매다. 이러한 연속 급등 주식의 속성을 이용해 단기 매매를 할 수도 있다.

대량 거래가 일어나며 첫 급등한 주식은 다음 날 곧바로 하락할 수도 있다. 그렇지만 연속 급등한 주식은 좀처럼 하락하지 않는다. 이미 강세 전환한 상태라 하락할 때마다 대기하던 강력한 매수세가 등장하기 때문이다.

우선 연속 급등한 주식을 관심 종목으로 분류해 매매 준비를 하자. 강력한 테마의 주도주가 가장 안전하고 수익률도 좋다. 급등 주식의 성향을 이용한 단기 매매이므로 회사의 가치나 상승 재료보다 어떤 주체가 얼마나 강력하게 매수하는지를 아는 게 더 중요하다. 전일 미리 선정한 급등 종목 중 아침에 조정 하락하는 주식에 주목한다. 이때 조정 하락이 첫 하락인지, 여러 차례 조정 후 상승했던 주식인지를 살펴본다. 이유는 첫 하락일 때는 아직 상승 폭이 크지 않기 때문에 매수하려는 대기자가 많고, 여러 차례 하락 조정을 거치고 상승한 주식은 조정 때마다 주가를 올리던 주도 세력이 이미 많은 물량을 차익 매도했을 수도 있기 때문에 주의해야 한다. 급등 주식의 첫 조정 하락은 폭이 클 수도 있지만 상승 탄력이 있어서 반등의 힘이 강하기 때문에 단기 거래 대상이다.

첫 조정 또는 아직 상승 폭이 크지 않은 급등 주식은 아침 조정 하락에 매수한다. 만일 아침 매수 타이밍을 놓쳤다면 상승하는 주가를 따라서 추격 매수하지 마라. 급등한 주식은 언제든 차익 매물이 나와 단기 고점을 찍을 수 있기 때문이다. 아침 매수 타이밍을 놓쳤다면 오후까지 기다려서 장 막판에 다시 상승해 시가를 돌파할 때 매수한다. 매수 후에 거래량이 크게 증가하면서 반드시 양봉을 형성하는 상승이 있어야 하며, 거래량 증가가 없다면 도지형 또는 작은 음봉도 조정으로 판단하고 기다린다. 만일 거래량이 증가하며 도지형 또는 음봉이 발생하면 단기 상투로 보고 매도해야 한다. 이때 양봉이면 전고점을 돌파하는지, 저항대를 돌파하는지 등의 추세나 패턴을 확인해 매도 가격권을 생각해 둔다. 예상만큼 상승하지 못하고 매물이 나와 하락한다면 지지 가격권이나 대량 거래가 발생했던 가격권을 손절매 가격으로 미리 생각해 둔다.

연속 급등 주식을 매매하는 핵심 포인트는 상승 탄력을 이용하는 것이다. 주가는 상승할수록 추격 매수자 때문에 상승 탄력이 강해지는 속성이 있다. 아침에 일시적으로 조정 하락일 때 매수해서 다시 상승 탄력이 발생하는 현상을 이용해 수익을 추구하는 것이다. 차익 매물이 나와 장 중 내내 조정 하락한 주식이 오후에 매수 세력 때문에 상승한다면 매수한다. 그 다음 날부터 다시 상승하는 탄력을 이용해 수익을 추구하는 것이다. 결국 대기 매수자가 많거나 강력한 매수 세력이 진입해 있는 주식이 큰 수익을 주므로 그러한 주식을 선택해야 한다. 그런 주식은 이미 단기 거래의 기본 개념에서 설명한 바와 같이 대량의 거래가 연속적으로 터지면서 짧은 시간에 급등한 주식이다. 그 이면에는 대형 호재 등의 이유가 있을 테지만 그 이유를 파악하고 매매한다면 타이밍을 놓칠 수 있다. '상승 탄력을 이용한 매매'라는 원칙을 잊지 않고 매매해야 한다.

장 중 급락 주식의 매매

장 중 시황 또는 개별 악재 때문에 급락하는 주식을 저점에 매수해 반등할 때 차익 실현하는 매매가 초단기 매매의 원조라 할 수 있다. 흔히 전일 미국 시장이 크게 하락한 다음 날이면 우리 시장은 아침 시작부터 갭 하락하다가 장 중에 반등한다. 장 중 외부로부터 악재가 발생하면 시장이 전체적으로 급락하다가 다시 반등하는 경우도 빈번히 발생하는데, 가령 북한과의 군사적 문제가 발생할 때는 빠른 시간에 급락 후 반등한다. 개별 종목의 급락보다는 시장 전체나 업종과 테마가 동시에 급락하는 경우에 수익 기회가 좀 더 많다. 가령 바이오 업종의 어떤 주식에 임상 실패라는 재료가 발생하면 바이오 주식 전체가 급락한다. 이때 동반 급락한 주식을 저점에 매수해 수익을 추구하는 것인데, 급락의 강도가 강할수록 수익의 기회와 폭이 크다.

주식시장은 지난 수십 년 동안 온갖 악재로 급락한 적이 있다. 아시아 외환위기나 IT 버블 붕괴, 미국의 9·11테러 사건, 미국발 금융위기, 일본 대지진 후 쓰나미 재해, 남유럽 PIGS 국가의 디폴트 등 중대한 금융시장의 위기 또는 세계 각국에서 일어나는 정치적·군사적 사건 사고가 주식시장을 순간적으로 급락하게 만들었다. 우리나라는 1997년 외환위기 후 1998년 하반기에 증거금과 결제 제도가 바뀌면서 비로소 연속 재매매가 가능해졌다. 그 전에는 증권사 창구를 통해 거래해야 했고 3일 결제 시스템(주식 거래가 체결되고 실제 금액은 체결일 포함 3일 후에 결제되는 시스템) 때문에 연속 재매매가 안 됐지만 이후부터는 온라인 거래 시스템이 도입돼 연속 재매매가 가능해졌다. 당시는 외환위기 직후였고 시장은 급등했다가 다시 급락하는 등 변동성이 매우 컸기 때문에 1998년에서 2000년 사이에 단기 거래가 성행했다. 그때 가장 흔하게 사용되던 매매 기법이 급락한 주식의 저점 매수였다. 데이트레이딩의 원조격인 트레이더들은 그 시절에 활발하게 거래했고 그 매매 기법이 이후 수십 년 동안 이어졌다.

꼭 대외 악재나 시황이 급변하는 상황이 아니더라도, 수급의 이유로 업종별, 테마별로 급락하는 경우는 빈번하다. 삼성전자가 장 중 급락하면 관련 IT 부품 주식이 동반해 급락하는 현상은 흔히 볼 수 있다. 이렇게 급락하는 주식을 매수하는 일은 훈련이 되어 있지 않는 평범한 투자자에게는 심리적으로 어렵다. 급락하는 주가를 보면 가지고 있는 주식을 팔고 싶은 심리가 우세하지, 반대로 저점 매수를 하고 싶지는 않다. 따라서 몇 가지 지켜야 할 원칙을 숙지하고 훈련해서 자기 것으로 만들어야 하는데, 이 원칙을 만드는 데 성공하면 시장 상황과 무관하게 매매할 수 있는 스킬을 얻는 셈이다. 동시에 일반적인 추세 흐름을 보고 거래할 때도 주가 움직임의 속성을 이해하는 데 도움이 된다.

어떤 업종이, 어떤 테마가 급락할지는 사전에 알 수 없다. 그렇기 때문에 시장 충격으로 급락한다면 매수할 주식을 관심 종목으로 리스팅해 둬야 한다. 방법은 그 시장에서 가장 강한 주식, 그 업종에서 가장 강한 주식, 그 테마에서 가장 강한 주식, 당일 가장 강한 주식을 리스팅하는 것이다. 예를 들면 이해하기 쉬울 것이다. 당일 강력한 호재로 상한가에 진입한 주식이 장 중 급격한 시황 변화로 시장이 급락하는 바람에 이에 연동해 상한가에서 풀려 하락한다면 가장 좋은 매수 대상이다. 시장이 급락한 후 아주 약간이라도 반등하면 그 주식은 하락 폭에 상관없이 곧바로 다시 상한가에 진입한다. 과거 스캘퍼가 큰 돈을 벌 수 있었던 이유는 시황이 급격히 변해 상한가 또는 그와 유사한 강세의 주식이 마이너스 또는 극단적으로 하한가 근처까지 하락했다가 시장이 반등할 때 곧바로 상한가에 재진입했기 때문이다. 시장이 급락할 때 가장 크게 하락한 주식을 매수하라는 것이 아니다. 핵심은 가장 강한 주식을 매수하는 것이다. 약한 주식은 매도세가 있었다는 말이고 그런 주식은 하락 후 반등이 약하거나 오히려 추가 하락할 수 있다. 그러나 강했던 주식은 강력한 매수세가 있었기 때문에 급락 후 그 매수세에 의해 곧바로 원위치 할 수 있다.

가장 강했던 주식을 매수해야 하는 이유를 이해했을 것이다. 그렇다면 그 시기 시장을 이끈 주도주, 업종의 주도주, 테마의 주도주를 리스팅하고 있어야 하는 이유도 이해할 것이다. 해당 업종이나 테마에 악재가 발생해 동반 하락하면 관련 주식이 동반해 급락한다. 업종이나 테마는 섹터다. 시장이 계속 하락하지 않듯이 섹터도 일정 시점에서 반등한다. 이때 저점에 매수한 후 확실한 수익을 내는 종목은 주도주다. 주도주란 그 업종과 테마에서 가장 매수세가 강해 큰 폭으로 상승하며 시장과 업종 그리고 테마를 이끄는 주식을 말한다. 결국 반등할 때도 가장 빠르고 강하게 반등한다. 바이오 업종이나 IT

업종에서 악재가 발생해 관련 주식이 일제히 급락하고 있는 상황이라고 가정해 보자. 어떤 주식을 매수해야 할까? 당시 바이오 섹터와 IT섹터의 상승을 이끈 주도주를 사야 한다는 것은 여러분들도 어렵지 않게 동의할 것이다.

그러한 속성을 감안하면 주의할 점도 알 수 있다. 매도세가 있어서 약했던 업종이나 테마에서 거래하면 안 된다. 원래 약했던 주식은 급락 후 반등이 아니라 추가 하락할 수 있다. 또한 얼마나 강한 매수세가 있었는지 파악이 안 되는, 개별 주식 혼자만의 하락이 나타날 때는 해당 기업의 개별 악재가 출현한 것일 수 있다. 시장이나 업종처럼 하락 후 반등할 것이라 생각하고 거래하지 마라. 더 큰 위험은 개별 악재가 반영돼 반등 없이 연속해서 하락할 수 있다는 점이다. 즉, 약한 업종이나 테마 그리고 개별 주식의 약세라면 아무리 단기 거래라 해도 수익 확률보다 손실 확률이 높기 때문에 거래하지 않는다.

또한 이 매매는 반등을 이용한 매매라는 것을 염두에 두자. 저점에 잘 매수해서 반등했는데 매도하지 않다가 손실로 만들면 안 된다. 특정 주식을 저점에 잘 매수하여 현재 10퍼센트의 수익을 내고 있다고 하자. 시장도 반등하고 주도주를 매수했으니 더 보유해서 수익을 더 내야겠다는 생각이 들 것이다. 이후 시장이 연속 반등하면 최적의 거래가 되겠지만, 악재가 나와서 시장이나 업종, 테마가 하락한 경우라면 반등 후에 재차 하락하는 사례가 더 많다. 결국 주가도 다시 하락해 손실이 날 수 있다. 극단적인 경우를 생각해 보자. 금융 위기나 외환 위기처럼 중대한 위험 때문에 시장이 급락을 했다고 치자. 일단 저점 매수를 해서 장 중 반등으로 수익을 내고 있는데 매도하지 않으면 어떻게 될까? 이후 더 큰 하락이 닥쳐 엄청난 손실을 입을 것이다.

연속 급락 주식의 매매

장 중 대량으로 거래되며 첫 급락한 주식이 당일 반등하지 못하면 연속 급락으로 이어진다. 개별 악재든, 업황이나 시황의 악재든 단기 악재 반영 후 곧바로 반등하지 못해서 하락이 깊어질수록 매도세가 강해진다. 첫 하락 때는 조정이라고 판단하는 매수세가 유입돼 반등의 힘이 강하지만, 연속 하락하면 조정이 아니라 추세 하락이라고 판단해 더 하락하기 전에 매도하려는 심리를 자극한다. 첫 하락에 매수해서 단기 차익을 추구했거나, 눌림목 조정이라고 판단해 매도하지 않은 물량이 모두 매물로 나와, 깊은 하락을 만드는 것이다. 하락한 일 수가 길어질수록 물린 매수자가 많아지는 것이므로 반등 시 매물도 많아진다. 투자자들은 연속 하락 후에는 오랜 시간 동안 매물을 다 소화해야 반등한다는 것을 알기 때문에 빠른 시간에 반등하지 못하면 매도하려 한다. 손절매 원칙을 정해 놓은 개인이나 로스컷 규정을 지켜야 하는 기관 투자가 역시 일정 하락 폭까지는 보유하지만, 하락 폭이 깊어질수록 추가 매수하지 않고 매도에 나선다.

흔히 '수급이 꼬였다'고 말하는데, 기업 가치에 변함이 없고 일시적인 노이즈나 거짓 정보 때문에 하락하더라도 한 번 매물이 나오기 시작하면 '매물이 매물을 낳는' 수급 왜곡 현상이 마무리 될 때까지 주가가 좀처럼 강하게 반등하지 못한다. 흔히 업종 펀드나 ETF 등에서 자금 이탈이 있을 때 특정 섹터에 집중적으로 매도가 발생한다. 특정 섹터의 전망이 부진할 때도 집중적으로 매물이 나온다. 이때 개별 주식만 아니라 섹터나 테마가 집단적으로 하락하는 일도 많이 발생하는데, 알려진 악재와 관련 없는 기업이라 하더라도 동일 섹터나 테마에 속해 있다는 이유 만으로도 연속 급락한다.

하지만 연속 하락하는 주식이라 하더라도 끝도 없이 하락하는 것은 아니다. 결국 저점을 형성할 것이다. 그 저점이 대세 바닥인지, 반등 후 다시 하락하는 중간 바닥인지는 이후에 판단할 문제다. 일정한 하락 후에는 반등할 것이고, 그 반등의 매수 타이밍을 잡아야 한다. 여기서 단기 거래의 속성을 이용하면 저점을 판단할 수 있다. 처음 하락할 때는 대량 거래가 일어나고 가격이 급변한다. 하락 일 수가 길어질수록 일정 시점부터 거래량이 줄어들고 가격 하락 폭도 줄어들며 하락의 각도가 완만해진다. 보통은 일봉을 보며 연속 급락 주식의 반등 타이밍에 매수하려 한다. 연속 하락하는 주식의 매수는 연속 급등하는 주식의 매수보다 훨씬 주의해야 한다. 강세 주식은 만일 매수 타이밍을 잘못 잡았다 하더라도 강세의 탄력이 있기 때문에 손해 보지 않고 매도할 기회가 있다. 반면, 연속 하락 주식은 이미 약세로 접어들어 누구나 매도하고 싶은 상태이기 때문에 자칫 단기 매매로 수익을 내려다가 큰 손실을 입을 수 있다.

업종이나 테마로 동반 하락한 경우는 상대적으로 매매하기 쉽다. 기준이 있기 때문이다. 극단적인 사례를 보면, 과거 IT 버블이 붕괴되던 시절 코스닥의 IT 관련주들이 동반 급락해 하한가에 일제히 진입했다. IT 주식 중 주도주는 새롬기술이나 다음 등이었는데, 이들이 하한가에서 벗어나서 반등하면 나머지 주식도 동반 반등했다. 결국 주도주가 반등하는지만 지켜보면 나머지 주식의 움직임을 쉽게 알 수 있었다. 주도주가 상한가에 진입하면 동반 상한가에 진입하는 이해 안 되는 수급의 논리가 시장을 지배했다. 지금은 그렇게 단순하지는 않지만 비슷한 개념으로 주가가 움직이는 현상은 여전하다.

주식 투자자는 대부분 관심 종목을 업종이나 테마별로 분류해 둔다. 과거 증권사 객장에 가면 전광판에 업종별로 보여주었다. 업종별로 주요 주식만 관심 종목군으로 만들어두면 그 화면만 봐도 오늘은 어떤 업종이 상승하는지, 어떤 테마가 상승하는지 알 수 있다. 중요한 것은 그 업종과 테마의 주도 주식을 리스팅하라는 것이다. 같은 개념으로 매매 스타일에 따라 관심 주식을 리스팅할 수도 있다. 한쪽으로는 '거래량 증가/가격 급등' 주식을, 한쪽으론 '거래량 증가/가격 급락' 주식들을 리스팅해두고 원하는 매수 타이밍이 발생하는지를 관찰한다.

연속 하락한 주식은 위에 설명한 바와 같이 업종이나 테마의 등락 여부를 보고 매수해야 하며 개별 주식은 하락하는 과정에서의 거래량을 보고 매수해야 한다. 하락하는 동안 거래량이 많다는 것은 그만큼 반등했을 때 매물이 많이 나온다는 뜻이므로 피해야 한다. 거래량이 감소하면서 하락한 주식이 다시 거래량이 증가하면서 도지형 또는 양봉을 형성할 때를 매수 타이밍으로 삼는다. 이때 체크해야 할 사항은 하락의 이유와 하락할 때 집중 매도한 주체가 매물을 대량으로 내놓았는지, 아직도 상당 부분 남아 있는지다. 강한 매도로 하락할 때는 체결강도가 100 아래로 형성되며 순간체결량이 많다. 반면 매도 강도가 약세일 때는 순간체결량 중 매도 수량이 적고 매수 수량이 많아진다. 즉, 체결강도가 100 이상으로 높아진다. 하락하는 동안 추세나 패턴을 분석해 어떤 가격권에서 반등할 수 있는지를 설정하되, 그 시점을 매수 타이밍으로 삼는 것은 아니고 매수 시그널이 발생할 가능성이 있다는 정도로만 생각하자.

일정 시점에 매수자가 진입해 반등할 때 추종 매수 한다. 매수 후에는 곧바로 반등의 힘과 속도, 상승할 때의 거래량을 체크해 목표 수익률을 설정한다.

연속 상승하는 주식은 상승 각도가 급격히 가팔라지면서 급등할 때 단기 상투를 치고 반락한다. 연속 하락하는 주식 역시 하락 각도가 급격히 가팔라지면서 급락할 때, 즉 투매가 발생할 때 저점을 만든다. 매수 후 원하는 수익을 얻으려면 대량 거래가 되면서 상승해야 하며 직전 고점을 돌파하는 추세 전환이 있어야 한다. 그렇지 않으면 약간 반등한 후 추가 하락해서 하락 추세가 연장된다. 주식은 '싸다고' 무조건 매수해서 기다리는 투자가 아니다. 싼 주식은 이유가 있다. 급락한 주식도 이유가 있다. 그 이유가 없어졌거나, 이미 그 이유를 반영했다 하더라도 나올 매물이 다 나와야 비로소 반등한다. '주가가 반토막'이 돼서 더 이상 하락하지 않고 횡보하는 구간이라도 매수해서는 안 된다. 매수 시그널이 나와야 한다. 거래량이 대량으로 터져야 하며, 연속 체결로 주가의 체결강도가 강해져야 한다. 그것이 강력한 매수 주체가 진입했는지 확인하는 방법이다. 자칫하다가는 성장이 멈추거나 하락 사이클로 진입하는 업종과 테마에서 매수하는 실수를 범할 수 있다. 중장기 투자라 하더라도 급락 주식의 저점 매수 신호를 공부해서 최초 투자 진입 시기를 잘 선택해야 하는 이유다.

대량 자전성 거래를 공략

데이트레이딩의 원조는 자전 거래의 호가 갭을 이용한 매매다. 단기 거래는 수급 때문에 발생하는 일시적 가격 갭을 이용해 차익 실현하는 초단기 거래에서 출발했다. 일시적 가격 갭이 발생하는 대표적인 현상이 자전 거래다. 자전 거래란 특정 주식을 대량으로 매수·매도하고자 하는 주체끼리 특정한 가격 및 시간에 주문을 내 대량 체결하는 것을 말하며 '블록 세일'이라고도 한다. 자전 거래가 발생하는 이유는 매수자 측이 대량으로 어떤 주식을 매수하고 싶은데, 시장에서 매수하려다 보면 가격이 올라가 원하는 가격에 원하는 수량을 매수하지 못하게 되기 때문이다. 그래서 대량 매도자를 물색해 서로 거래를 체결한다. 반대도 마찬가지다 매도자 측은 대량으로 보유하고 있던 어떤 주식을 매도하고 싶은데, 시장에서 매도하면 가격이 하락할 것이다. 결국 원하는 가격에 매도하지 못하게 되므로 대량으로 매수할 대상을 찾아서 대량 체결을 완성한다.

보통 기업이 보유하고 있던 주식을 대량으로 처분하거나, 주요 주주가 특정한 사유로 보유 지분을 처분하거나, 특정 세력이 보유 주식의 주가를 올려 상당한 시세 차익이 발생한 다음 매도하려 할 때 매수자를 물색해 자전 거래로 체결하기 때문에 현재 시세보다 할인해 낮게 체결된다. 그래서 자전 거래에서 가격 갭이 발생하는 것이다. 과거 시장이 합리적이지 않았을 당시에는 장 중에 플러스권에서 거래되다가도 마이너스권에서 자전 거래가 형성되는 바람에 그 낙폭이 10퍼센트가 넘는 경우가 빈번했다. 장 중에 자전 거래가 발생하면 현재가에서 가격이 급격히 하락했다가 곧바로 원래 가격으로 돌아온다. 원하는 가격에 원하는 수량을 거래하려는 주체 입장에서는 그들이 아닌 다른 시장 참여자가 없어야 할 것이다. 하지만 이미 매수 및 매도 주문을 넣어 둔 투자자를 피할 수 없기에 그 차이 부분을 고려해 거래를 형성시켰다.

가령 현재 2만4200원에 거래되고 있는 A라는 주식을 10퍼센트 할인해 2만 1800원에 대량 자전 거래가 체결됐다면, 별 생각없이 2만2000원에 소액 매수 주문을 넣어 둔 개인 투자자는 '이게 뭐지' 하고 당황하겠지만, 곧바로 2만 4000원대에서 거래될 것이므로 공짜 차익이 생긴다. 과거 이러한 장 중 자전 거래를 하다가 한 번에 원하는 수량을 체결하지 못해 반복된 자전 거래를 함으로써 생기는 매수 타이밍을 이용해 스캘퍼들은 막대한 수익을 챙겼다. 하루 종일 자전 거래를 지켜보고 있다가, 빠른 속도로 매수 진입하여 수익을 추구한 것이다. 현실적으로 그게 가능한 매매인가 하는 의문이 들겠지만, 그렇게 막대한 수익을 챙긴 트레이더는 많다. 스캘핑의 기본 개념이 대량 체결, 속도, 주문 환경이라는 말이 새삼 이해가 될 것이다.

안타깝게도 자전 거래를 이용한 단기 매매는 이제 거의 할 수 없다. 위에서 설명한 바와 같이 장중 자전 거래를 하면 주가가 급변동해 투자자에게 혼란을 줄 수 있다는 이유로 지금은 대량 자전 거래를 장 중에 하지 말고 장 시작 전이나 장 종료 후에 거래소에 신고하고 하게끔 제도가 바뀌었다(아주 드문 경우에 장 중 신고 없는 대량 거래가 발생하기도 하지만, 대부분 거래소 신고 후 체결한다). 결국 장 중 가격 갭이 발생하지 않는 것이다. 그럼에도 자전 거래로 인한 주가 흐름을 설명하는 이유는, 단기 매매의 가장 중요한 개념인 '대량 거래' 때문이다. 어떤 이유에서든 대량 거래가 발생했다는 것은 주가 변동의 이유인 '재료'가 생긴 것이다.

다음은 '대량매매/바스켓 매매'의 화면이다. 대량 매매가 발생한 주식이라고 무조건 좋은 것은 아니다. 대량 매매를 체결한 주식 중에서 어떤 부분을 봐야 할까?

2018년 10월 23일 셀트리온은 장 전 대량 매매로 362만5000주가 체결됐다. 전일보다 7.8퍼센트나 낮게 할인한 가격이었다. 매도 주체는 싱가폴 투자청 테마섹으로서 보유 지분 중 일부를 매도했다. 매수는 화면에서와 같이 개인과 국내 기관이 분산 매수했다. 차트를 보면 주가가 상당히 상승했고, 아래로 하락 위험이 있는 상태다. 이 시점에서 장기 투자로 보유하던 외국인이 대량 매도했고 주가를 할인해 낮은 가격에 체결시킴으로써 이후 주가는 하락했다. 그림은 주봉 차트인데, 자전 거래에 의해 대량 거래가 발생했고 장대 음봉으로 하락한 것을 볼 수 있다.

일자	종목명	장전대량매매			장중대량매매			장후대량매매	대량합계	바스켓	전체합계
		상대	경쟁	합계	상대	경쟁	합계	상대			
2018/10/23	SK하이닉스	0	0	0	0	0	0	144,969	144,969	0	144,969
2018/10/23	삼성화재	0	0	0	2,000	0	2,000	2,074	4,074	0	4,074
2018/10/23	현대차2우B	0	0	0	139,793	0	139,793	40,000	179,793	0	179,793
2018/10/23	삼성전자	0	0	0	0	0	0	73,732	73,732	0	73,732
2018/10/23	삼성전자우	0	0	0	0	0	0	61,463	61,463	0	61,463
2018/10/23	GS리테일	0	0	0	0	0	0	40,270	40,270	0	40,270
2018/10/23	한샘	0	0	0	0	0	0	2,500	2,500	0	2,500
2018/10/23	현대중공업	0	0	0	0	0	0	13,400	13,400	0	13,400
2018/10/23	현대모비스	0	0	0	0	0	0	40,000	40,000	0	40,000
2018/10/23	더존비즈온	0	0	0	58,162	0	58,162	22,685	80,847	0	80,847
2018/10/23	다우기술	0	0	0	12,060	0	12,060	0	12,060	0	12,060
2018/10/23	KT	0	0	0	0	0	0	46,938	46,938	0	46,938
2018/10/23	NAVER	0	0	0	331,000	0	331,000	8,173	339,173	0	339,173
2018/10/23	LG화학	0	0	0	0	0	0	3,669	3,669	0	3,669
2018/10/23	스카이라이프	0	0	0	67,780	0	67,780	0	67,780	0	67,780
2018/10/23	신한지주	0	0	0	0	0	0	180,673	180,673	0	180,673
2018/10/23	셀트리온	3,625,000	0	3,625,000	242,629	0	242,629	76,216	3,943,845	0	3,943,845
2018/10/23	필라코리아	0	0	0	0	0	0	25,770	25,770	0	25,770
2018/10/23	아모레퍼시픽	0	0	0	0	0	0	49,421	49,421	0	49,421

대량 매매/바스켓 매매

068270 ▾ 🔍 ✏️ ◀📁▾ 🖥 40 셀트리온 | 수량 ▾ 순매수 ▾ 일별 ▾ 2일 ▾ 🔲 조회 | 다음

※15:30 장 종료 후 거래소 집계 데이터로 제공되며 최종 확정치는 18시 이후에 제공됩니다.
장 중 실시간 투자자 동향(추정)은 화면 0465, 0466, 0467, 0468에서 조회하실 수 있습니다.

일자별	현재가	전일비	등락률	거래량	프로그램	개인	외국인	기관계	기관 금융투자
2018/10/30	219,500	▲ 1,500	0.69	1,267,930	7,042	0	0	0	0
2018/10/29	218,000	▼ 10,000	4.39	1,450,889	-9,546	-69,468	-172,125	238,566	74,555
2018/10/26	228,000	▼ 8,500	3.59	1,527,902	-65,352	60,069	-184,988	123,334	9,443
2018/10/25	236,500	▲ 11,000	4.88	3,582,663	279,503	-454,346	84,364	334,984	69,467
2018/10/24	225,500	▲ 21,000	8.52	2,674,768	47,797	46,921	-264,446	205,227	51,848
2018/10/23	246,500	▲ 22,000	8.19	7,124,769	-13,211	511,390	-1,523,038	988,551	117,386
2018/10/22	268,500	▲ 4,500	1.65	374,365	-26,605	87,598	-96,470	8,530	-26,001
2018/10/19	273,000	▲ 12,500	4.80	787,000	48,310	-108,664	13,136	96,131	19,495
2018/10/18	260,500	▼ 5,000	1.88	470,174	-7,724	98,173	-66,159	-32,199	-21,359
2018/10/17	265,500	▲ 3,500	1.34	615,868	45,566	26,691	21,336	-51,766	-20,276
2018/10/16	262,000	▲ 500	0.19	670,246	109,717	34,775	19,208	-55,213	-53,614
2018/10/15	261,500	▼ 13,000	4.74	948,682	-62,781	216,555	-133,981	-84,391	-40,838
2018/10/12	274,500	▲ 3,000	1.10	907,869	14,715	-3,917	-52,138	49,244	-46,623
2018/10/11	271,500	▼ 15,000	5.24	1,789,042	-203,716	202,581	-317,560	109,819	117,791
2018/10/10	286,500	▼ 3,500	1.21	716,351	-121,218	-31,837	-84,238	115,665	75,606
2018/10/08	290,000	▲ 1,000	0.35	325,520	12,543	-29,033	5,854	23,028	7,114
2018/10/05	289,000	▼ 1,500	0.52	555,108	-10,351	-18,467	-14,190	33,853	22,750
2018/10/04	290,500	▲ 2,000	0.69	524,493	16,014	-22,300	16,015	4,837	8,026
2018/10/02	288,500	▼ 3,500	1.20	510,415	425	10,516	12,431	-23,646	-11,685
2018/10/01	292,000	▼ 5,000	1.68	649,784	-66,879	126,367	108	-127,480	-35,400

셀트리온 거래 주체 확인

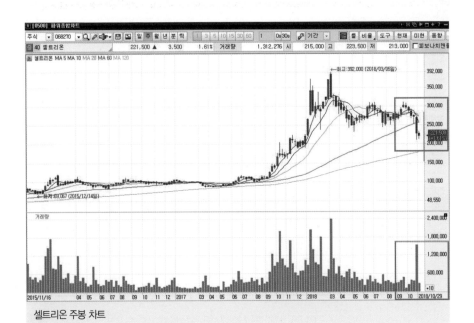

셀트리온 주봉 차트

만일 충분히 하락한 주식의 상승 초입에 외국인이 대량 매수하는 자전 거래가 발생했다면 이후 주가는 상승할 개연성이 높다.

대량 거래가 발생한 주식을 인지했다면, 우선 그 거래량이 하루 평균 거래량 대비 얼마나 많은 것인지 따져봐야 한다. 총 유통 주식주가 1000만 주인 주식의 평소 거래량이 100만 주였는데, 한 번의 체결로 50만 주 이상 거래됐다면 대량 거래지만 10만 주라면 대량 거래가 아닌 것이다. 의미 있는 수량의 거래인지 우선 그것부터 확인한다. 그 다음에는 매수와 매도 주체가 누구인지를 파악한다. 대주주가 매도하고 기관이 매수한 것인지, 기관이 매도하고 외국인이 매수한 것인지, 더 구체적으로 펀드에서 매도하고 자문사가 매수한 것인지, 자사주를 외국인이 매수한 것인지 등을 파악한다. 매도 주체가 중요한 기관이면 주가에 부정적이고, 매수의 주체가 연기금 등 중요한 기관이면 주가에 긍정적이다.

주가의 위치도 중요하다. 주가가 이미 많이 상승(급등)한 상태에서의 대량 체결은 위험하다. 반면 주가가 많이 하락한 상태에서 대량 거래는 향후 상승을 기대할 수 있다. 이것 역시 주가와 거래량의 개념에서 출발한다. 주가가 지속적으로 상승하려면 거래량이 급감해야 한다. 거래량이 많다는 것은 매수도 많지만 그만큼 매도도 많다는 뜻이다. 주가가 급등한 후 대량 거래가 발생했다는 것은 누군가 대량의 매물을 내놓은 것이다. 이 개념을 자전성 거래에도 접목할 수 있다. 과거에는 소위 '작전'이라는 주가 왜곡이 많았는데, 주가를 충분히 올려 놓은 작전 세력이 시장에서 매도하는 것이 어렵자 대량 매매를 이용해 처분했다. 반대로 누군가 충분히 하락한 주식을 대량으로 매집해 투자하고자 한다면, 시장에서 매수하기보다는 대량 매수 체결을 하는 편이 빠를 것이다. 그 편이 주가도 낮게 살 수 있다. 주가가 하락한 후에 대량 거래가 발생했다면 누군가 대량으로 매수한 것이므로 향후 주가에 의미가 있다.

정리해 보자. 특이하게 대량 거래가 발생한 주식을 살펴봤더니, 해당 기업이 자사주를 매도하는 것이고 외국인(헤지 펀드)이 전량 매수했다. 주가는 상당히 하락해 전저점 부근에 와 있다. 이러한 상황이라면 이 주식은 바닥일 확률이 높다고 볼 수 있다. 가능하면 대량 거래, 가능하면 영향력 있는 기관의 매수, 가능하면 주가가 바닥일 때 의미가 더욱 클 것이다.

우리는 거의 매일 주가와 차트를 보며 가격은 상단에 있는지, 하단에 있는지와 거래량이 증가한 것인지, 감소하고 있는지를 파악한다. 대량 자전성 거래로 거래량이 특이하게 늘어나면 향후 주가 움직임에 영향을 줄 요인이 분명 발생한 것이다.

호가 잔량의 해석과 매매 타이밍

호가 잔량은 매수하고자 주문을 넣어둔 매수 호가 잔량과 매도하고자 주문한 매도 호가 잔량이 있다. 현재 우리나라는 10호가 잔량을 보여주고 있다. 상식적으로 매수 호가 잔량이 많다는 것은 그 주식을 매수하고자 하는 사람이 많다는 뜻이고, 매도 호가 잔량이 많다는 것은 매도하고자 하는 사람이 많다는 의미다. 특히 10호가 중에서도 현재가에 근접한 우선 호가에 매수가 많으면 현재가라도 사고자 하는 매수자가 많다는 뜻이고, 매도 우선 호가에 잔량이 많으면 현재가라도 팔고자 하는 매도자가 많다는 의미로 해석된다. 따라서 매도 호가 잔량이 많으면 향후 주가가 하락할 것이고 매수 호가 잔량이 많으면 향후 주가가 상승하리라는 해석이 일반적이다.

그러나 실전에서는 일반 상식에서 벗어난 해석을 해야 한다. 매수 또는 매도의 호가 잔량이 어느 한쪽으로 지나치게 많은 경우 주가는 그 반대 방향으로 움직인다. 호가 잔량을 역으로 해석하는 이유는 주가는 일반 거래를 하는 투자자가 아니라 '가격을 올리면서 매수', '가격을 내리면서 매도'하는 특정 세력의 거래에 따라 등락하기 때문이다. 주가를 올리거나 내리거나 하는 실질적인 매수 및 매도는 기존 10호가에 나와 있는 주문이 아니다. 현재 10호가 잔량에는 없지만 가격을 높여 매수하는 신규 매수와 가격을 낮춰 파는 신규 매도에 의해 주가는 움직인다.

상식적으로 생각해보자. 어떤 주식의 주가를 올리고 싶어 하는 세력이, 또는 매집하려는 세력이 매수 호가 잔량을 쌓아 두고 체결되기를 기다릴까? 그렇지 않다. 과거에는 매수 호가 잔량을 넣어 두고 매수 심리를 자극해 매도하거나 매도 호가 잔량을 쌓아두고 매수하는 심리를 이용해 매도하는 거래를 하던 시절도 있었다. 소위 '허수' 잔량이다. 지금은 허수 잔량을 이용해 거래하는 행위는 증권거래법으로 금지돼 있다. 개인 투자자들도 조심해야 한다. 매수하려고 매수 주문을 넣어두었다가 마음이 바뀌어서 매수 잔량을 취소하지 않고 보유 주식을 매도하면 허수 매매로 거래소 적출 시스템에 걸린다. 물론 개인 투자자의 소액 잔량으로 문제가 되진 않지만 기관 투자가는 조심해서 거래한다. 허수 잔량을 제외하고 거의 모든 호가 잔량은 저가에 매수, 고가에 매도하려는 일반 투자자의 잔량이다. 특정 주식에 호재나 악재가 발생해 주가가 급변할 때 매수와 매도 주문을 어떻게 할까? 당연히 호재엔 현재가보다 위로 매수하고 악재에는 현재가보다 아래로 매도할 것이다. 즉, 주가의 상승과 하락은 기존 호가 잔량이 아니라 주가보다 높게 사거나 낮게 파는 거래 때문에 발생한다.

그럼 왜 매도 호가 잔량이 많으면 상승하고 매수 호가 잔량이 많으면 하락할까? 주가가 상승하는 대부분은 호가를 올려서 매수하는 주문 때문이라고 앞에서 설명했다. 가령 어떤 매수 주체가 특정 주식이 앞으로 오를 것이라 예상해서 매집하려 한다면, 오랜 시간 동안 분할해 매집할 것이다. 한 번에 많이 매집하면 그 사이 주가가 상승해 원하는 수량을 다 못 채울 수 있기 때문이다. 그들의 매집이 끝나기 전에는 주가가 상승하지 않을 것이다. 매집이 끝난 후에는 가격을 올리며 매수해서 가격이 급등한다. 매도 호가 잔량이 많아서 많은 수량을 한 번에 살 수 있다면 그들에게 좋은 기회이다. 그들이 대량 매물을 소화하면 상승하는 것이다. 반대로 대량 매수 호가 잔량이 있을 때는 보유 주식을 한 번에 충분히 매도할 수 있으므로 절호의 매도 기회다.

주식이 매도 호가 잔량이 많이 쌓여 있을 때 돌파하는 게 강할까? 매도 호가 잔량이 적을 때 돌파하는 게 강할까? 당연히 대량 매도 잔량을 매수자가 가져가면 주가는 더욱 강하게 상승한다. 매수 주체의 힘이 강하기 때문이다. 그만큼 자금력이 있거나 강한 호재가 있는 것이다. 일봉에서 상승하고 있는 주식의 장 중 현재가 창을 보면 매도 호가 잔량이 더 많다. 주가가 상승하니 매물이 나온 것이다. 주가 상승의 주체가 그 매물을 체결시키면서 상승하면 그 주가는 더욱 강해진다. 반대로 하락하는 주식의 현재가를 보면 하락 중에 매수 잔량이 많다. 그 매수 잔량에 매물을 던져 버리면 이후 주가 하락은 가속화된다.

데이트레이더에게는 장 중 호가 잔량이 매매 타이밍의 시그널이 된다. 장 중 주식이 처음 상승할 때는 당연히 매수 호가 잔량이 쌓인다. 그러나 주가가 상승할수록 매수 호가 잔량은 줄어드는데(단기 거래의 기본 개념에서 설명한 바와 같이) 거래량이 줄어야 주가는 더 상승할 수 있다. 일정 시점에 다시 호가 잔량이 쌓이면서 주가가 상승하기 시작할 때 시장의 전문 트레이더들은 매도한다. 이때 매수 호가 잔량이 많지만 주가는 하락하기 시작한다.

반대의 경우도 같은 이치다. 주식이 최초로 하락할 때는 매도 호가 잔량이 증가하지만 하락 폭이 깊어질수록 매도 호가 잔량은 줄어든다. 이후 급격히 매도 호가 잔량이 증가할 때 주가는 오히려 상승한다면, 매수 주체가 매도 호가 잔량에 매수 체결을 하는 것이다. 즉, 저가 매수를 하는 것이다. 이들의 매수 때문에 이후 주가는 상승한다. 주가를 상승시키거나 하락시키는 주요 주체들은 호가 잔량을 미리 넣어두고 거래하지 않는다. 매수할 때는 현재가보다 높게 매수하고 매도할 때는 현재가보다 낮게 매도하여 체결시킨다. 그 매매 때문에 주가가 움직이는 것이다. 매수 호가 잔량이 늘어나면 주가가 오를 것이라는, 매도 호가 잔량이 많으면 주가가 하락할 것이라는 일반적인 생각은 실전 매매에서는 맞지 않는다. 하지만 호가 잔량의 '역의 해석'을 아무리 설명해도 쉽게 받아들이지 못하는 개인 투자자가 많다. 실전 거래에서 호가 잔량을 유심히 살펴본다면 이해할 수 있을 것이다.

이해를 돕기 위해 다른 사례를 보자. 지지와 저항 그리고 돌파라는 일반적인 투자 이론은 잘 알 것이다. 추세적인 상승 상황일 때 직전 고점은 저항 가격으로 작용한다. 매도 호가 잔량이 많으면서 이 저항 가격을 돌파할 때와 적으면서 돌파할 때의 주가 흐름을 생각해 보자. 당연히 매도 호가 잔량이 많으면 많을수록 그 매물을 상승 돌파한 이후에 주가 상승 강도가 강하다. 대량 매물을 매수 체결한 매수 주체의 힘(자금력)이 향후 주가 상승의 힘을 결정하는 것이다. 앞으로 주가 움직임이 상승 또는 하락으로 방향성을 보이면 호가 잔량을 유심히 관찰해 보자.

다음 그림은 상승 추세 주식이 장 중 상승하는 시점의 호가 잔량과 하락 추세 주식이 장 중 하락하는 시점의 호가 잔량을 보여 준다. 서울반도체를 보면 일봉상 상승 추세의 주식이 장 중 추가 상승하는 시점인데 호가 잔량 중 매도는 수만 주가 쌓여 있고 매수는 수천 주에 불과하다. 그러나 장 중 주가 흐름 차트를 보면 상승하고 있다. 반대로 추세 하락 중인 파라다이스를 보면 주식이 장 중 하락하는데 호가 잔량 중 매수는 수만 주 쌓여 있고 매도는 수천 주에 불과하다. 그러나 장 중 주가 흐름을 보면 하락하고 있다. 이미 나와 있는 호가 잔량이 아닌 신규(보이지 않는) 매수 및 매도가 주가를 움직이기 때문이다.

서울 반도체 일봉

서울반도체 호가 잔량 확인

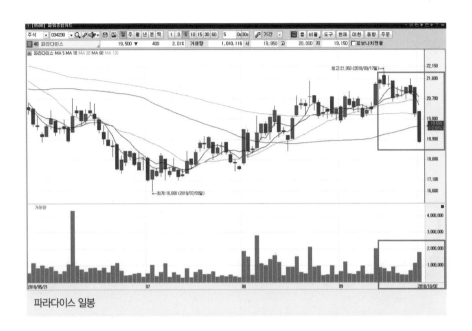

파라다이스 일봉

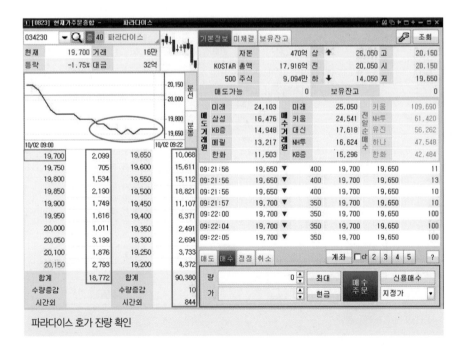

파라다이스 호가 잔량 확인

공매도와 업틱 룰

공매도(정확히는 대차한 주식의 대주 매도)가 무엇인지는 잘 알고 있을 것이다. 해당 주식을 보유하고 있지 않는 투자자가 주식을 보유한 기관에서 주식을 빌려 매도하고 주가가 하락하면 다시 매수해 갚음으로써 시세 차익을 추구하는 거래다. 상장을 통해 기업이 자금조달을 해서 사업의 성장을 추구한다는 주식시장 본연의 기능과는 다른, 유통 시장에서의 시세 차익을 추구하는 투자 방법론이다. 여하튼 여기서는 공매도 자체를 설명하려는 것은 아니고, 앞 장에서 호가 잔량을 설명했는데 공매도와 업틱 룰은 '호가 잔량 역의 해석'과는 다르기 때문에 설명하고자 한다.

시황이 약세일 때 공매도 탓에 수급이 왜곡되면 주가가 비정상적으로 하락하는 상황이 자주 발생한다. 소위 공매도 세력에 의한 '거짓 악재 루머' 때문에 주가가 정상적인 흐름에서 벗어나 거래되기도 한다. 이러한 문제점을 보완하려고 '업틱 룰'이라는 제도를 시행하고 있다. 업틱 룰이란 '공매도하는 매도자는 호가보다 낮게 매도하지 못한다'는 제도다. 시황이 약세일 때 공매도 측이 주가를 계속 낮게 매도하면 하한가까지 급락하는 주식이 부지기수일 것이다. 그러한 사태를 막고자 공매도는 매수 호가에 매도하지 못하게 하고, 최소한 매도 1호가로 매도하도록 제한하고 있다. 즉, 주가를 낮게 매도하지 못하고 우리 눈에 보이는 호가 잔량 중 매도 호가로만 공매도 주문을 할 수 있는 것이다.

시황이 급격히 악화되거나, 개별 주식의 악재 발생, 향후 주가 하락 예상, 롱숏펀드의 숏 대상(주가가 오를 것으로 예상한 주식을 매수하고, 내릴 것이라 예상한 주식을 공매도하는 펀드에서 공매도 대상이란 뜻)이란 이유로 공매도 세력이 매도하려 때 업틱 룰 때문에 매도 1호가에 대량으로 매도 잔량이 쌓이는 경우가 많다. 사례를 가지고 설명해야 이해가 편할 것이다. 다음 그림은 메디톡스의 공매도가 일어나 매도 우선 호가에 잔량을 쌓이는 것을 캡쳐한 것이다. 세 컷을 캡쳐했는데, 주가가 하락하면서 호가가 바뀌면 공매도 수량을 매도 우선 호가로 정정하면서 지속적으로 공매도하는 것을 알 수 있다. 공매도와 업틱 룰의 가장 전형적인 모습이다. 이렇게 강력한 공매도는 대개 롱숏펀드나 외국인에 의해 발생하는데, 강력한 공매도 세력이 진입한 주식은 쉽게 반등하기 어렵다. 일봉도 함께 캡쳐했는데, 공매도하는 주식은 하락 이유가 발생해 일봉상 하락 추세에 있다.

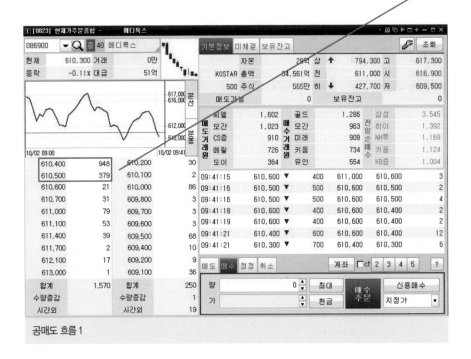

공매도 흐름 1

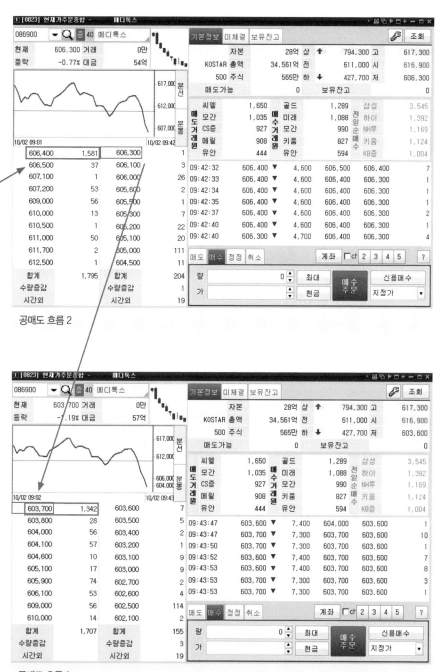

공매도 흐름 2

공매도 흐름 3

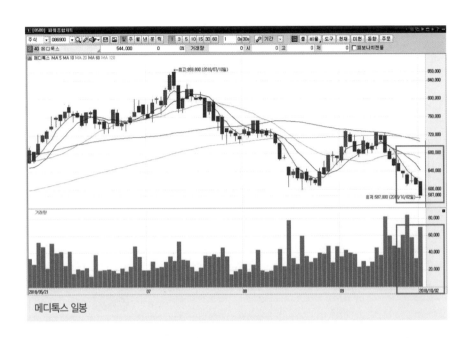

메디톡스 일봉

일자별	현재가	전일비		등락률	거래량	연기금등	사모펀드	국가/자치	기타법인	공매도
2018/10/30	483,000	▲	6,000	1.26	70,337	0	0	0	0	0
2018/10/29	477,000	▲	40,000	9.15	161,062	1,441	4,877	1,809	491	7,648
2018/10/26	437,000	▼	14,600	3.23	78,415	-1,296	3,085	-1,721	290	8,554
2018/10/25	451,600	▲	14,400	3.29	65,010	1,181	7,704	-1,565	239	3,279
2018/10/24	437,200	▼	4,900	1.11	63,483	-694	500	-255	-180	3,476
2018/10/23	442,100	▲	28,900	6.14	60,370	530	983	530	-138	7,578
2018/10/22	471,000	▼	11,000	2.28	32,968	-330	-3,419	13	10	6,823
2018/10/19	482,000	▲	16,000	3.43	59,112	-3,195	2,072	624	-223	3,924
2018/10/18	466,000	▼	32,900	6.59	81,177	-2,356	-527	-364	112	7,105
2018/10/17	498,900	▲	1,100	0.22	30,127	0	2,987	13	255	3,714
2018/10/16	497,800	▲	1,800	0.36	44,664	-205	13,022	532	53	7,116
2018/10/15	496,000	▲	36,000	6.77	49,175	-1,850	-6,648	-78	134	13,851
2018/10/12	532,000	▲	14,200	2.74	39,844	-303	3,258	468	-47	6,578
2018/10/11	517,800	▲	21,500	3.99	50,092	-185	5,049	547	-27	9,257
2018/10/10	539,300	▼	24,700	4.38	60,880	-2,017	3,231	-1,184	18	6,592
2018/10/08	564,000	▲	6,100	1.09	33,691	-730	4,656	130	-16	2,712
2018/10/05	557,900	▲	400	0.07	60,980	-399	60	280	192	7,160
2018/10/04	557,500	▼	29,500	5.03	74,220	383	3,383	295	474	14,550
2018/10/02	587,000	▲	24,000	3.93	69,242	179	-2,150	-10	-249	8,678
2018/10/01	611,000	▼	8,000	1.29	33,137	-37	-1,328	-815	68	2,390

종목별 투자자동향

일봉을 보면 이미 하락으로 전환해 약세 국면에 있고, 현재가 화면에서 몇 분 동안의 흐름을 보면 주가가 하락하면서 호가가 바뀌는 것을 좇아 대량 매도 주문을 하는 것을 알 수 있다. 공매도 수량을 알 수 있는 '종목별 투자자동향' 화면을 보면 하락 기간 동안 공매도 비중이 하루 거래량의 10퍼센트에서 20퍼센트에 육박했다. 공매도 공격과 함께 주가는 10월 한달 동안 70만 원대에서 40만 원으로 40퍼센트나 폭락했다.

주가가 상승할 때 매도 호가 잔량이 많거나 주가가 하락할 때 매수 호가 잔량이 많으면 호가 잔량의 반대 방향으로 주가 움직임이 강하다고 설명했었다. 즉, 호가 잔량의 '역 해석'을 설명했는데, 공매도의 업틱 룰 때문에 매도 호가 잔량이 많다면 당연히 '순방향 해석'을 해야 한다. 업틱 룰에 의해 대량 매도 호가 잔량이 있다는 것은 강력한 매도 주체가 진입한다는 뜻이므로 매수 대응해서는 안 된다. 공매도 세력이 차익 실현(숏커버)을 하든지 그들보다 더 강력한 매수 주체가 진입할 때까지는 매수하지 않는다.

강세장 아침 10시 이전의 매매

강세 주식은 예상보다 강하고 약세 주식은 예상보다 약하다. 시장에서는 많이 올랐다고 생각되는 주식은 더 오르고, 내려도 너무 내린다고 생각되는 주식은 더 하락하곤 한다. 상승과 하락은 탄력을 받는데, 탄력이란 매수와 매도의 수급 때문에 생기고, 수급은 또 심리에 의해 좌우되기 때문이다. 시장 참여자는 강한 주식은 더 상승할 것으로 기대하며 추격 매수하고, 약한 주식은 더 하락할 것이라 생각해 불안한 마음에 매도한다. 강세 주식의 하락 조정은 작게, 상승은 크게 나타나며, 약세 주식의 반등은 소폭이고 하락은 크다. 개별 주식의 주가 움직임에 심리가 작용하듯이 시장에도 작용한다. 강한 시장에서는 매수 심리가, 약한 시장에서는 매도 심리가 더욱 강하게 작용한다. 그 심리에 의한 등락을 이용해 매매 타이밍을 잡아낼 수도 있다.

강한 시장에서의 심리적 특징을 보면, 상승 일 수가 길어질수록 상투에 대한 두려움과 조정 시 매수하려는 심리가 교차한다. 뭐든 강한 주식을 추격 매수하면 수익을 낼 수 있을 것이라는 욕심이 추종 매수를 유발한다. 반면 주식 보유자는 언제든 상투를 치고 하락하는 제때 매도하지 못하면 지금까지의 수익을 실현하지 못할 것이라는 두려움을 갖고 있다. 심리적으로 검증된 바는 현재까지 손실인 투자자보다 수익인 투자자가 주가 하락을 두려워 한다는 것이다. 이들은 고점에서 조금만 흔들리면(매도가 나와 주가가 하락하면) 빨리 팔고 싶어 한다. 결국 주가가 상승하면 할수록 매도도 그만큼 늘어나는 것이다. 차익 실현 욕구자의 매도와 기회를 엿보고 있는 매수자들의 수급 때문에 강세 시장일수록 장 시작 후 등락 변동성이 크다. 강한 시장에서는 조정 후 반등하려는 성질이 매우 강하다. 조정 하락에 매수하고자 하는 대기 매수세가 많기 때문이다. 강한 시장이어서 매도자는 없고 매수자만 있다면, 주가는 등락 없이 연일 상승만 할 것이다. 그러나 현실은 아무리 강한 시장이라도 주가는 등락한다. 매매 주체의 심리 때문이다.

시장이 강세일 때는 강세 심리를 이용해 매매해야 한다. 강세 시장에서는 대부분 10시 이전에 매수 타이밍을 잡는다. 이 책의 다른 부분에서 장 중 주가 움직임 패턴을 다시 설명하겠지만, 강한 주식, 강한 시장에서의 저점은 대부분 아침 시작 후 형성되기 때문이다. 아침에 일어나는 매수와 매도의 공방은 '오늘 그 주식이 상승할 것인 것인지, 하락할 것인지를 결정하는 공방'이며, 오후 장 끝날 무렵 발생하는 매매 공방은 '내일 그 주식이 상승할 것인지 하락할 것인지를 결정하는 공방'이다. 아무리 강한 주식이라 해도 매도는 있게 마련인데, 강한 주식이 아침에 상승하기 시작하면 매물이 나온다. 그 매물에 의해 주가는 전일 종가 부근이나 그 아래로 하락한다. 강한 주식, 강한 시장에서의 가격 하락은 조정이라고 판단하므로 매수자는 그 하락에 매수한다. 그 매수세에 의해 주가는 다시 상승하는 것이다. 이때 강한 시장, 강한 주식일수록 조정의 하락 폭이 작고 시간도 아주 짧다. 전일 장대 양봉으로 상승한 주식의 일봉 차트를 유심히 관찰해 보면, 다음 날 시가는 전일 종가 위에서 시작하지만, 장중 저가는 전일 종가 아래로 갔다가 다시 반등해 양봉을 형성한다. 그 저점이 최적의 매수 타이밍이다. 그 저점이 강세 시장에서, 강한 주식은 아침에 형성된다.

이때 하락 폭이 깊거나, 하락 시간이 짧을수록 빠르게 매수해야 한다. 분할 매수할 시간도 없이 반등할 것이다. 반면 순차적으로 호가가 바뀌면서 느리게 하락하는 주식은 단기 거래자라면 매수하지 않는다. 짧은 시간에 소폭의 수익을 얻는 것이 단기 거래의 목표이기 때문이다. 아침 저가에 매수를 잘해서 반등했다면, 스캘퍼들은 곧바로 차익 매도하겠지만, 데이트레이더나 일반적인 단기 거래자는 장 중 추세를 본다. 장 중 추세적으로 반등해 양봉을 만들면 추가 상승을 타고 수익을 극대화할 수 있기 때문이다. 장 중에 다시 하락해 자신의 매수가를 위협하면 매도하는 것 또한 단기 거래의 중요한 원칙이다.

주가는 장 중에 여러 대내외 변수들을 반영하면서 '랜덤'으로 움직이는데, 어떻게 아침에 저점이 형성된다고 확신할 수 있을까? 물론 그렇지 않은 경우도 많이 있다. 우리는 지금 매매 원칙을 만들어 가고 있는 중이다. 자신이 판단한 대로 움직이지 않는 주식은 거래하지 않으면 된다. 원칙을 정해 두고 그 원칙대로 흐를 때 거래하는 것이 단기 거래에서는 무엇보다도 중요하다.

단기 거래로 부자가 된 대부분의 투자자는 약세 시장, 약세 주식을 저점 매수해서 수익을 보려 하기보다 강세 시장, 강세 주식의 매수 거래를 많이 한다. 가령 바이오 강세 테마 시장에서 전일 거래량이 급증하며 장대 양봉을 만든 주식을 다음 날 아침 저가 매수했는데, 그 주식이 곧바로 상한가에 진입한 후 며칠 동안 계속 상한가로 상승해 단기간에 큰 수익을 내는 극단적인 경우도 있다. 강한 시장, 강한 테마에서는 흔히 일어나는 현상이다. 주식시장에서 투기성 거래를 하는 사람들이 가장 원하는 매매다. 그들은 당연히 강한 주식, 강한 테마를 추종하여 거래하며, 아침 매물로 인한 가격 조정 시기를 매수 타이밍으로 잡고 있다.

약세장 오후 2시 이후의 매매

앞에서 강세 시장, 테마, 주식의 아침 매수 타이밍을 설명했는데, 약세장은 오후 2시 이후가 매수 타이밍이라고 설명하려 한다. 약세 시장이나 약세 주식은 강세 상황과는 반대로 반등은 약하고 하락은 깊다. 단기 거래라 하더라도 저점 매수한 다음에 반등의 폭이 커야 수익 확률과 폭이 커진다. 약세장에서의 매매는 능숙한 트레이더도 어려워한다. 상승할 때는 소폭 상승하는 반면 하락할 때는 급락하는 것이 일반적인 패턴이다. 시장이 약세 국면으로 진입해 주가가 하락하고 있으면, '더 이상 하락하면 본질 가치보다 더 아래인 과매도 구간으로 진입한 것'이라고 여기 저기서 말한다. 그러면 반등을 노린 단기 거래자들과 저가에 매수하려는 중장기 투자자가 매수함으로써 주가는 반등을 시도하지만 예상한 저점 구간보다 더 추가 하락하는 경우가 대부분이다. 따라서 약세 국면에서는 일시적 매수세가 있다고, 단기 하락 폭이 과하다고 섣부르게 매수해서는 안 된다.

약세 시장에서 하락폭이 심한 이유는 소위 '매물이 매물을 낳기' 때문이다. 주가가 20퍼센트~30퍼센트 하락하면 차트상 중장기 이동평균선에 이른다든지, 피보나치 수열에 의한 지지 가격권에 진입했다든지 하는 기술적 분석을 보고 매수 진입을 하는 경우가 많다. 기술적 분석에 따르면 주가 반등을 기대하고 매수했더라도 반등이 약할 때는 곧바로 매도 신호가 뜬다. 저점 매수라고 진입한 중장기 투자자라 하더라도, 반등이 안 되고 추가 하락하면 손절매하기도 하기 때문에 하락하는 주가가 반등한 후에 다시 하락하면 '급락'일 가능성이 크다. '무릎에 사서 어깨에 팔라'는 말에서 무릎의 의미는 저점을 예상하고 미리 매수하지 말고, 저점을 확인한 후 매수하라는 의미다. 그만큼 신중히 매수 타이밍을 잡아야 한다. 아침부터 매수세가 있다고, 추격 매수하지 말고 하루 중 주가 움직임을 충분히 관찰하고 오후에 매수 판단을 해야 한다.

그러한 관찰을 며칠 동안 지속한 뒤 매수에 진입해야 한다.

강한 주식은 상승 탄력을 이용하여 아침 조정 하락 구간에서 매수 타이밍을 잡아야 하지만, 약한 주식은 충분히 관찰한 뒤 오후 장 마감 무렵의 움직임을 보고 매수 타이밍을 결정해야 한다. 연속 상승 주식이 아침 조정 후 상승해 큰 양봉을 만드는 것과 반대로, 연속 하락 주식은 아침에 마치 반등하는 것처럼 보이지만 매물을 맞고 하락해 큰 음봉을 만드는 경우가 많다. 아침 매수 타이밍은 실패할 확률이 높다. 장 마감 무렵까지 끝까지 관찰해서 오후에 양봉을 완성하는 주식을 확인한다. 오후에 상승하는 주식은 '다음 날 상승할 것'이라고 수급으로 보여주는 것이다. '시가 매매', '종가 매매'라는 특이한 단기 매매 기법이 만들어진 이유다. 약세 시장의 저점이나 약세 주식의 저점에 매수하려는 투자자는 장 중 내내 매도 물량이 나오는지, 그 매물을 소화하는 매수세가 있는지 확인하고 매수해야 한다. 약세 주식 중 매수할 대상의 선정과 매수 타이밍은 다음과 같다.

하락하는 동안 '거래량이 급격히 감소'하는 주식이어야 한다. 하락할 때 거래량이 많다는 것은 대량 매도와 대량 매수가 있다는 뜻이다. 이때 매수자는 이미 손실인 상태다. 이 매수자가 보유한 물량은 상승할 때 매도로 나올 악성 매물이다. 그만큼 강한 상승이 어려울 것이다. 그리고 '시장 주도주'에서 선택해야 한다. 약세 시장이란 시장에 유동성이 풍부하지 않기 때문에 약한 것이다. 시장이 강할 때는 주도주가 아니더라도, 시장에 돈이 많으므로 여러 주식에 자금이 유입돼 주가가 상승하지만, 약세일 때는 일부 핵심 주식에 집중

되기 마련이다. 장 중 흐름을 끝까지 지켜보며 매도 및 매수 강도를 확인해야 한다. 대부분 아침에 반등을 시도하지만, 장 중 매물이 나와 다시 하락하는 모양이 일반적이다. 약세 추세로 전환된 시장이 다시 상승 추세로 전환되려면 강력한 모멘텀이나 악재가 해소되는 과정에서 매물이 소화되는 시간이 필요하다. 충분한 바닥 다지기 시간이 없는 상황에서 매수에 진입했다가는 소폭으로 반등한 후 긴 하락 패턴에 빠져들어 큰 손실을 볼 수 있다. 일봉 및 주봉을 보면서 저점 가격권을 어느 정도 예상해서 투자하는 것이 일반적이지만, 그 판단이 틀릴 수 있다는 전제하에(반등 후 추가 하락할 수 있다는 보수적 접근으로) 매수 타이밍은 장 중 강한 매수세 진입을 확인하고 잡아야 한다.

아침 시간에는 얼마나 강력한 매수세가 진입했는지, 매도는 또 얼마나 더 나올 것인지 판단이 어렵다. 아침 시간에는 늘 매매 공방이 일어나며 매수와 매도 어느 쪽이 우세한지 판단하기 어렵다. 강세 시장에서는 매도가 우세하더라도 강세에 따라오는 탄력과 대기 매수세를 믿고 매수할 수 있지만, 약세 시장에서는 하락 탄력이 강하고 대기 매수세보다 오히려 대기 매도세가 우세하기 때문에 아침 진입은 위험하다. 반면 장 마감 무렵까지 시장을 지켜본다는 의미는 하루 종일 매매 공방을 확인한다는 것이다. 약세 장에서는 주가가 반등하면 차익 실현 또는 손실을 줄여 매도하고자 하는 심리가 작용하고, 주가가 하락하면 추가 하락에 대한 두려움으로 투매가 나오므로 전반적으로 매수보다 매도 강도가 강하다. 대기하던 매물이 다 나오고 나서야, 신규 매수세에 의해 주가가 상승한다. 어차피 나올 매물이 있는 상태에서는 매수 강도가 약하다. 또는 대기 매물을 모두 매수 체결시키고도 남을 강력한 매수세가 있어야 한다. 매물의 소화, 강력한 매수세. 모두 시장이 열리는 동안 체결되는 상황을 봐야 확인할 수 있다.

확인 방법은 거래량과 체결강도다. 하락할 때의 거래량보다 현저히 많은 거래량이 있어야 한다. 가령 보통 하루 평균 10만 주씩 거래량이 발생하며 하락했는데, 특정일 거래량이 100만 주나 되면서 큰 양봉을 만들었다면 나올 만한 급매물은 거의 나온 것이다. 하락하는 동안 매수해 손실인 매수자들의 매물이 거의 체결됐다고 볼 수 있다. 강력한 매수 주체가 진입한 것이며 이후 추가 상승할 때 나올 매물이 별로 없다는 의미다. 체결강도가 강하면, 즉 연속적으로 현재가보다 높게 매수하면 양봉이 커지므로 거래량이 증가하고 장대 양봉이 형성돼 매수 진입하라는 신호가 온다. 전문 트레이더는 단순한 양봉이 아닌, 장 중 매수자가 얼마나 강력하게 주가를 올리면서 매수했는지의 체결강도를 체크한다. 체결강도가 강하다는 것은 강력한 매수자가 진입했다는 의미다.

정리하자면, 약세장이나 약세 주식의 매수 타이밍은 오후 2시 이후 시장 마감 무렵에야 확실해진다. 기본적으로 강세장에서는 아침을, 약세장에는 오후를 매수 타이밍으로 잡는다. 강세의 탄력과 약세의 탄력 때문인데, 그 탄력은 매수자와 매도자의 심리에 의해 나타난다. 그 심리가 적용된 차트가 추세 상승과 하락이라는 '추세'다. 특히 추세 하락하던 시장의 추세가 전환되었는지는 단지 하루 이틀의 반등으로 확인할 수 없다. 직전 고점을 돌파하며, 그동안의 저점과 고점을 낮춰온 추세 차트를 저점과 고점을 높인 차트로 전환할 정도가 돼야 한다. 추세 전환의 시점에는 극명하게 장중 매물이 소화되고 오후 2시 이후에 대량 매수세가 진입해 거래량이 증가하고 매수 체결 강도도 강해지면서 양봉을 형성하고 마감한다. 그 시그널이 약세장의 매수 신호다.

거래 주체 성향 파악

주식 투자를 하면서 참고하는 가장 기본적인 요소는 시황과 기업 실적 등 펀더멘탈 지표와 일봉 차트, 거래량, 수급(신용과 대차 거래 포함) 등이다. 차트와 거래량은 이 책의 여러 부분에서 지속적으로 설명할 것이다. 이론적으로 수요와 공급으로 물품 가격이 결정되듯이 주가는 매수(수요)와 매도(공급)로 결정된다. '시장에 자금이 풍부해 수요'가 많은지, '강력한 수요를 유발하는 호재'가 있는지를 판단하는 것이 시황 판단이다. 수급은 흔히 외국인, 기관(국내 기관), 개인으로 분류해 판단한다. 이 책의 서두에 시장을 움직이는 주체를 설명한 바 있다. 실전 거래에서는 각 거래 주체별 성향에 따라 매매 타이밍과 목표 수익률 등이 확연히 다르다. 시황만이 아닌 실전 매매 측면에서 살펴보자.

외국인의 수급은 글로벌 분산 투자를 하는 인덱스 자금이 가장 크다. FTSE나 MSCI 지수를 추종하는 글로벌 IB(투자은행)의 인덱스 자금이 전 세계 시장에서 가장 큰 손이라고 보면 된다. 이들은 글로벌 시황과 각 국가별, 산업별 시황에 따라 중장기 투자를 한다. 우리나라는 이머징 마켓으로 분류되므로 그들이 이머징 마켓 비중과 그 안에서 한국의 비중을 어떻게 조절하느냐에 따라 대규모 자금 유입과 이탈이 발생한다. 이 수급이 시장 전체의 상승과 하락을 거의 좌우한다. 이 밖에 외국 연기금과 대형 인덱스 펀드는 중장기 투자 자금으로 볼 수 있다.

단기 성향의 자금에는 대형 IB의 아시아계 펀드나 로보펀드 등이 있다. 한국 시장과 개별 주식을 잘 아는 이곳의 펀드매니저가 단기 시세 차익을 위해 거래한다. 특히 최근에는 수천억 원의 자금으로 일정한 매수 및 매도 시그널이 나오면 기계가 매매하는 거래(알고리즘에 의한 매매 시스템)가 점차 증가하고 있다. 시스템 매매는 기업 가치보다 단기 이벤트나 테마 그리고 차트를 추종하며 목표 수익률이 낮아서 대부분 단기 거래다.

기관 중에는 중장기 투자 성향의 연기금과 은행 보험 등이 있고, 단기 성향의 투신, 사모펀드, 금융투자 등이 있다. 중장기 성향의 자금은 당장 주가가 상승하지 않더라도 시황과 기업 가치를 기준으로 꾸준히 저가 매수하는 매매 행태를 보인다. 단기 성향의 자금은 단기시황이나 테마, 모멘텀을 기준으로 삼아 일시적으로 매수하고 단기 수익이 발생하면 곧바로 차익 매도하는 매매 행태를 보인다. 특히 사모펀드나 액티브형 투신 자금, 금융 투자가 단기 매매를 많이 하는데, 단기 성과를 평가받고 모멘텀 위주의 개별 중소형주 매매를 하기 때문이다. 이들의 매매 행태는 개인 투자자 중 전문 투자자와 거의 유사한데, 그들의 이력이 비슷하기 때문일 것이다. 개인은 일반 개인 투자자와 전업으로 투자하는 전문 개인 투자자로 분류할 수 있다.

단기 거래는 기업 가치보다 수급과 차트 그리고 단기 모멘텀에 의한 주가 움직임을 이용한 거래이므로 좋은 기업이라 하더라도 당장 주가 움직임이 없는 주식보다 기업 가치와 상관 없이 주가 변동성과 유동성이 좋은 주식이 좋다. 단기적으로 유동성과 변동성을 제공하는 주체는 단기 성향의 외국인, 액티브형 자금 운용 기관, 사모펀드나 금융 투자 등이다. 이들이 매수해 급등시키는 주식이 좋다. 롱텀 펀드나 중장기 자금이 유입되며 꾸준히 매수하는 주식은 수급상으로 외국인 또는 기관이 꾸준히 매수하는 것이므로 좋아 보일지 몰라도 당장의 주가 움직임이 나타나지 않을 수 있다. 그러한 수급을 추종한 경우 단기 거래라는 목적을 달성하지 못하고 매도할 수밖에 없다. 시장의 방향성이 정해지지 않는 박스권 또는 침체 시장에서는 개인 전문 투자자가 테마를 이용해 강력한 시세 변동성을 일으키는 시황이 흔히 발생한다. 시장은 좋지 않으나 개별 종목의 변동성이 심화되면서 단기 거래에 최적의 상황이 되는 것이다. 단기 거래에는 대세 상승하는 상승 추세도 좋지만, 상승 후 박스권에서 수익률 게임이 벌어지는 시황이나 강력한 테마 시황이 더 좋다.

시장을 끌어 올리거나 내리는 대규모 인덱스 자금이 움직이는 시장이나 중장기 자금이 꾸준히 저가 매수만 하는 시장보다, 단기 성향의 자금이 고수익을 위해 개별 중소형주에 섹터별로 순환하면서 진입하는 시장이 단기 거래에 가장 좋다. 외국인이나 기관이 매수한다고 해서 그 주식의 가격이 상승할 것이라고 생각해서는 안 되며, 특히 그들이 매수한다고 주가가 당장 움직이지도 않는다. 어떤 주체가, 어떤 성향의 자금이 유입돼 주가를 움직이고 있는지를 파악해 그 성향에 맞게 거래해야 한다.

주식 투자의 거의 모든 것,
중단기 투자

01 중단기 투자의 기본 개념

매 분기 어닝 시즌에 발표되는 실적 모멘텀을 비롯해 기업 가치 변화를 재료로 삼든, 지지와 저항, 추세, 패턴 등 기술적 분석을 기준으로 삼든, 혹은 테마를 이용하든 간에 하루 안에 매도하는 단기 거래나 수 개월 이상 투자하는 장기 투자가 아닌 이상 모든 투자를 중단기 투자라고 정의한다. 일부 기관 투자가와 대부분의 개인 투자자는 중단기 투자를 하고 있다. 그래서 가장 기본적인 투자라고 볼 수 있다.

단기 거래에서 분봉, 분선 차트를 이용하고 장 중 가격 흐름을 파악해 거래한다면, 중단기 거래는 일봉, 주봉과 거래량을 기본적인 분석 데이터로 활용한다. 주식 투자를 하는 거의 모든 사람이 일봉과 주봉을 보며 거래량과 거래 주체를 분석하고, 그 기초 데이터를 이용해 추세와 패턴으로 활용한다. 더 나아가 각종 보조 지표를 만들어 투자 타이밍을 결정한다. 결국 앞 장에서 설명한 단기 거래의 기본적인 개념에서 시간 지평을 좀 더 길게 늘려 분석하는 셈이다. 단기 거래에서는 기업 가치보다 수급으로 주가 변동성이 커지는 시기를 매매 타이밍으로 잡는다. 반면 중단기 거래에서는 시황이나 업황 그리고 기업 가치를(가치 투자에 비해서는 비중이 작지만), 단기 거래보다 중요하게 다룬다. 기업 가치 변화 때문에 주가가 변하며, 주가가 변해서 차트가 만들어진다고 보는 것이다. 가격 변화의 요인은 수급 변화지만 수급 변화는 시황 변화, 기업 가치 변화에 의해 일어나는 것이라는 관점이다. 그 결과 주가의 상승과 하락이 발생하고, 주가 변화의 결과로 차트와 거래량이 형성되며 차트와 거래량으로 온갖 보조 지표가 만들어진다. 결국 기업 가치 변화를 유인하는 모멘텀을 중단기 투자에서는 가장 중요하게 생각한다.

개인 투자자 대부분은 수 년간 기업의 성장 스토리를 분석하면서 투자하지 않는다. 분기/반기별로 평가받는 펀드매니저 역시 분기 내에, 반기 내에 투자 수익을 올려야 하기에 장기 투자를 할 수 없다. 서점에 나와 있는 주식 투자 관련 책은 기업의 가치 분석을 하는 책과 기술적 분석을 하는 책으로 나뉜다. 기술적 분석 책 중에 단기 거래 방법을 설명하는 책이 포함된다. 가치 분석가들은 기술적 분석을 폄하하지만, 가치 분석 못지않게 차트 분석은 주식 투자에 반드시 필요한 도구다. 특히 중단기 투자에서는 투자 심리를 중요하게 다루는데, 주식시장에서 주가는 기업 가치에 수렴한다는 기본적인 이론과 완전히 다른 패턴이 빈번히 발생하기 때문이다. 버블과 패닉도 역시 심리 작용으로 수급에 문제가 생기기 때문에 발생한다. 주가가 이론적인 가치 범위를 넘어서는 상승과 하락을 하는 이유도 심리적 요인이 작용하기 때문이며, 중단기 투자에서는 이러한 심리적인 요인이 가격과 차트 거래량에 담겨 있다고 여기고 분석한다. 중장기 가치 분석에서는 시황보다 기업의 내재 가치 및 미래(성장) 가치를 중요하게 다룬다.

3부에서는 시황과 업황 그리고 주도주와 매매 타이밍 등을 우리가 흔히 사용하는 도구를 이용해 분석하고, 타이밍을 정하는 방법론을 설명할 것이다.

02 시황의 판단

　주식 투자를 처음 시작했다면, 가장 먼저 무엇을 고민해야 할까? 시황이다. 그러나 투자자 대부분은 자신의 계좌에 돈이 있으면 '뭘 살까', '어떤 주식에 투자하면 돈을 벌까'에 관심이 있다. 즉, 종목에만 관심이 있는 것이다.

　예외적으로 시장이 하락할 때 투자할 수 있는 '인버스 ETF'나 '주식 선물'이 있지만, 대부분의 투자는 주식을 싸게 사서 비싸게 팔거나, 비싸게 사서 더 비싸게 파는 가격 상승에 투자하는 것이다. 주식을 매수한 후에는 주가가 상승해야 수익을 낼 수 있다. 그러려면 주가가 상승할 수 있는 시장 환경, 즉 시황이 좋아야 한다. 아무리 기업 가치나 차트와 수급이 좋다 하더라도 시장 하락기에는 개별 주식이 연동하며 하락한다는 것을 우리는 많은 경험으로 알고 있다. 시장은 경기와 연동하며 대세 상승기와 하락기라는 사이클을 탄다.

1997년 아시아 외환위기, 2008년 글로벌 금융위기 등 중대한 위기 때는 거의 모든 주식이 속절없이 폭락했다. 금융위기 시기라고 저평가된 주식이 없었을까? 고성장 우량주가 없었을까? 투자하기에 좋은 주식은 시황과 상관없이 존재한다. 다만, 시황에 따라 주가가 크게 상승하기도 하락하기도 한다. 주식 투자의 최우선은 시황 판단, 즉 시장의 방향과 성격을 파악하는 것이다.

시황은 단기, 중장기로 구분할 수 있지만, 기본적으로 '지금 시황이 주식 투자를 하기에 좋은지', '공격적으로 베팅해도 되는지', '단기 거래를 해야 하는지', '중장기 투자를 해야 하는지'를 먼저 판단해야 한다. 나는 시장을 대세 상승 시장, 대세 하락 시장, 상승 후 박스권 시장, 하락 후 박스권 시장, 테마 시장으로 분류한다. 현재 시황이 그중 어떤 상황에 있느냐에 따라 주식 투자를 할 것인지, 말 것인지 혹은 투자 자금 중 얼마나 투자할 것인지와 주식 매수 후 주식 보유 기간을 얼마나 가져갈 것인가가 결정된다. 다음 표는 시황과 연계해 투자 판단을 하는 데 필요한 체크 리스트다. 가령 특정 주식의 모멘텀을 확인하고 투자 결정을 했다면, 현재 시황이 단기적으로나 중기적으로 위험하지 않은가를 판단해야 한다. 강세 시장이라면 매수 타이밍을 오전에 잡고 좀 더 공격적으로 매수하고, 약하다면 시장을 끝까지 관찰하며 강한 매수를 확인한 후 보수적으로 투자해야 한다. 시장을 주도하는 주체가 외국인이라면 외국인 매수 주식이 좋고 기관이 주도하면 기관 주도로 매수하는 주식이 좋다. 그 주식이 시장 주도 종목인지, 테마에 속해 있는지 판단하고, 차트는 상승 추세인지, 하락 추세에서 반전하는지 등을 판단하고 그것에 맞는 매매 전략을 결정해야 한다.

투자 주식을 선정하지 않았다면, 체크리스트를 가지고 선정할 수도 있다. 시황과 시장 유형을 판단하고, 시장이 테마 또는 강세 시장이라면 어떤 주체가 주도하는지를 파악한다. 그 주체가 매수하고 있는 주식 중 주도 주식을 선택하고 차트와 수급을 판단해 매수 타이밍, 목표 주가, 거래 기간 등을 결정해 실전 투자한다.

체크리스트

확인사항	유형	판단	중점/주의사항
단기/중기/장기 시황	현재의 시황 상황은?		
시장 유형	상승/하락/상승 후 박스/ 하락 후 박스/테마?		
시장 주도	어떤 주체가 주도하고 있는가?		
거래 스타일	공격적 매수/보수적 매수, 공격적 매도/보수적 매도, 관망?		
주식 보유	레버리지? 100퍼센트? 일부?		
주도 업종	주도 업종/테마는?		
주도 종목	주도 종목은?		
거래 유형	차트상의 유형은?		
타이밍	언제 공략할까?		
선택과 실전			
거래스타일 선택			
업종과 종목 선택			
거래 유형 선택			
실전 거래 일지			

위험보다 수익 확률이 높은 시장은 대세 상승과 상승 후 박스권 시장이며, 대세 상승 초기에는 중저가 대형주의 수익률이, 상승 후 박스권 시장에서는 지수 관련 대형주보다 중소형주의 상승률이 좋다. 손실 위험이 높은 시장은 대세 하락 국면과 하락 후 횡보 국면이며 이 두 국면에서는 주식 보유 기간을 최대한 줄이는 단기 거래만 가능하다. 특히 이때는 저점 형성을 할 것처럼 보이는 차트에 속지 말아야 한다. 수익률과 보유 기간의 차이는 있지만, 테마 시장은 시장의 상승과 하락과는 무관하게 나타난다. 바이오 관련 테마가 대표적이며, 시황과 무관하게 당시의 사회적 이슈에 따라 해당 섹터에 형성된다. 산업별 테마가 시장을 견인할 때를 제외하면 시장이 강세일 때보다 박스권이나 약세일 때 많이 나타난다. 시장이 상승 국면일 때는 외국인이나 기관이 주도해 대형주 위주로 상승하지만, 약세 국면으로 접어들면 기관보다 개인 주도의 시장이 전개되면서 재료가 있는 소형주가 상승한다. 그러한 시장 성향을 이용해 테마가 형성되는 것이다.

시황에 따라 투자 전략이 달라지는데, 시황 판단의 근거는 무엇일까? 주식 시장의 방향은 경기에 선행한다. 매년 각 증권사에서 실시하는 증시 포럼에 가면 가장 먼저 분석하는 것이 '경제 전망'이다. 그러고 나서 산업 분석을 한다. 개인 투자자가 경제를 분석하기란 매우 어렵다. 그러므로 각 증권사에서 발표하는 경제 분석 담당자의 보고서를 꾸준히 읽고 나름대로의 판단력을 키워야 한다. 세계경제가 연동하는 글로벌 경제 시대이므로 해외 주요국의 경제를 우선 살핀다. 그중 미국, 중국, 유럽의 경제 동향 및 정책은 우리 나라에 직접 영향을 끼친다. 그들 국가의 경제 동향을 파악하려면 채권시장(금리), 부동산시장, 물가(인플레이션), 환율 그리고 유동성을 체크해야 한다. 일본의 전설적인 애널리스트 우라가미 구니오는 금리 변화와 경기 사이클을 연계해 주식시장의 대세 순환을 설명했는데, 금리는 경기에 연동하므로 주식시장을 판단하는 가장 중요한 요인이다. 그 외에도 고용, 금융 및 상품 시장, 소비, 산업 사이클을 파악한다. 경제 동향을 파악할 수 있는 지표를 바탕으로 향후 글로벌 경제를 예측하고 그 안에서의 우리나라 경제 흐름을 읽어 내야 한다.

글로벌 IB와 국내 유수의 기관에서 발표하는 경제 동향 자료는 방대하다. 개인 투자자가 그것을 모두 섭렵하기에는 지식도, 시간적 여유도 부족하다. 그럼에도 주요 지표의 흐름을 파악하는 작업은 주식 투자자로서 반드시 해야 할 투자 행위다. 예를 들자면 2018년 4분기 주식시장은 좋지 않은데, 그 이유를 경제 동향과 연계해 살펴보면서 어떤 지표가 주식시장에 중요한 영향을 미치는지 체크해 보자.

2008년 미국발 세계 금융위기부터 살펴본다. 미국은 물가와 부동산 가격 급등을 막고자 2004년 초 1퍼센트였던 기준금리를 2년여 동안 17차례 인상하면서 2006년 7월 기준금리를 5.25퍼센트까지 올렸다. 그 결과 2007년 부동산 시장이 몰락했고 그 여파는 금융 기관의 부실로 연결돼 2008년 미국발 금융위기는 전 세계 금융위기로 퍼져나갔다. 이후 미국은 역사상 이례적인 양적완화(QE: 천문학적인 채권을 발행하고 연준이 매수함으로써 시중에 유동성[달러]를 공급했다. 당시 연준 의장이 '벤 버냉키'였는데, 돈을 하늘에서 뿌린다는 의미로 '헬리콥터 벤'이라는 별명을 갖게 된다)로 시중에 유동성을 공급하고 금리는 지속적으로 낮춰 '제로 금리'로 만들었다. 이에 동반해 유럽 역시 '마이너스 금리'(예금을 하면 이자를 주는 것이 아니라 오히려 보관료를 내야 하는)로 낮추고 천문학적인 자금을 시중에 공급했으며, 일본을 비롯한 전 세계가 비슷한 정책으로 위기에서 벗어나고자 했다.

그 과정에서 기축 통화국이 아니고, 재정이 좋지 못한 남유럽과 남미의 국가는 디폴트(국가가 부채 상환을 하지 못해 IMF 등으로부터 자금을 빌려 상환하거나, 상환 유예를 받는 상태) 상태에 이르기도 했다. 그러나 미국과 유럽, 일본은 기축통화 국가의 지위를 이용해 막대한 자금을 만들어 경제 위기에서 벗어났는데, 미국이 그 선두에 서 있었다. 국가의 경제 성장률이 좋아지고, 고용이 좋아지고, 기업 실적도 좋아지면서 미국은 2017년부터 다시 금리를 인상하기 시작했다. 2018년 4분기 현재 미국 금리는 2.25퍼센트에서 2.5퍼센트 구간으로 인상했으며 향후 2019년까지 3~4차례 추가로 인상해 3.25퍼센트에서 3.5퍼센트까지 이를 것이라고 연준은 발표했다. 2018년 미국의 경제 지표는 호황을 누리고 있다. 완전고용이라 할 정도로 고용 상황이 좋고 경기 회복과 연동된 물가 및 임금 인상이 있었다, 여기에 법인세 등 세금 인하로 수혜를 받은 기업의 이익 등이 종합적으로 어우러져 올라간 GDP 성장률은 3분기 4.2퍼센트에 육박하고 18년 연간으로는 3.2퍼센트를 웃돌 것으로 분석되고 있다. 그 결과 미국 주식시장은 여타 국가의 부진 속에서도 역사적 신고지수를 경신하며 강세를 보였다. 과열, 버블이라는 우려에도 좋은 경기 지표를 반영하며 주식시장은 상승한 것이다.

유럽과 일본은 경기 회복이 완성되지 않아 금리를 올리지는 못하고 있으나

2019년 하반기부터 금리를 인상할 예정이다. 더불어 그동안 진행한 유동성 공급을 중단하거나 오히려 회수할 것을 예고했다. 금리 인상은 경기가 좋아지면서 자연스럽게 진행되는 것이지만, 미국만 경기가 회복되고 여타 국가는 경기가 둔화되는 상황은 향후 글로벌 경제를 우려하도록 만들었다. 경기 회복에서 확장으로 가는 과정에서 금리 인상은 일정 시점까지는 주식시장에 긍정적으로 작용하지만, 금리가 적정 수준 이상으로 높아지면 그동안 유동성을 바탕으로 만든 '버블'이 제거되므로 다시 시장은 하락할 것이다. 미래에 거품이 붕괴될 것이라는 우려 때문에 미국 금리 인상이 악재로 작용해 2018년 한 해 동안 중간중간 시장이 급락한 바 있다.

미국의 경기 회복으로 달러는 강세 전환됐다. 더불어 미국과 중국의 무역 분쟁이 심화되자 시장에 대한 우려가 높아져 안전 자산인 달러 수요가 증폭됐다. 따라서 달러 강세 추세는 이어졌다. 미국과 중국은 양국 수입품에 대한 '관세'를 높임으로써 무역 분쟁을 시작했다. 미국은 대중 무역 적자를 이유로 들었지만, 궁극적으로는 기축통화 지위와 글로벌 패권 확보, 자국 기업의 보호, 중국의 자본시장 개방 등이 목적이었다. 미국 내의 상황뿐 아니라 대외 환경이 유인으로 작용한 달러 강세는 상대 국가 통화의 약세로 이어진다. 재정 상태가 좋지 않거나 달러 보유고가 적은 국가, 나아가 달러 부채가 많은 국가(아르헨티나, 베네수엘라, 터키, 브라질 등등)는 물가 급등, 자국 통화 가치 급락이 이어지면서 '디폴트 위기'에 이르렀다. 글로벌 금융 시장 위기론이 대두되면 안전 자산인 달러에 자금이 더 몰려 달러 강세가 지속되므로 상대 국가의 통화 가치는 급락하는 악순환이 계속될 수밖에 없는 것이다. 한국 역시

2018년 초 1050원이던 환율이 1140원에 육박하는 원화 약세가 진행됐다. 우리나라는 글로벌 외환위기 직전인 2007년 900원이던 환율이 글로벌 위기 당시 1597원까지 급등한 경험이 있다. 위기 상황에서 원화 약세는 급격히 진행된다. 원화 약세 상황이 되면, 우리나라에 투자하는 외국인은 환차손을 피하려고 급격히 주식을 매도하고 시장에서 빠져 나간다(1달러 1000원으로 교환해 투자한 외국인 입장에서는 주가가 그대로라도 1달러 1200원이 되면 달러 환산 수익률은 -20퍼센트가 된다). 환율의 급격한 하락은 외국인의 매도로 이어지고 외국인이 매도한 자금을 달러로 바꾼다면, 달러 수요가 증가하는 것이므로 원화 가치의 평가절하는 더욱 가중되는 악순환이 일어난다.

미국과 중국은 무역 분쟁 중이다. 서로 양국으로부터의 수입품에 고율의 관세를 부과해 무역 적자를 줄이는 한편 자국 기업을 보호하려 한다. 한 치의 양보 없는 싸움은 주도권 경쟁이 이유겠지만, 실제로는 관세 인상을 방법으로 택함으로써 글로벌 경제 성장률이 하락하고 수출 주도 국가의 교역량이 줄어들 우려가 동반해서 높아지고 있다. 이 과정에서 미국 외의 각국은 내수 부양 정책을 시행하면서 시장에 다시 유동성을 부여하려 하고 있다.

우리나라는 전형적인 수출 주도형 국가이므로 교역이 감소하면 경제에 치명적인 타격을 입는다. 그래서 소득 주도의 내수 부양 정책을 펼치면서 수출 다변화로 무역 분쟁을 피해가려 하고 있다. 관세율을 높이고 수출 물량에 쿼터제를 시행하는 무역 분쟁이 일어나는 이유 중 하나는 공급 초과다. 산업 발전으로 공급이 수요를 능가하자 중국은 기업 구조조정을, 미국은 침체된 제조업 부활을 진행하고 있다. 세계 경제는 어디선가 물건을 만들면 어디선가 소비해야 돌아간다. 즉, 경제 발전과 산업 사이클로 정의되는 수요와 공급 곡선이 세계 경제에 영향을 끼치는 중요한 요인이며, 그 과정에 문제가 생기면 분쟁이 일어나는 것이다.

한국의 상황을 보면 반도체에 기댄 수출만 괜찮고 내수, 고용, 경제 성장률 등은 전반적으로 좋지 않다. 주식시장은 당연히 연동해 침체에 빠져 있다. 주식시장은 글로벌 경기, 자국의 경기 지표에 연동해 움직이며 경기를 선반영한다. 미국 달러 강세, 금리 인상, 국채수익률 상승 등은 상대적으로 취약한 신흥국에는 악재다.

이 시점에서 위기로 빠지지 않고 다시 한 번 경기 회복을 기대하려면 미국과 중국의 무역 분쟁이 해소되고, 미국의 인위적인 고성장이 안정 성장으로 변모하면서 달러 가치의 하향 안정, 금리의 경기와 연동한 점진적 인상(조절), 무역 활성화로 신흥국의 수출 회복, 미국을 비롯한 선진국의 경기 회복이 우선되고 그 낙수효과로 신흥국의 경기가 회복돼 글로벌 경제 성장률이 다시 좋아지는 상황이 돼야 한다. 그렇게 되려면 국제 공조가 필요하다(1997년과 2008년 글로벌 위기 당시에는 활발히 공조했다). 대표적인 국제 공조 중 하나가 '유가' 조절이다. 유가가 너무 급등해 각국의 물가에 부정적 역할을 끼칠 때는 증산해서 가격을 낮추고, 너무 낮으면 감산해서 가격 상승을 유도한다. 산유국 입장에서는 유가가 높으면 좋겠지만, 유가 급등으로 글로벌 경제가 좋지 않아지면 원유 수요가 감소해 결국 유가도 내려가므로 일정 부분 공조하는 것이다.

간단히, 정말 간단히 거시 환경과 주식시장을 살펴보았다. 그 과정에서 발견한 '키워드'가 바로 시황을 판단하는 요소다. 그 요소는 기준 금리, 환율, 무역, GDP 성장률, 유동성, 국채 금리, 고용, 물가(유가 등 국제 상품 가격) 등이다. 각 지표를 보는 사이트가 있어서 누구나 쉽게 추이를 파악할 수 있지만, 해석은 각자의 능력에 달렸다. 모든 지표는 양면성을 지니고 있어서 적절한 해석이 필요하다.

금리는 경기와 연동하고 시중 유동성을 확대 또는 축소하므로 가장 중요하다. 금리 인하는 유동성이 공급된다는 뜻이므로 시장에 호재이고 경기 호조와 연동한 금리 인상 역시 호재다. 그러나 경기 상승 속도보다 빠르게 진행되는 금리 상승은 시장에 악재다. 경제 침체 시기에는 금리를 인하해 성공적으로 유동성이 공급되면 경기가 회복되고 주식시장이 상승한다. 2008년 글로벌 위기 때는 금리 인하만으로는 유동성을 공급하기 역부족이었기 때문에 대규모 국채를 발행하는 양적완화를 시행했다. 금리는 경기 사이클과 연동된 흐름과 유동성 공급이라는 양면성을 파악해야 한다.

환율은 이론적으로 한 국가의 경쟁력을 반영한다. 이는 국가 간의 무역 경쟁에서 가격 경쟁력 우위를 점할 수 있는가를 결정하는 요인이다. 또한 환차익을 이용한 글로벌 투자의 중요한 변수다. 한 국가의 경제가 좋으면 환율이 강세가 되고 외국인도 환차익을 노리고 투자한다. 경기도 좋고 수급도 좋으니 시장은 상승한다. 경기 전망이 좋지 않으면 환율은 평가절하되고 외국인은 환차손을 피하려고 자금을 뺀다. 그래서 시장은 하락한다. 반면, 환율이 오르면(평가절하되면) 경쟁 국가의 제품에 비해 가격 경쟁력이 생기고 수출기업은 달러로 수출 대금을 받으므로 이익이 증가한다. 따라서 수출이 증가하고 수입이 감소한다. 그러면 달러 수요는 줄고 공급은 증가하므로 자연스럽게 달러는 약세가 되고 자국 통화 강세가 된다. 달러와 자국 통화의 수급으로 자연스럽게 균형 통화가 이루어지는 것이다. 반대로 환율이 평가절상 되면 수입은 늘고 수출 가격 경쟁력은 떨어진다. 그렇기 때문에 각 국은 경쟁 상품을 제조하는 기업의 가격 경쟁력을 높여서 수출 증가를 유도하고자 자국의 환율을 절하하려고 한다. 이것이 기본적인 무역 분쟁과 환율 전쟁의 메커니즘이다. 평가절하되면 수출 경쟁력이 발생하지만, 국가 경쟁력의 약화(위기)로 발생한 절하는 외국인의 매도를 유도하므로 시장의 침체를 불러오는 요인이며, 평가절상은 수출 경쟁력을 약화시키지만 국가 경제가 탄탄하다면 외국인이 환차익을 보려고 매수하므로 시장을 띄우는 요인이 된다. 환율 상승과 하락에 시장은 민감하게 반응한다.

GDP 성장률, 고용지표, 인플레이션, 수출입 동향 등 한 국가의 경기와 관련된 지표는 추세가 중요하다. 주식시장은 경기를 선반영 하기 때문에 현재의 경기 지표보다 추세 또는 턴어라운드 되는 경기 상황을 반영하며 상승한다. 2008년 글로벌 금융위기 이후 주요 국가의 성장률이 마이너스였지만 주식시장은 상승한 이유다. 부동산과 채권 역시 주식시장에 큰 영향을 준다. 과거에는 부동산시장 또는 채권시장이 좋지 않을 때는 주식시장이 좋고, 주식시장이 나쁠 때는 부동산과 채권시장이 좋다는 소위 '자금의 로테이션' 이론을 말했지만, 근간에 와서는 부동산과 채권시장이 주식시장과 연동하는 경향이다. 국제 상품시장 동향도 영향을 주는데, 시장에 유동성이 풍부해 상품 가격이 상승하든지 경기가 좋아서 수요가 증가해 상승하든지 간에 구리, 철강, 원유, 등의 상품이 추세적으로 상승하는 것은 주식시장에 호재다.

시황을 판단하는 여러 요인 중 몇 가지만 설명했는데, 아주 간단히 말하자면 시장에 돈이 유입되는 상황인지, 유출되는 상황인지를 판단하는 것이다. 시장에 유입되는 '돈'이 풍부해야 주식을 매수하려는 수요가 강해지고 시장은 상승하는 것이다. 시황을 판단할 때는 어떤 현상을 보면 그것이 시장에 돈이 유입되는 변수인지, 유출되는 변수인지를 먼저 생각해야 한다.

시황은 근본적으로 경기 지표 등 펀더멘탈을 중심에 두고 판단하지만, 시장 내에서 나타나는 주가 움직임인 차트와 주도 업종 및 주도 종목의 형성, 거래량 등으로 판단하기도 한다. 전통적인 기술적 분석으로 판단할 때 강력한 신호는 주봉상에 나타나는 '헤드 앤 숄더'형의 패턴이다. 추세적으로 저점과 고점을 높여가다가 어느 순간에 직전 고점을 돌파하지 못하고 대량의 거래량이 발생하며 하락하는 패턴을 말한다. 대세 하락에서 상승으로 전환하는 대세 반전 역시 '역 헤드 앤 숄더' 패턴으로 판단할 수 있다. 즉, 거래량과 함께 추세 전환하는 차트이며, 일봉에서 단기 형성되는 게 아니라 주봉에서 패턴을 완성하는 쪽이 신뢰도가 높다.

다음 그림은 코스피 주봉 차트다. 2017년 7월이 왼쪽 어깨이고 2017년 10월이 머리라면 2018년 1월의 전고점 돌파가 없었어야 한다. 특히 2017년 7월의 고점을 돌파하지 못했어야 한다. 즉, 이때는 상투의 차트가 아니다. 그러나 17년 10월에 왼쪽 어깨를 형성하고 18년 1월에 머리를 만든 후 18년 4월경 상승하면서 직전인 17년 10월, 즉 왼쪽 어깨의 고점을 넘기지 못했다. 오른쪽 어깨가 왼쪽 어깨를 돌파하지 못하는 전형적인 헤드 앤 숄더 패턴이 나타났다. 이후 시장은 2500포인트에서 단기간에 2000포인트로 급락하고 말았다.

이럴 때는 주도 업종이나 주도 종목의 움직임을 살펴보면 판단에 도움이 된다. 대세 상승을 하는 시장에서는 시장을 이끄는 주도 업종이 있고 그 업종 중에서 주도 주식이 있다. 주도 업종이 있다는 것은 향후 성장 사이클로 진입 하는 업종이 있다는 뜻이므로 경기 지표를 호조로 이끌 것이며 시장도 상승 으로 이끌어 준다. 그 주도 업종과 주도 주식이 상투를 치고 시장과 함께 하 락하면 그 상승 사이클은 마감한다. 보통은 시장보다 먼저 주도 업종과 주도

코스피 주봉 차트

주식이 상투 신호를 준다. 가령 1997년 외환위기 이후 IT 업종이 시장을 주도하며 소위 'IT 버블'을 만들었는데, IT버블이 붕괴되면서 시장은 하락하기 시작해 1000포인트에서 500포인트까지 폭락한 적이 있다. 시장 상승기에는 어떤 업종의 주식이 주도해 시장을 견인하는지 파악하고 있어야 한다. 그 주식이 고점을 찍고 하락 추세로 전환하면 얼마 가지 않아 시장 역시 고점을 형성한다고 봐야 한다. 시장에서 자금이 빠져 나가고 부족한 자금으로 움직이는 시장이 되다 보니, 저가주, 부실주, 소형 테마 주식만 움직이고 고가주는 거래량이 없는 상황이 된다. 그러면 고점 위험으로 본다. 시장이 전체적으로 움직이지 못한다는 것은 자금이 그만큼 시장에서 빠져 나갔다는 뜻이다.

시장이 대세 하락하는 동안에는 당연히 주도 업종과 주도 주식이 없다. 시장에 매수 자금도 없어서 거래량도 현저히 감소한다. 대형주보다 중소형주, 업종 전체가 아니라 모멘텀에 의한 테마 주식만 등락하고 전반적으로 시장이 침체된 상황을 보인다. 어떤 모멘텀이든 간에 시장이 반등하기 시작할 때는 자금 유입 이슈가 있다. 가령 2008년 금융 위기 후에는 공격적인 금리 인하와 대규모 양적완화라는 인위적인 유동성 공급이 있었다. 자금이 중저가 대형주 위주로 유입돼야 대규모 자금을 운용하는 기관이 들어왔다고 판단할 수 있다. 적은 금액으로 주가가 움직인다는 것은 개인이나 일부 단기 세력에 의한 것으로 반등은 잠시일 것이다. 경기 저점에서 턴어라운드할 때도 대형주 중에서 주력으로 나서는 업종의 강한 상승이 있어야 한다. 당연히 거래량도 많고 장대 양봉으로 순식간에 큰 폭으로 상승하는 주식이 발생해야 한다. 주도 업종, 주도 주식이 추세적으로 상승할 때 비로소 주식시장은 대세 상승 추세로 접어들었다고 볼 수 있다. 글로벌 IB 같은 대규모 자금이 앞으로 성장할 섹터로 유입돼 대량으로 주식을 매수할 때 주도 업종이 형성되고 시장은 상승하기 시작하는 것이다. 고점에서는 주도 주식이 무엇인지 알기 쉽다. 그러나 바닥에서 추세 반전할 때는 주도 주식이 무엇인지 초기에 알아내기 어려운데, 보통 시장을 반전시키려는 정책에 의해 주도 업종이 결정되는 사례가 많다. 금융 정책, IT 혁신, 4차 산업혁명, 무역 교류 활성화 정책 등이 주도 업종을 만들어 낸다. 시장 바닥권에서 정부 정책을 면밀히 살펴야 하는 이유다.

03 주도 업종의 판단

　시장의 방향. 즉 시황을 분석한 다음에는 시장을 견인하는 주도 업종을 분석하고, 어떤 주체가 끌어 올리고 있는지 알아야 한다. 시장이 상승한다고 주식 투자로 모두 성공하는 것은 아니다. 수익을 냈다 하더라도 수익률은 천차만별이다. 개인 투자자뿐 아니라 펀드도 스타일에 따라 수익률이 다르다. 시장의 대세 상승 구간이라도 모든 업종, 모든 주식이 상승하는 것은 아니기 때문이다. 최근 30여 년 간의 대세 상승 구간을 간략히 살펴보면 1986년부터 1988년까지는 한국 주식시장이 재테크 시장으로서 자리매김 하는 시기였다. 이때 외국에서 EPS와 PER, BPS와 PBR 개념이 도입돼 저평가된 대형주가 폭등했다. 기업의 가치를 처음으로 평가받은 시기였으며, 한국 시장의 성장성이 재평가받으며 처음으로 1000포인트 시대를 열었다. 긴 조정 하락 후 1992년부터 1994년에는 1100포인트까지 상승했는데, 전반적으로 업종이 순환 상승했고 개인 세력이 주도한 개별 주식 시장이었다. 흔히 작전 세력이 주식을 화려하게 상승시켰고, 너도나도 주가를 급등시키는 세력의 정보를 찾아 다니던 시절이었다. 무리한 신용 거래 때문에 생긴 버블은 1995년 이후 하락하기 시작해 1997년 외환위기를 맞으며 혹독하게 하락했다. 1998년 하반기부터 1999년까지는 인터넷 주식이, 2003년부터 2007년까지는 중국의 고성장 덕분에 산업재 섹터 및 경기 민감 업종이 10배가 넘게 급등했다. 2009년부터 2010년까지는 글로벌 금융위기 후 막대한 시장 유동성을 바탕으로 낙폭이 컸던 대형주가 반등했으며, 2014년부터 2015년까지는 대중국 관련 내수주와 바이오주가, 2016년부터 2017년까지는 삼성전자를 선두로 한 IT 하드웨어 관련주가 폭등했다.

대세 상승 후 하락할 때는 단기에 급락했으며, 다시 대세 상승으로 접어들 때는 직전 대세 상승 시기를 주도하던 업종이 아닌 다른 업종이 주도했다. 매번 상승 구간에는 일정한 순환 상승이 있었다. 주식시장은 경기 순환과 연동한다. 고점 후 경기가 하락할 때는 금리 인하를 비롯해 시장에 유동성을 공급하려는 시도가 있기 때문에 그 유동성을 바탕으로 대형 가치주가 먼저 상승하고 뒤따라서 중소형 주가가 상승하는 패턴을 보여준다. 시장이 저점일 때 대규모 자금을 집행할 수 있는 곳은 대형 펀드이기 때문에 당연한 흐름으로 볼 수 있다. 그러나 수익률에는 극명한 차이가 있다. 대형 가치주가 항상 수익률이 좋은 것은 아니고 그 시기의 주도 업종, 주도 주식이 대체로 10배(대형주도 마찬가지) 상승했다. 대부분의 투자자는 경험으로 알고 있을 것이다.

1999년엔 인터넷 기반의 IT주가, 2007년엔 LG화학·현대중공업 등의 산업주가, 2015년엔 바이오주가, 2017년엔 삼성전자의 후방 IT 장비주가 10배 가깝게 폭등했다. 각 상승기마다 주도 업종이 달라지는 이유에는 여러 가지가 있다. 각 구간마다 금리에 민감한 기관 투자가의 스타일이 다르고 경기 회복마다 호황 섹터가 달라지며 정책적으로 위기를 극복하기 위해 시도하는 부양산업이 다르기 때문이다. 이론적으로 산업 사이클에 따라 주도 업종이 다르기 때문이지만 그 이면에는 정책과 연동한 기관의 수급 쏠림이 있다.

대세 상승 국면마다 모든 업종이, 모든 주식이 함께 상승하지 않는다. 어떤 주식은 시장 지수가 낮아도 주가는 이전보다 높고, 반대로 시장 지수가 과거에 비해 상당히 높아졌음에도 역사적 신저가를 기록하면서 하락하는 주식이 있다. 현대차의 2012년 고점은 27만 원이었고 당시 지수의 고점은 2000포인트였다. 그러나 2018년 지수 고점 2600포인트인데 현대차 주가는 고점 대비 반토막인 14만 원 전후에서 거래됐다. 자동차 산업이 좋지 않았고 현대차의 실적도 내리막길이었기 때문이다. 현대차는 우량주인가? 가치 우량주에 투자하면 시장이 상승할 때 반드시 수익을 낼 수 있을까? 그렇지 않기 때문에 시황 분석을 한 후에는 반드시 산업 분석을 해야 하는 것이다.

주도 산업과 마찬가지로 대세 상승 구간마다 그 시장을 견인하는 주도 주체가 다르다. 대개 외국인이 선두로 나서고 뒤이어 국내 기관과 개인이 참여하는 순서가 일반적이지만, 1980년대에는 외국인이, 1990년대 중반에는 국내 기관과 개인이, 1999년에는 외국인과 기관이, 2005년에는 기관이, 2009년에는 외국인이, 2015년에는 기관과 개인이, 2017년에는 기관이 주도 업종을 이끌었다.

더 나아가 시장 대비 초과 수익률을 달성하는 거래 기법도 매 국면마다 달랐다. 어떤 때는 기업 가치 대비 저평가 주식을 사서 중장기 투자하면 좋았고 어떤 때는 데이트레이딩 같은 단기 거래가, 어떤 때는 재료 보유 테마주를 단기 거래해야 결과가 좋았다. 결국 주식 투자로 시장 대비 큰 수익을 얻으려면 주도 업종과 주도 주식을 알아야 하며 그 주식을 상승시키는 주도 세력이 어떻게 매매하고 있는지 파악하고 그에 연동하는 거래를 해야 한다는 결론이 나온다.

우라가미 구니오의 주식시장 흐름

주도 업종을 판단할 때는 우라가미 구니오가 말하는 주식시장 흐름을 이해하면 도움이 된다. 그는 경기 순환에 따라 주식시장도 순환한다는 이론을 가지고 금리를 기본으로 시장의 대세 흐름과 주도 업종의 순환을 설명했다. 그는 주식시장은 금융 장세, 실적 장세, 역금융 장세, 역실적 장세의 4대 국면으로 이루어진다며 이를 4계절이라고 표현했다.

금융 장세는 경기가 좋지 않은 상황에서 금리를 내리는 국면이다. 경기 침체기에 정책 당국은 금리를 인하하고 시중에 자금을 인위적으로 풀어 경기를 부양하려 한다. 금리를 인하하면 건설 업종처럼 부채비율이 높은 기업이 수혜를 보고 기업의 성장 가치는 좋은데 일시적 유동성 부족으로 하락한 주식이 상승한다. 경기가 좋지 않아도 소비할 수밖에 없는 필수품, 즉 제약, 전력, 가스, 식품 업종이 상승한다. 이때 기관과 외국인이 먼저 시장에 진입하기 때문에 거래량이 없는 고가주나 시가총액이 낮은 소형주를 매입할 수 없고 유동성이 풍부한 중저가 대형주를 대량 거래하는 것이 일반적인 특징이다.

금융 장세 후 조정하는 동안 기업의 실적은 점진적으로 좋아지고 소비 지표도 좋아진다. 경기가 회복된다는 지표가 하나 둘씩 발표되기 시작하면 금리를 동결하고 실물 경제 회복에 중점을 둔 정책이 나온다. 경기 회복이 확산되고 있다는 인식이 퍼지면 비로소 실적 장세가 펼쳐진다. 실적 장세에는 본격적으로 기업 실적이 좋아지면서 미래 실적이 호황으로 접어드는 산업군이 생긴다. 회복기이기 때문에 호황이라는 체감보다 '앞으로 좋아질 거야'라는 기대로 상승하는 구간이다. 기업 실적은 업종별로 다르게 개선되지만, 완제품을 만들려면 어쨌든 중간재인 원재료와 부품이 필요하기 때문에, 실적 장세의 전반부에는 완제품을 만들어 파는 기업보다 원재료나 부품, 장비를 공급하는 기업의 실적이 먼저 좋아진다. 완제품 기업은 실적 장세의 후반부에 본격적으로 좋아진다. 내수보다 수출을 위주로 하는 기업의 실적이 뚜렷하게 좋아지기 때문에 수출 관련주가 큰 폭으로 상승한다. 주식시장에서는 이들을 '시크리컬' 업종이라고 부른다.

기업 실적이 좋아지고 경기가 회복되면서 경기 지표가 좋아져 물가가 상승하면 정책 당국은 금리 인상을 준비한다. 강한 물가 상승을 선제적으로 방어하기 위함이다. 금리 인상은 시장에서 유동성이 줄어드는 것이며 기업 입장에서는 마진이 줄어드는 것이므로 시장 하락 요인이다. 그러나 경기가 회복에서 호황으로 가는 과정이라면 점진적 금리 인상이 오히려 경기 호조의 지표로 받아들여지고 시장은 추가 상승한다. 금리 수준이 높아져 주식 투자의 기대수익률보다 높아지면 경기는 좋지만 주식시장은 하락하기 시작해 대세 하락으로 진입한다. 이때는 경기가 좋기 때문에 수출도 좋고, 기업 실적도 좋고, 가계에서 소비하는 레저, 스포츠, 여행 관련 기업도 호황을 누린다. 그런데 주식시장은 하락한다. 이 국면을 역금융 장세라고 한다.

역금융 장세는 경기 호조기에 나타난다. 기업 실적은 좋고 내수도 좋다. 그 틈에 시행되는 금리 인상은 부채 비율이 높은 기업에 악재가 되고 시장에 유동성이 줄어든다. 기업 실적이 감소하고 정부가 긴축 정책을 펼치면 설비 투자가 감소하면서 미래 수익이 둔화할 것이라고 예상해 매도가 나오지만 여전히 현재의 실적이 좋기 때문에 매수도 있어서 시장에 급등과 급락을 반복하는 큰 변동성이 나타난다. 이때 거래량이 크게 증가하면서 하락하다가 다시 전고점을 돌파하지 못하고 대세 하락으로 진입하는 주식이 많아지면 비로소 시장도 대세 하락 국면으로 진입한다. 점차로 경기도 후퇴해 역실적 장세로 접어들고 다시 경기와 기업 실적에 대한 우려가 시장을 지배한다.

역금융과 역실적 장세는 대세 하락 구간이다. 이 구간에는 상승하는 주식이 없을까? 이 시기에는 세계적으로 경기가 좋지 않는 탓에 이상 현상이 발생한다. 질병, 전쟁, 테러, 국가 간 무역 및 환율 분쟁이 그런 이상 현상이다. 이상 현상은 시장에 테마를 형성한다. 질병 테마는 제약 바이오주의 강력한 상승을 이끌기도 한다. 전쟁과 테러는 무기 관련 주식의 테마를 만든다. 테마 시장은 주식시장 흐름의 한 지류다. 테마 시장은 대세 순환 과정에서 언제든 발생할 수 있는 시황인데, 시장이 전체적으로 상승하는 대세 상승 구간보다 박스권 시장이나 약세 시장에서 흔히 발생한다.

경기 침체기의 주식시장 특징

경기 순환	주식 시장 순환	분석						
		금리	실적	주가	특징	상승업종	의미	기술적 분석상의 변화
침체기	금융 장세	↓	↘	↑	경기침체 금리인하 정부의 경기부양	건설 등 과다 부채 기업 및 단기 유동성 부족의 대형 가치주 전력, 가스 항공, 방송 식품, 제약	불경기하의 주가상승(선행성) 주식시장의 선행성-이상매입	거래량이 현저히 증가 비정상적이라고 느껴지는 강세 장세 연출

경기 회복기의 주식시장 특징

경기 순환	주식 시장 순환	분석						
		금리	실적	주가	특징	상승업종	의미	기술적 분석상의 변화
회복기	조정	→	→	→		전반: 철강, 화학, 제지, 시멘트, 비철금속, 섬유, 유리 등 소재와 전방 산업 호황을 선반영하는 장비, 부품 기업 후반 : 기계, 가전, 자동차, 전기전자 등 완성품	'회의'속에서 자라나는 실적 장세 경기가 좋다는 것을 피부로 느낄 수 있는 정도는 아니다. 출하증가, 재고감소-현실매입	소재주가 대부분 중형주에 많아서 초기에는 개별 종목 장세라고 느껴짐 후반은 고가 및 대형주 상승으로 거래량은 감소하나 시장은 상승한다
	실적 장세	↗	↑	↗	물가상승 경기회복 금리인상 시작			

경기 활황기/후퇴기의 주식시장 특징

경기순환	주식시장순환	분석						
		금리	실적	주가	특징	상승업종	의미	기술적 분석상의 변화
활황기	역금융장세	↑	↗	↓	인플레이션 우려 물가상승을 잡기 위해 금리 인상 정부의 긴축정책	중소형 종목의 각개 약진 소비/레저, 엔터 관련주 히트상품 소기업	소프트랜딩 최고조에서 충격적인 하락 이상 매도 국면	거의 전종목 하락 신고가 종목의 급증 이중고점 형성 재무구조 불량 회사의 급락
후퇴기	반등	→	→	→	경기 후퇴 기업 수익 마이너스 진입	재료 보유 소형주 테마종목 재료 보유 소형주 테마종목	현실 매도 국면 투매로 바닥 형성	거래량 급감 하락의 기울기가 완만해진다
	역실적장세	↘	↓	↘				

우라가미 구니오의 이론은 사실 오래 전 이론이며 최근의 금융 상황은 과거에 비해 많이 달라졌다. 변수가 너무 많다. 그럼에도 금리를 기준으로 본 경기 흐름과 경기 회복 단계별로 본 산업 사이클 변화는 의미가 있다. 시장을 주도하는 업종이란 앞으로 실적이 타 업종에 비해 급속도로 좋아지는 업종이란 뜻이다. 시간이 지난 후 되돌아보면 주도 업종의 실적이 좋아지는 흐름을 확인할 수 있지만, 당시는 미래를 예측하는 것이므로 업종별 실적 추이와 애널리스트들의 전망 그리고 정책이나 사회 현상을 보고 미래 주도 산업을 파악해야 한다. 사실 가장 쉬운 방법은 시장이 바닥을 찍고 대세 상승으로 가는

초기에 가장 거래량이 많고 외국인과 기관이 집중 매수해 큰 폭으로 상승하는 업종과 주식을 선택하는 것이다. 시장이 주도 업종과 주식을 보여준다. 그럼에도 주도 업종을 판단하는 공부를 하는 이유는, 시장이 최초로 상승할 때는 어떤 것이 주도인지, 반등인지, 대세 상승인지 알 수 없기 때문이다. 자칫 추격 매수로 손실을 볼 가능성도 있다. 그 판단의 신뢰도를 높이는 데 공부가 필요한 것이다.

다행히 우리는 매년, 매분기별 각 증권사에서 나오는 자료나 애널리스트들이 분석한 자료를 취합한 업종별, 기업별 실적 추이를 볼 수 있다. 영업이익이 과거 몇 분기 동안 점차적으로 좋아지는 산업이나, 좋지 않는 상황에서 급격히 좋아지는 산업을 확인함으로써 주도 업종을 찾아낼 수 있다. 따라서 최소한 분기별, 각 업종별 실적 전망 자료를 꾸준히 확인하면 좋아지고 있는 업종을 선별할 수 있을 것이다. 다음 그림은 업종별 매출과 영업이익, 순이익의 증감을 한눈에 보여준다. 분기별로 전년 동기 대비 실적을 알 수 있는데, 업종별로 볼 수 있기 때문에 어떤 업종의 이익이 증가하고 있는지, 감소하고 있는지 파악할 수 있다. 아주 단순한 데이터다. 이런 자료를 기초로 분기별, 연간 실적을 차트로 만들면 추이를 파악할 수 있다. 화면의 2018년 2분기 실적을 보면 에너지 업종이 가장 좋았으며 IT와 금융이 좋고 필수와 경기 소비재, 산업재의 실적이 가장 좋지 않았다는 것을 알 수 있다. 업황을 알고 있어야 그 안에서 주도하고 있는 주식을 선별할 수 있다. 개별 기업의 실적이 좋은데, 해당 업종의 실적이 좋지 않다면 그것은 특수한 경우이거나 일회성일 가

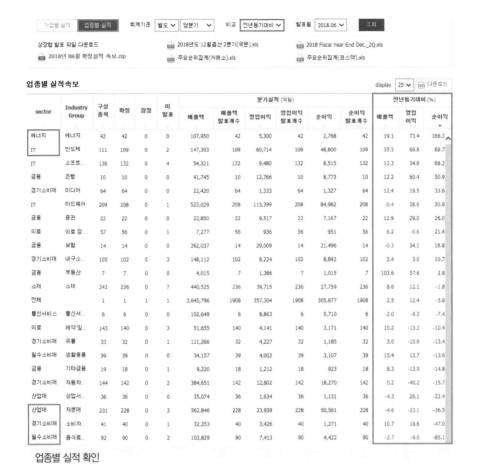

업종별 실적 확인

능성이 크다. 개별 기업만 쳐다보면서 업황을 고려하지 않는 투자자가 많은데, 잘못된 투자 판단이며 대세 상승 사이클에 진입한 업종에서 투자할 주식을 선택하는 편이 올바른 투자가 될 것이다.

04 주도 주식의 판단

대세 상승 사이클에서 가장 큰 폭으로 상승하는 주도 주식은 주도 업종 안에서 나온다. 주도 업종 판단이 끝났다면, 주도 주식을 알아야 한다. 주도 종목은 상승할 때 가장 크게 상승하고 조정 하락할 때 가장 소폭으로 하락한다. 주도하는 주식은 외국인이나 기관 등 시장 메이저가 매수해 상승하는 주식이며, 향후 실적이 좋아질 주식이므로 조정 하락 구간에는 강력한 매수세가 대기하고 있다. 2007년과 2009년에는 현대중공업과 롯데케미칼이, 2014년과 2015년에는 아모레 퍼시픽과 한미약품이, 2017년에는 삼성전자와 하이닉스의 후광으로 테스 등의 반도체 관련주가, 2018년에는 남북정상회담을 계기로 남북 경제협력 기대주인 현대엘리베이터와 현대로템이 주도주였다. 나열한 주도 주식의 주가가 그 이후 어떤 흐름을 보였는지 살펴보면 도움이 될 것이다.

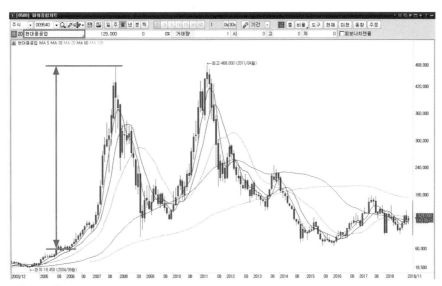

현대중공업

롯데케미칼

한미약품

아모레퍼시픽

148

삼성전자

테스

현대로템

    주도주에 투자해야 하는 이유는, 짧은 기간에 고수익을 얻을 수 있는 가장 확실한 방법이기 때문이다. 위험 관리 측면에서 보더라도 주도 주식에 투자해야 한다. 시장이 상승할 때는 다 같이 상승하지만, 조정 하락 국면에서 주도주는 조정 폭이 적고 주변주는 크게 하락하기 때문이다. 장기 투자 관점에서도 주도주는 언젠가 해당 업종 상승 사이클이 다시 오면 반드시 상승하는 특징이 있는데 주변주는 다음 번 상승 사이클에 반드시 상승한다고 볼 수 없다. 강세여서 자금이 풍부한 시장에서는 주도주, 주변주 구분 없이 상승하는 경향을 보이지만, 자금이 한정된 약세장에서는 강세 주식이 '슬림화'돼 일부 주식만 상승한다. 이때 주도 주식의 진가가 발휘된다.

    많은 개인 투자자가 시장이 강할 때 모두들 좋다고 말하는 주식을 고점에 매수해 놓고 오랫동안 팔지 못하고 마음 고생하는 사례를 많이 보았다. 그런 분들은 더더욱 주도주에 투자해야 한다. 오랜 기다림 끝에 다시 상승하기를 기다려 결국 수익으로 매도할 수 있는 주식 역시 주도주다.

각 업종의 주도주는 특별한 경우를 제외하고는 거의 정해져 있다. 해당 산업을 견인하는 기업 순위에 큰 변화가 없기 때문이다. 가령 조선은 현대중공업이나 현대미포조선, 화학은 롯데케미칼과 LG화학이다. 정유는 SK이노베이션과 S-OIL, 건설은 GS건설과 대림산업, 화장품은 아모레화장품과 LG생활건강, 음식료는 빙그레와 오리온, 제약 바이오는 한미약품과 셀트리온, 메디톡스, 비철금속은 고려아연과 풍산, 무선통신 부품은 RFHIC와 유비쿼스, 이차전지는 엘앤에프 포스코켐텍, 전기전자는 부품 소재별로 매우 다양하지만 고영, 테스, 삼성전기, 원익IPS 등이 있으며, 자동차는 완성차 업체와 후방의 현대모비스, 만도, 한온시스템, 인터넷은 NHN과 카카오, 게임은 엔씨소프트와 넷마블 등이다.

물론 산업 사이클이 변하는 동안 더 성장해 주도주로 나서는 기업이 있고 도태되는 기업도 있다. 그러나 큰 변화가 없는 이유는 그 산업을 주도하며 성장한 기업은 쉽게 무너지지 않는 반면 후발 중소기업은 업황이 어려우면 부도가 나거나 뒤쳐지는 일이 많기 때문이다. 대개 특정 산업이 호황 사이클로 접어들 때 주도 기업의 주가가 먼저, 가장 큰 폭으로 상승한다.

주도 업종이 그렇듯이 주도 주식 역시 분기별 실적이 추세적으로 점차 좋아진다. 특히 좋지 않다가 턴어라운드 되는 기업의 주가가 폭등한다. 현재 실적은 주가를 설명하기에는 턱없이 부족하나, 주가는 대량으로 거래되면서 급등한다. 기관은 미리 선정한 주식을 묶어서 인덱스 자금을 한꺼번에 집행한다. 소위 바스켓 매매, 프로그램 매매를 한다. 섹터별 비중 조절만 하는 것이다. 결국 섹터 주도주는 해당 산업의 실적이 좋다면 반드시 상승한다. 시장 상승률보다 큰 폭으로 상승하는 주도 주식을 찾아 고수익을 추구하는 것이 위험을 감수하면서 직접 투자하는 이유다. 『최고의 주식 최적의 타이밍』이란 책으로 우리에게 친숙한 윌리엄 오닐은 이렇게 설명한다. "해당 업종에서 최고인 두세 주식에만 투자하라", "주도주가 아니면 매수하지 마라", "정말 애가 탈 정도로 싸게 보이는 주식이라도 소외주는 결코 높은 수익률을 가져다주지 못한다. 매수 대상 주식을 주도주로 한정하라." 그러나 보수적인 투자자는 시장 주도주보다 주가가 많이 하락해 횡보하고 있는 주식을 안정적이라며 매수하려는 경향이 있다. 그러나 나의 오랜 경험에 비춰볼 때 안정적이라고 판단한 주식이 오히려 위험했고 위험해 보이는 주식이 수익을 많이 가져다주었다.

주식시장에서 큰 돈을 번 사람은 기업 가치를 잘 아는 가치 분석 투자가 집단과 주가 움직임을 잘 알아 타이밍을 잘 잡는 기술적 분석가 집단으로 나눌 수 있다. 그들 집단 안에서도 더 많은 수익을 올리는 집단은 위험을 회피하는 '리스크 어버터'가 아니라 주가 움직임의 속성을 잘 알아 위험을 기회로 삼는 '리스크 러버'였다. 주도 주식은 대개 강하게 상승하기 때문에 보수적인 성향의 투자자가 회피하는 경우가 많다. 시장에서는 강한 주식이, 신고가 주식이 추가적으로 더 상승하는 속성이 있는데, 주도 주식의 성향과 무관하지 않다. 주도주임에도 위험하다고 매수하지 않으면 소폭 수익–큰 폭 손실만 연속될 것이다.

'주도 주식을 어떻게 찾아낼까'를 정리해보자. 첫째, 각 업종별 주도주는 어느 정도 정해져 있다. 둘째, 업황이 좋아지는 산업군에 외국인, 특히 기관이 집중 투자하기 때문에 대량으로 거래되며 상승할 때 장대 양봉으로 큰 폭 상승하는 주가 주도주다. 시장이 상승하는 구간을 며칠간 살펴보면 가장 많은 거래량을 수반하면서 가장 큰 폭으로 상승하는 업종을 찾아낼 수 있다. 그 업종 안에서도 다시 가장 많은 거래량이 있고 가장 큰 폭으로 상승하는 주식이 주도주다. 일주일에 한 번 정도 업종 차트를 살펴보면 어떤 업종이 현재 상승 추세인지 누구나 알 수 있다. HTS의 검색 기능을 이용해 어떤 업종이 강하고 그 업종 내에서 어떤 주식이 가장 강한지 추려서 보자.

다음은 단기 거래의 '거래 종목 찾기'에서 당일 강세 업종, 그 업종 안에서 강세 종목을 찾기 위해 소개한 화면이다. 기간 주도 업종을 확인할 때도 이 화면이 유용하다. 기간을 보면 2018년 3월 1일부터 6월 30일로 돼 있다. 이 기간 동안 시장은 큰 등락 없이 소폭 하락하여 3월 첫날 지수 2400포인트, 6월 말 지수 2326포인트였다. 같은 기간 동안 비금속 업종은 23퍼센트, 건설업은 18퍼센트, 종이 목재는 17퍼센트대로 큰 폭의 상승이 있었다. 이 기간 동안에는 남북 정상회담이 이루어지면서 남북 경제 협력 기대주들이 가장 강했다. 지하자원 개발 관련 주식, 도로 철도 교량 등 인프라 관련 주식, 삼림 산업 관

업종명	지수	전일대비	등락률 ▼	거래량(천)	업종명	지수	전일대비	등락률	거래량(천)
비금속	1,686.67	▲ 317.59	23.19	541,194	금융업	481.59	▼ 58.57	10.84	3,946,159
건설업	120.47	▲ 18.60	18.26	1,655,534	은행	320.42	▼ 20.87	6.12	230,058
종이목재	406.30	▲ 61.59	17.87	1,297,328	증권	1,933.03	▼ 189.51	8.93	1,163,821
섬유의복	312.88	▲ 32.93	11.76	1,229,245	보험	17,805.02	▼ 3243.9	15.41	317,685
음식료품	4,628.44	▲ 419.47	9.97	1,992,378	서비스업	1,177.06	▼ 51.46	4.19	2,437,111
USD K200 선물 바이셀지수	784.23	▲ 55.39	7.60	0	제조업	5,389.21	▼ 176.44	3.17	26,727,259
의료정밀	3,521.06	▲ 247.91	7.57	768,621	코스피 고배당 50	2,415.73	▼ 205.92	7.85	1,707,240
VKOSPI	16.04	▲ 0.49	3.15	177,718	코스피 배당성장 50	3,162.68	▼ 311.37	8.96	1,185,259
전기가스업	1,090.73	▲ 28.69	2.70	153,955	코스피 우선주 지수	2,656.19	▼ 69.06	2.53	87,730
통신업	347.48	▲ 5.33	1.56	1,000,680	코스피 100 동일가중지수	2,032.63	▼ 81.51	3.86	5,294,054
전기전자	17,805.32	▲ 216.55	1.23	5,761,673	코스피 50 동일가중지수	1,610.70	▼ 159.30	9.00	2,823,288
코스피(소형주)	2,193.68	▲ 25.87	1.19	28,674,681	VKOSPI	16.04	▲ 0.49	3.15	177,718
유통업	459.65	▲ 2.89	0.63	2,862,795	코스피 200 선물 플러스지	2,094.96	▼ 83.67	3.84	0
KRX 300 미국달러 선물혼	0	0	0.00	0	K200 USD 선물 바이셀지수	1,177.62	▼ 92.83	7.31	0
코스피(중형주)	2,749.50	▼ 34.01	1.22	5,927,637	USD K200 선물 바이셀지수	784.23	▲ 55.39	7.60	0
코스피 우선주 지수	2,656.19	▼ 69.06	2.53	87,730	KRX 300 미국달러 선물혼	0	0	0.00	0
제조업	5,389.21	▼ 176.44	3.17	26,727,259	MSCI Korea Index	699.61	▼ 33.39	4.56	0
코스피 200 선물 플러스지	2,094.96	▼ 83.67	3.84	0					
코스피 100 동일가중지수	2,032.63	▼ 81.51	3.86	5,294,054					
코스피지수	2,326.13	▼ 101.23	4.17	40,790,151					

등락률 확인

련 주식들이 강한 상승을 했다. 물론 이 업종들이 시장을 상승으로 이끄는 시총 상위의 섹터가 아니었기 때문에 전체 시장은 상승하지 못했다. 시장과 무관한 테마였던 것이다. 주도 업종이 시장을 이끌 수 있는 전기 전자나 제약 바이오 유화 등의 대형주 군에서 형성됐다면 시장은 크게 상승했을 것이다. 3개월 동안 해당 업종 내의 현대건설, 현대엘리베이터, 아세아제지, 현대로템 등은 전체 시장을 견인하지 못했지만, 시장의 주도주 군으로 큰 시세를 분출했다. 이러한 화면을 주간 또는 월간으로 확인해 현재 시장에서 어떤 업종이 강한지, 어떤 주식이 가장 강한지 찾아서 알고 있어야 한다.

CANSLIM 이론

주도주가 될 가능성이 있는 주식을 찾아내는 방법 중 가장 설명이 잘된 이론이 윌리엄 오닐의 'CANSLIM' 이론이다. 참고하도록 하자.

Current earnings per share(현재의 주당 분기 순이익), Annual earnings per share(연간 순이익 증가율), New(신제품, 신고가, 신경영 등), Shares outstanding(수요와 공급), Leader or Laggard(주도주와 소외주), Institutional Sponsorship(기관투자가의 뒷받침), Market(시장의 방향)의 영문 첫 글자를 연결해 만든 이론이다.

현재의 주당 분기 순이익은 높을수록 좋다. 주당 순이익이 높다는 것은 그만큼 기업이 돈을 많이 벌었다는 뜻이다. 특히, 최근의 주당 분기 순이익이 직전 연도의 같은 분기와 비교해서 크게 증가한 주식일수록 좋다. 전년 대비 증감률로 비교하는 이유는 업종에 따라 계절적 요인이 작용하기 때문이다. 매 분기가 끝나고 나면 다음 달에 분기 실적을 발표하는데 주식시장은 분기 실적에 예민하다. 발표된 분기 실적이 전 분기 또는 전년 동기에 비해 증가했거나 감소했다면 주가는 급등락한다. 따라서 분기 순이익이 연속적으로 증가하고 있는 기업일수록 그 가치가 더욱 빛난다. 순이익에서 일회성 이익을 차감해야 하는 식의 좀 더 세밀한 분석은 4부에서 다시 설명하기로 하고, 일단 분기 순이익이 폭발적으로 증가하고 있는 기업이 주도주가 된다.

연간 순이익 증가율은 안정적이고 지속적일수록 좋다. 실적이 매년 들쭉날쭉 하지 않고 최근 3년간 연간 순이익이 연속 증가할 정도의 안정성 있는 기업이 향후 성장한다. 주도주는 안정적인 실적을 바탕으로 성장을 꾀한다.

신제품, 신경영, 신고가 등 새롭게 성장을 향해 나아가는 기업이 좋다. 신약 개발이나 신기술이 있어 미래의 수익이 급증할 잠재력이 있는 기업, 새로운 경영진이 오거나 인수합병으로 새로운 사업 영역을 구축해 나가는 기업, 종전의 이익을 훨씬 능가하는 실적으로 신고가를 경신하는 기업의 주식이 시장에서 각광을 받으며 주도주가 된다.

수요와 공급의 법칙에서 균형 가격이 형성되듯이 주가 역시 매수와 매도의 공방에서 적정 가격이 형성된다. 주식시장을 단순하게 말하면 돈이 풍부해 매수자가 많으면 상승하고, 돈이 부족해 매도자가 많으면 하락하는 것이다. 개별 주가도 해당 주식의 매수자가 강하면 상승하고 매도자가 강하면 하락한다. 매수가 많은 시장이 유리한 것처럼, 개별 주식 역시 매도자보다 매수자가 많고 특히 상대 강도가 높은(주식을 현재가보다 더 높은 가격에라도 매수하고자 하는 강도) 주식이 주도주다.

주도주와 후발주 그리고 소외주가 있다면 당연히 주도주에 투자해야 한다. 대안이라며 주도주가 아닌 후발주에 투자하면 안 된다. 특히 시장이 하락할 때는 업황과 수급이 좋은 주도주가 더욱 빛을 발한다. 그래서 시장이 단기 급락할 때 주도주를 선별해 투자하는 단기 거래도 가능하다.

기관투자가의 뒷받침, 즉 매수가 있어야 한다. 시장이 상승할 때는 그 시장을 견인하는 주도 세력이 있다. 어떤 시기는 외국인이고 어떤 시기에는 기관이다. 어떤 시기에는 투신이, 또 어떤 시기에는 연기금이나 사모펀드일 수도 있다. 그 시기 시장을 견인하는 주체가 매수하는 주식이 주도주다. 특정한 한두 기관이 아닌 외국인과 기관의 여러 곳에서 골고루 매수하는 주식이 좋다. 그러면 주도 주식으로 검증됐다고도 볼 수 있다.

당연히 시장의 방향은 상승 추세일 때가 좋다. 시장의 방향은 이 책의 서두에서 설명했듯이 그 무엇보다 중요하다. 주도주가 있다는 것은 시장이 상승할 때라는 말이다. 시장이 하락할 때는 주도 업종과 주도주가 없다. 시장의 방향과 일치하는 상승 주식이 주도주다.

각 증권사 HTS에는 조건 검색이라는 화면이 있다. 다양한 기술적 지표와 가치 분석 지표를 검색식으로 지정해 원하는 조건에 맞는 주식을 찾을 수 있다. 증권사 직원을 대상으로 강의할 때는 이런 검색식으로 주식을 찾고, 검색된 주식의 세부 지표를 살펴봄으로써 최종적으로 투자할 주식을 선정하는 훈

조건 검색

련을 한다. 이 책에서 설명하기에는 지면이 부족하므로 조건 검색 화면의 메인화면만 소개한다. 아주 단순하게 순이익 증가율과 영업이익 증가율 상위 100개 주식 중 부채비율이 50퍼센트 이하인 조건으로 검색했다. 그렇게 하니 17개 주식만 검색됐다. 이렇게 검색된 주식을 하나하나 수급과 차트 그리고 실적 추이와 최근 뉴스를 비교해 최종적으로 투자할 주식을 선정하는 과정을 최소한 월별 또는 분기별로 진행하면 좋은 주식을 찾아낼 수 있다.

05 거래 전략의 판단

시황과 주도 업종 그리고 주도 주식을 결정했다면, 이제 어떤 거래 전략으로 매매할 것인가를 판단해야 한다. 거래 전략에는 기술적 분석이 필요하다. 흔히 주식 투자를 처음 시작하는 많은 투자자가 서점에서 기술적 분석에 대한 책을 구입해 공부한다. 만일 A라는 주도 주식에 투자하기로 결정했다 하더라도 어떤 전략으로, 어떤 시점에 매매하는가에 따라 수익이 날 수도 있고 손실을 볼 수도 있다. 수익률도 천차만별일 수 있는데, 거래 전략과 타이밍이 결정한다.

투자 대상 기업에 대한 공부가 먼저

많은 투자자가 시황과 업종 그리고 주도 주식은 공부하지 않고 거래 전략만 공부하고, 투자할 주식은 지인이나 증권 방송 등에서 찾으려 한다. 그 주식이 추세 상승할 때는 어려움이 없겠지만, 시황이나 수급 때문에 등락하면 자신이 직접 고르고 분석한 주식이 아니기 때문에 '왜 하락하는지, 잘못 매수한 것인지, 그냥 팔아야 하는지' 등등을 고민하게 된다. 상승하더라도 '언제 팔아야 하는지, 보유해도 되는지' 등의 고민이 따라온다. 그 기업의 가치와 성장 스토리를 모르기 때문이다. 그래서 적은 수익을 보고 매도해 버리거나, 조정 하락에 손절매하게 되는 것이다. 시황과 업황 그리고 투자 대상 기업을 먼저 분석해야 함을 당부한다.

어떤 경로를 통해서든 투자 대상 주식을 결정했다면, 무작정 매수하는 것이 아니고 차트와 수급 등을 보며 거래 전략을 짜야 한다. 주식은 제각기 다양한 차트를 그리고 있다. 주가 위치에 따라 차트에 일정한 패턴이 나타나는데 많은 사람들이 추종하는 패턴일수록 신뢰도가 높다. 어떤 주식은 5일 이동평균선 위에서 급등하고, 어떤 주식은 5일과 20일 이동평균선 사이에서 조정하락을, 어떤 주식은 20일 이동평균선 아래에서 하락하고 있을 것이다. 가장 기본적인 차트 분석은 주가가 우상향 하고 있는지 우하향 하고 있는지를 파악하는 '추세 분석'이다. 그리고 그 추세의 각도를 분석하는 '갠의 각도 분석'이 있다. 어떤 주식은 정배열 상태이고 어떤 주식은 역배열 상태에 있을 것이며 그것을 이용하여 골든크로스와 데드크로스를 분석한다. 모든 차트는 주가 움직임에 따라 '사후적'으로 만들어진다. 결국 주가 움직임이 가장 중요하며, 그에 동반하는 거래량이 중요하다. 거래량의 증감은 거래 주체의 심리와 매매강도를 표시하기 때문이다. 여기에 가격과 거래량 그리고 이평선을 이용해 많은 보조 지표를 추가로 만들어 사용한다. 추세와 방향을 예상해 보는 MACD, DMS, 패러볼릭, 시계열 등과 과열과 침체를 분석하는 모멘텀 오실레이터와 RSI, 스토캐스틱, 윌리엄퍼센트R, CCI, TRIX 등이 있다. 채널 및 거래량은 엔벨로프 밴드와 볼린저밴드, OBV, ADL 등으로 분석하며 엘리엇 파동이론, 다우이론, 갠의 각도론, 일목균형표, 피보나치 수열 등 수많은 기술적 분석 도구가 있다.

보조 지표는 그야말로 보조

미리 얘기해 두고 싶은 것은, 보조 지표는 말 그대로 '보조'로 쓰이는 분석 수단이라는 점이다. 보조 지표를 조합해서 새로운 지표를 만들고는 마치 매매 타이밍의 절대적인 도구인 것처럼 얘기한다면, 거의 모두 '사기'나 '거짓'이다. 보조 지표는 주가 움직임에 따라 사후적으로 만들어지기 때문에 우리가 거래하는 그 순간에는 '매수할 것인지', '매도할 것인지'를 정확히 알려주지 못한다. 결과적으로 수익으로 연결되는 타이밍을 제공하지 못한다. 주가가 오르면 매수 신호를, 주가가 내리면 매도 신호를 주기 때문에 역으로 생각해보면 보조 지표는 사후적이므로 100퍼센트 정확하다.

주식 전문가들은 차트를 이용한 방식은 주가 움직임을 사후적으로 설명하는 도구이며, 주가 위치를 보며 주가 움직임의 확률을 예측할 때 보조적으로 이용할 뿐이라고 말한다. 차트 전문가들은 기술적 분석 도구에서 가장 중요한 '변수' 값을 변경해서 해당 주식의 속성을 이해하는 작업에 숙련돼 있다.

모든 주식을 하나의 보조 지표와 똑같은 변수값으로 설명할 수 없다. 변수 값을 변경하면 매매 타이밍이 바뀐다. 최적의 변수 값을 찾는 것이 기술적 분석에서는 가장 중요하다. 아마도 일반 투자자 대부분은 변수 값을 변경하면서 분석하지 않을 것이다.

결국 기술적 분석은 타이밍을 포착하는 보조 도구다. 주식 투자로 성공하려면 시황과 호황 산업을 분석하고 실적이 좋아질 주식을 발굴하는 노력이 선행되어야 함을 다시 한 번 강조한다.

주가 위치는 '5일 이동평균선 위', '5일과 20일 이동평균선 사이', '20일 이동평균선 아래'의 세 가지 유형뿐이다. 이 책에서는 거래 전략을 설명하면서 복잡한 보조 지표는 사용하지 않을 것이다. 최대한 단순화해 주가의 위치에 따라 거래 전략을 어떻게 짜야 하는지만 설명할 것이다. 그와 동시에 거래량을 분석해 '매수 1, 2, 3원칙'을 정하고, '매도 1, 2원칙'을 소개한다. 각 유형별 사례를 실전 차트를 보며 이해하면 쉬울 것이다. 그러나 이 책을 차트로 채우다 보면 제대로 설명할 수 있는 부분이 없을 것 같다. 이론에 맞는 차트는 찾으면 된다. 미래에 벌어질 일을 예상하는 방법으로서 차트를 분석하는 과정은 중요하다. 따라서 설명하는 내용을 실전 차트에 대입해 보고 스스로 매매 원칙을 세우길 바란다.

06 봉의 해석

만일 시장의 주도 세력이 어떤 주식을 집중적으로 매수하려는지 미리 알수 있다면 기술적 분석을 할 필요가 없을 것이다. 어쩌면 가치 분석도 필요 없을지도 모른다. 우리는 차트를 분석해 '시장을 주도하는 세력의 매매'를 알아내려 한다. 주식시장은 매수와 매도 주체의 힘겨루기에 의해 움직인다. 막강한 자금과 정보를 가진 주도자에 의해 방향이 결정된다. 시장의 흐름을 주도하는 세력이 어떤 업종에서 어떤 주식을 사고 팔고 있는지 파악하는 가장 기초적인 차트 분석이 봉의 분석이다.

시장은 황소와 곰의 싸움이다. 강한 매수 주체를 황소라고 하고 강한 매도 주체를 곰이라고 지칭한다. 황소가 이기면 상승하고 곰이 이기면 하락한다. 황소와 곰의 주체가 늘 같지는 않다. 시기에 따라서 외국인이 황소가 되기도 곰이 되기도 한다. 기관이나 개인 세력도 마찬가지이다. 전체 시장을 보면 황소와 곰이 쉬는 기간도 있다. 하지만 개별 주식에서 황소와 곰은 늘 싸우고 있다. 황소가 이기면 시장은 상승을 하고 황소는 돈을 번다. 곰이 이기면 주가가 하락하고 곰이 돈을 번다. 싸우지 않는 동안에는 시장이 횡보하거나 파생상품 시장과 연동한 차익 거래로만 소폭 등락한다. 황소와 곰이 아닌 대부분의 투자자는 주가를 움직일 힘이 없다. 황소와 곰의 싸움을 보면서, 누가 황소인지 곰인지, 누가 이기는지를 파악해야 한다. 그리고 이기는 쪽에 편승해야 한다. 불행히도 우리 시장은 대부분 외국인의 힘이 더 강하다. 외국인이 황소가 되면 시장이 상승하고 외국인이 곰이 되면 시장은 하락한다. 다음 화면에서 외국인에 의해 전체 시장이 움직이는 흐름을 이해할 수 있을 것이다.

황소와 곰의 싸움

2016년 12월 지수 2000포인트를 돌파한 후 2017년 한 해 동안 강하게 상승한 시장에서의 수급을 보면 외국인이 코스피 시장에서 9.6조 원 코스닥 시장에서 3.5조 원 이상을 순매수하며 시장을 끌어올렸다는 것을 알 수 있다. 반면 2018년 2월 고점 2600포인트에서 10월 중순 2100포인트까지 하락하는 동안 외국인이 코스피 시장에서 6조 원 코스닥 시장에서 7900억 원을 순매도 하며 시장을 끌어내린 것을 알 수 있다.

2017년 코스피 지수 확인

※ 파생시장의 경우 국가/지자체 정보는 별도로 제공되지 않으며 연기금에 포함되어 제공됩니다.

시장구분		개인	외국인	기관계	기관								기타법인
					금융투자	보험	투신	은행	기타금융	연기금등	사모펀드	국가/자치	
거래소주식	매도	7,243,056	4,617,798	3,223,863	907,626	288,795	546,902	51,991	19,074	607,437	306,221	495,818	166,442
	매수	7,114,198	4,713,924	3,196,740	1,029,175	271,979	508,482	41,219	12,371	645,137	300,510	387,867	229,477
	순매수	-128,858	96,126	-27,124	121,549	-16,816	-38,420	-10,773	-6,703	37,700	-5,710	-107,951	63,035
코스닥주식	매도	10,033,315	802,274	540,360	168,159	38,194	112,741	9,009	16,630	67,080	91,462	37,085	97,242
	매수	10,050,270	838,150	511,845	173,383	34,555	107,361	7,699	4,949	70,220	81,185	32,493	73,668
	순매수	16,955	35,876	-28,515	5,224	-3,639	-5,380	-1,310	-11,681	3,139	-10,277	-4,592	-23,574
선물	매도	9,462,515	29,502,821	6,463,966	4,830,937	147,666	1,052,268	90,974	1,361	340,759	0	0	496,829
	매수	9,477,822	29,487,708	6,457,051	4,811,969	151,303	1,066,411	89,880	1,444	336,043	0	0	503,550
	순매수	15,307	-15,113	-6,915	-18,968	3,637	14,143	-1,093	83	-4,711	0	0	6,721
콜옵션	매도	212,777	469,560	59,860	55,071	27	4,308	176	172	105	0	0	17,031
	매수	217,244	463,393	61,346	57,253	49	3,575	234	161	74	0	0	17,245
	순매수	4,468	-6,167	1,486	2,181	22	-733	57	-11	-31	0	0	214
풋옵션	매도	183,499	432,001	49,284	46,129	0	2,624	350	137	45	0	0	10,438
	매수	180,983	434,923	49,702	47,541	0	1,736	243	125	57	0	0	9,614
	순매수	-2,516	2,922	417	1,412	0	-888	-107	-12	12	0	0	-824
주식선물	매도	1,125,655	1,154,538	857,702	516,937	25,753	129,159	598	183	185,073	0	0	51,686
	매수	1,141,814	1,156,220	839,571	497,301	26,094	132,759	623	185	182,610	0	0	51,976
	순매수	16,159	1,682	-18,131	-19,636	341	3,599	25	2	-2,463	0	0	290

외국인 순매수 확인

2018년 코스피 지수 확인

[0413] 투자자별 매매 기간별

투자자별 매매 종합 | 투자자별 매매 시간별 | 투자자별 매매 일별 | 투자자별 매매 기간별 | 투자자별 매매 업종별 | 투자주체별 매매 비중 | 투자자별 전체업종

◉금액 ○수량 2018/02/01 ~ 2018/10/17 (단위:억원,천주,계약) ◆10초 조회

※ 파생시장의 경우 국가/지자체 정보는 별도로 제공되지 않으며 연기금에 포함되어 제공됩니다.

시장구분		개인	외국인	기관계	기관								기타법인
					금융투자	보험	투신	은행	기타금융	연기금등	사모펀드	국가/자치	
거래소 주식	매도	6,018,973	3,114,838	2,353,089	627,771	185,061	332,522	28,455	12,649	353,583	271,466	541,581	137,930
	매수	6,127,800	3,054,534	2,301,167	609,156	170,586	332,741	26,097	11,031	354,676	264,385	532,493	141,379
	순매수	108,827	-60,304	-51,922	-18,615	-14,474	219	-2,358	-1,618	1,093	-7,081	-9,088	3,449
코스닥 주식	매도	7,140,085	816,205	436,854	112,509	24,776	101,614	6,441	9,993	39,001	106,953	35,567	70,442
	매수	7,161,401	808,345	442,555	124,395	26,134	101,873	5,419	3,454	44,057	100,236	36,987	51,407
	순매수	21,316	-7,860	5,701	11,885	1,358	260	-1,022	-6,538	5,055	-6,718	1,420	-19,035
선 물	매도	6,527,661	19,935,707	3,652,095	2,499,942	82,914	694,227	61,923	12,551	300,539	0	0	443,488
	매수	6,515,313	19,921,206	3,688,681	2,517,546	79,027	722,117	59,400	12,495	298,095	0	0	433,751
	순매수	-12,348	-14,500	36,586	17,605	-3,887	27,890	-2,523	-56	-2,444	0	0	-9,737
콜옵션	매도	123,586	275,987	26,440	23,810	45	2,438	61	44	42	0	0	10,814
	매수	123,855	275,200	26,843	25,733	2	1,007	42	38	20	0	0	10,930
	순매수	269	-787	402	1,923	-43	-1,431	-19	-6	-22	0	0	116
풋옵션	매도	133,022	343,507	28,314	26,073	0	1,773	393	45	30	0	0	7,669
	매수	135,067	343,310	26,400	24,867	0	1,170	283	39	41	0	0	7,737
	순매수	2,045	-197	-1,915	-1,207	0	-603	-110	-6	11	0	0	67
주 식 선 물	매도	745,221	1,106,603	768,179	397,029	11,521	88,446	291	4,618	266,274	0	0	11,326
	매수	747,329	1,106,357	766,164	395,778	11,572	91,208	281	4,706	262,619	0	0	11,477
	순매수	2,109	-245	-2,015	-1,251	51	2,762	-10	88	-3,654	0	0	151

외국인 순매도 확인

2017년에 상승하는 동안 외국인은 황소, 기관은 곰이었다. 외국인이 이긴 것이다. 반면 2018년에 하락하는 동안은 외국인과 기관이 동시에 곰이었고 개인이 황소였다. 곰의 힘이 우월했기 때문에 단기간에 급락하는 상황이 발생한 것이다. 그럼 항상 외국인이 이기는 시장일까? 꼭 그렇지는 않다. 기관이 이기는 시장도 있었다. 가령 2004년에서 2005년까지 1년 동안 시장이 700포인트에서 1400포인트대로 100퍼센트 상승하는 동안 외국인은 4조 원 순매도, 개인들은 8조 원 순매도, 기관들이 8조 원 순매수로 기관이 시장을 끌어 올렸다. 특히 코스닥에서는 기관이나 개인이 이기는 시기가 종종 있다. 결국 누가 이기는지의 판단도 매우 중요하다. 사실 강력하게 시장을 주도하는 황소와 곰의 자금 흐름을 파악하면 시황을 알 수 있다.

황소가 이기는 동안 더 강한 곰이 출현하거나 곰이 이기는 동안 더 강한 황소가 출현하면 시장은 추세 반전한다. '더 강한'이란 표현을 했는데, 더 강한 매수 및 매도란 높은 가격에 매수하거나 낮은 가격에 매도하는 주체를 말한다. 높은 가격에 매수하기 때문에 시장이 상승하는 것이고 낮은 가격에 매도하기 때문에 시장이 하락하는 것이다. 여기서 중요한 것은 큰 금액으로 매수하거나 매도한다고 가격이 상승하거나 하락하는 것이 아니라는 점이다. 주식을 큰 금액으로 대량 매수해도 가격이 하락하는 경우나 많이 매도해도 가격이 상승하는 사례가 있다. 가령 삼성전자가 수조 원씩 자사주 매수를 하는 동안 가격이 올랐을까? 그렇지 않다. 자사주는 높은 가격에 사지 않는데다가 그 기회를 이용해 곰들이 낮은 가격에 매도한 경우가 더 많았기 때문이다. 하루 동안의 거래를 봐도 알 수 있다. 기관이 대량으로 프로그램 매수를 한 날 시장은 상승할까? 그렇지 않다. 외국인이 관망하거나 곰으로 나서지 않는다면 시장은 제한적으로 상승하지만, 외국인이 낮은 가격에 매도하면 그 금액이 작더라도 시장은 하락한다. 프로그램 매수 및 매도는 높은 가격에 또는 낮은 가격에 체결하지 않기 때문이다.

이제부터는 높은 가격에 매수하는 것을 '공격적 매수/황소의 매수' 낮은 가격에 매도하는 것을 '공격적 매도/곰의 매도'라고 칭하면서 설명한다. 단지 대량 매수했다고 주가가 상승하고 대량 매도했다고 주가가 하락하는 것이 아니다. 대량으로 매수한 날은 누군가는 대량으로 매도한 것이다. 거래량은 매수와 매도가 체결된 전체의 합이다. 즉, '많이 샀다고', ' 많이 팔았다고' 주가가 변하는 것이 아니고 '높은 가격에 사고', '낮은 가격에 파는' 황소와 곰의 수급에 따라 주가는 움직이는 것이다. 그것이 핵심이다. 주가 움직임의 핵심이며, 차트 분석의 핵심이다. 그것부터 차트 분석을 시작하기로 하자.

장대 양봉과 장대 음봉 분석

다음 그림은 우리가 흔히 알고 있는 봉의 그림이다. 평소 거래량이 20만 ~30만 주인 어떤 주식이 100만 주나 대량 거래가 발생하면서 장대 양봉을 만들었다. 가격은 1만 원에서 1만1000원까지 10퍼센트 급등이다. 투자자 대부분은 이 정도 거래량과 장대 양봉이면 매수에 동참하거나 보유 물량을 매도하지 않고 가져간다. 이후 더 상승할 것이라고 생각하기 때문이다. 거래량이 증가하면서 장대 양봉이면 상승한다고 분석한다. 하지만 그렇게 약속한 것도 아니고, 반드시 상승하는 것도 아니다. 그럼에도 우리는 상승할 것이라고 생각한다. 거래 상황에서 그 근거를 찾을 수 있다. 거래량이 100만 주라는 것은 50만 주 매수, 50만 주 매도의 의미가 아니고 매도자도 100만 주를 매도하고 매수자도 100만 주를 매수해서 체결이 100만 주가 된 것이다. 많이 매수해서 상승한 것이 아니다. 많이 팔기도 했다. 가격이 상승하면서 장대 양봉을 만들었다는 것은 매수자들이 '높은 가격'에 매수했기 때문이다. 더 높은 가격이라도 사고 싶은 투자자가 많았다는 뜻이다. 즉, '공격적 매수'가 있었다. 이들이 공격적으로 매수한 이유는 주가가 더 상승할 것이라고 판단했기 때문이다. 이들의 판단과 이들의 매수 강도가 이 주식을 다음에 상승시키는 힘이 된다.

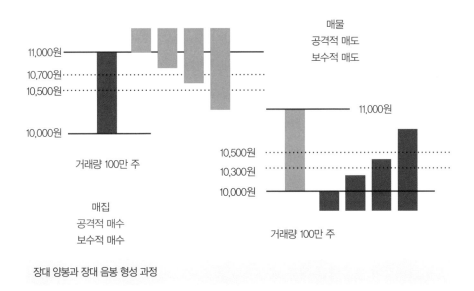

장대 양봉과 장대 음봉 형성 과정

호재성 재료이든 뭐든, 매수자에게는 이유가 있을 것이다. 그들의 힘이 강하면 강할수록 이 주식은 더 크게 상승할 것이다. 이들의 매수를 '매집'이라고 하고 향후 주가가 조정되고 하락할 때는 지지 기반이 된다.

가격 측면으로 볼 때, 장대 양봉 다음 날 매수 주체가 강하게 추가 매수해 연속적으로 급등하는 경우도 있겠지만, 대부분 다음 날은 매도자가 나와 하락 조정한다(이 하락 조정을 이용한 단기 매매를 '강세 종목의 단기 매매'에서 설명했다). 이때 전일 상승한 폭의 50퍼센트 넘게 하락하면 전일 매수자는 손실을 볼 가능성이 크다.

이론적인 설명을 위해 전일 매수한 주체가 한 명이고, 1만 원에서 1만1000원까지 동일한 수량으로 꾸준히 매수했다고 가정하면 이 매수자의 평균 매수 가격은 1만500원이다. 결국 1만500원 아래로 하락한다는 것은 매수자보다 강한 매도자가 출현했거나, 전일 매수자가 다음 날 매도 청산 하는 것이다. 전일 매수자가 강한 '황소'라면 다음날 가격이 자신의 평균 매수가 아래로 하락하지 못하게 방어할 것이다. 그래서 조정 하락은 전일 장대 양봉의 50퍼센트를 하향하지 않아야 하는 것이다. 그래야 우리는 '조정'이라고 판단하고 이후 다시 상승할 것이라고 기대한다.

거래량 측면에서는 전일 100만 주 거래가 있었는데, 다음 날 거래량이 20만 주로 급격히 감소하면, 상승이든 하락이든 전일 매수자가 매도하지 않고 있다고 판단할 수 있다. 다음 날 가격이 급등하고 있지만 거래량이 100만 주 이상으로 급증하면 전일 매수자가 매도할 가능성도 있다. 특히 가격이 하락하면서 거래량이 급증하면 전일 매수자가 매도하고 있을 가능성이 크다. 공격적 매수자가 공격적 매도자로 전환되면 주가는 급락한다. 그들의 힘을 추종해 주식을 매수했거나 보유하고 있다면, 그들이 매도하지 않고 보유하고 있는지, 추가로 더 매수하는지 확인해야 한다. 그것은 거래량으로 확인할 수 있다. 결국 급등 다음 날 주가가 하락하더라도 가격이 전일 양봉의 최소한 50퍼센트 위에 있어야 하며, 특히 30퍼센트 상단 부근에서 조정 하락해야 한다. 거래량 역시 전일 거래량보다 현저히 줄어들어야 매수자가 매도하지 않고 있는 것이다. 추세 하락이 아닌 조정 하락이라는 근거는 그들이 오늘 공격적 매수를 하지 않지만, 팔고 있지도 않으므로 조정 후에 다시 강하게 매수할 것이라는 판단이다.

반대의 경우 즉, 장대 음봉이 발생한 다음 날도 생각해 보자. 장대 음봉이고 대량 거래가 일어나 하락했다는 것은 '공격적 매도'가 있었다는 뜻이다. 그들이 매도한 100만 주는 주가를 아래라도 빨리 팔고 싶은 매도였으나, 매수자는 '피동적으로' 매수 체결된 것이므로 보수적 매수이며 그들은 손실인 상태로 주식을 보유하고 있는 것이다. 이들이 보유한 물량은 주가 반등 시 매물로 나올 것이며 향후 주가가 반등할 때는 가격 저항으로 작용한다. 다음 날 추가적으로 매물을 내놓지 않아 주가가 반등할 때는 전일 하락 음봉의 50퍼센트를 넘는 강한 양봉이 형성돼야 한다. 그래야 추가적인 상승을 예상할 수 있다. 전일 매도한 '곰'이 한 명이고 똑같은 수량으로 꾸준히 매도했다면 평균 매도 단가는 하락 폭의 50퍼센트일 것이다. 만약 그들이 공매도 세력이라면 다음 날 강한 '황소'가 진입해 50퍼센트 넘게 가격이 급등하면 손실을 볼 것이다. 하락하는 동안 피동적 매수로 물려 있던 매물이 나와도 모두 매수 체결하면서 상승해야 강한 상승이라고 본다.

  그렇다면 거래량도 이해할 수 있을 것이다. 전일 거래량보다 현저히 많은 거래량이 발생하면서 주가가 급등해야 본격적인 추세 반전으로 상승할 수 있다. 반등은 하는데, 거래량이 없으면 매수 주체의 힘이 약하다고 볼 수 있다. 반등했지만 공격적 매도자가 추가적으로 매물을 내놓으면 다시 하락할 수 있다. 곰의 매물을 모두 소화하는 황소가 진입하면 거래량이 증가할 수밖에 없다. 그래서 주가가 많이 하락한 주식이 저점을 형성했는지, 단지 가격의 반등일뿐인지는 거래량을 보고 판단해야 한다. 가격이 많이 상승한 상태에서 거래량 급증은 추세 반전의 위험, 가격이 많이 하락한 상태에서의 거래량 급증을 저점의 신호라고 판단하는 근거는 주가 움직임에 강력한 주체인 공격적 매수 및 매도가 있고 그들이 현재 매집을 하고 있는지, 매도하기 시작했는지, 다 팔았는지, 강한 매수세가 진입했는지에 대한 확인 때문이다. 하나의 봉으로 매수 및 매도 주체의 힘과 매매 상황을 설명했는데, 두 개나 세 개, 서너 개의 봉도 같은 개념으로 볼 수 있다. 여러 개의 양(음)봉을 묶어서 하나로 보고 해석하면 된다. 여러 개의 양(음)봉이 한 번에 그려져 있는 것이 우리가 흔히 보는 일봉, 주봉, 월봉인 것이다.

거래량이 많은 가격대 분석

  다음 그림은 앞의 그림과 같지만, 장대 양봉과 음봉이 특정한 가격에서 불룩하게 그려져 있다. 이론적 설명으로 한 명이 꾸준히 같은 금액으로 매수 및 매도했다면 평균 가격이 전일 봉의 50퍼센트 수준에서 형성된다. 그러나 실전 매매에서는 한 명이 황소나 곰이 되는 것도 아니고, 꾸준히 같은 금액으로 매수하는 것도 아니다. 특정한 가격에서 집중적으로 매수 및 매도하기 마련이다. 또 매매 주체가 집중 거래할 때의 가격이 다를 것이다. 우리는 황소와 곰의 매매 가격을 알고 싶다. 데이트레이더들은 장 중 체결을 눈으로 확인하면서 어떤 가격에 집중 매수나 매도했는지 파악한다. 일반적인 투자자는 그렇게 할 수 없기 때문에 대략 50퍼센트 선으로 생각하는 것이다. 좀 더 세밀하게 분석하려면 봉의 불룩한 부분 즉 가장 강하게 매수나 매도한 가격을 아는 것이 중요하다.

HTS는 하루 중 또는 최근 일정 기간 중 가장 거래량이 많았을 때의 가격

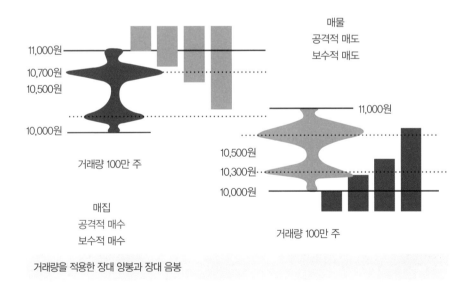

거래량을 적용한 장대 양봉과 장대 음봉

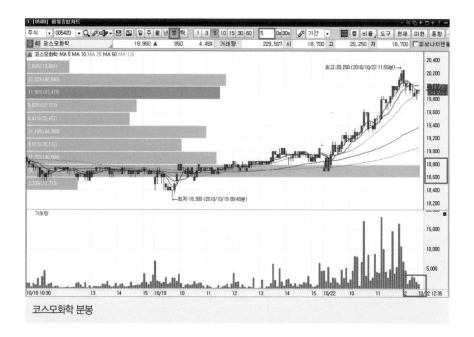

코스모화학 분봉

코스모화학 일봉

을 표시해 준다. 그것을 '매물대 분석'이라고 한다. 앞의 그림은 코스모화학이란 주식의 분봉과 일봉 매물대 분석이다. 분봉에서는 아래 쪽에 1만8600~1만8800원에 강력한 매수가 있으므로 황소의 지지 라인으로 볼 수 있고, 일봉 위쪽으로 2만~2만2000원에 거래량이 가장 많은 것으로 보아 상승 시 매물이 나오는 저항 라인이라고 볼 수 있다. 그렇다면 이 주식은 강력한 황소가 진입해 2만2000원 매물대를 많은 거래량과 함께 돌파해야 추가적으로 상승할 수 있다. 거래량이 실린 강한 상승이 없으면 황소가 약하다는 뜻이므로 매물 때문에 다시 하락할 것이라고 분석할 수 있다. 흔히 '얼마를 지지해야 하고', '얼마를 돌파해야 하고', '반등 목표가가 얼마가 되면 일부 매도하고', '돌파 하면 얼마까지는 상승할 수 있고', '얼마를 지지하지 못하면 추가 하락을 대비'하라는 등등의 분석을 많이 들어왔을 것이다. 하지만 앞으로 거의 모든 차트를 '황소와 곰의 힘을 판단하는 것'이라는 기본적인 개념으로 분석하면 쉬우면서도 핵심을 잃지 않을 것이다.

꼬리로 판단하는 분석

하나의 봉과 거래량으로 매수 및 매도 주체의 매매 행위와 심리를 설명했다. 그럼 다음 그림과 같은 봉이 형성되면 어떻게 해석해야 할까?

위꼬리가 길다는 것은 상승하던 주식이 매물을 맞고 하락한 것이고 아래꼬리가 길다는 것은 하락하던 주식이 저가 매수세에 의해 반등한 것이므로 황소와 곰 어느 일방이 아주 강한 것이 아니다. 특히 봉의 크기가 작은 형태나

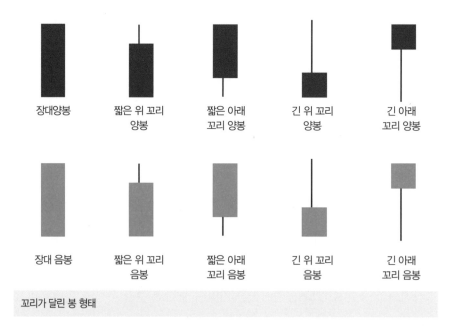

장대양봉	짧은 위 꼬리 양봉	짧은 아래 꼬리 양봉	긴 위 꼬리 양봉	긴 아래 꼬리 양봉
장대 음봉	짧은 위 꼬리 음봉	짧은 아래 꼬리 음봉	긴 위 꼬리 음봉	긴 아래 꼬리 음봉

꼬리가 달린 봉 형태

꼬리가 더 긴 형태는 황소와 곰의 어느 일방의 힘이 강하다고 볼 수 없으므로 봉의 분석에서 제외한다. 거래량 없이 봉의 크기가 작은 것은 황소와 곰이 힘겨루기를 하지 않았거나 치열하게 공방을 벌였지만 어느 한쪽으로 우열이 가려지지 않았다는 의미다. 매수의 힘과 매도의 힘을 판단할 때는 대량으로 거래되는 장대 양봉과 장대 음봉만 분석하는 것을 원칙으로 한다.

연속되는 봉 분석

178페이지의 그림은 두 개 이상의 봉이다. 이 또한 기술적 분석에서는 여러

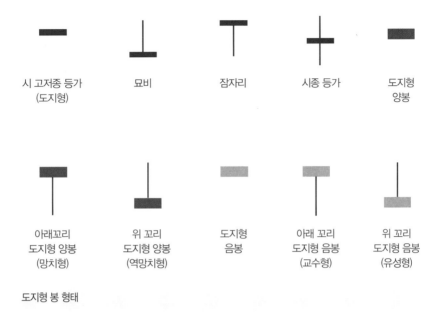

시 고저종 등가 (도지형)	묘비	잠자리	시종 등가	도지형 양봉

아래꼬리 도지형 양봉 (망치형)	위 꼬리 도지형 양봉 (역망치형)	도지형 음봉	아래 꼬리 도지형 음봉 (교수형)	위 꼬리 도지형 음봉 (유성형)

도지형 봉 형태

가지 이름으로 설명한다. 상승 잉태형부터 강세별형까지는 앞으로 주가가 상승한다고 설명하고, 하락 장악형부터 약세별형까지는 향후 주가가 하락할 것이라고 설명한다. 앞의 음봉과 양봉의 50퍼센트 기준선을 그어보고 그 위로 올라서는 반전의 봉이 있느냐에 따라 향후 주가 움직임을 설명한다. 이것 역시 앞에서 황소와 곰의 힘겨루기 끝에 50퍼센트 위로 반전하는 강력한 반대의 힘이 있었는지를 생각하면 간단하다.

179페이지의 그림은 여러 개의 봉을 연속해서 보여주고 있다. 이런 모양이 일봉에서 형성되든, 주봉 또는 월봉에서 형성되든 향후 주가가 상승할 것

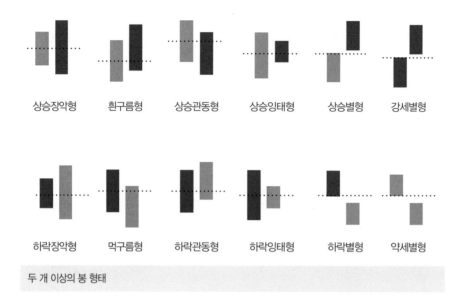

| 상승장악형 | 흰구름형 | 상승관동형 | 상승잉태형 | 상승별형 | 강세별형 |

| 하락장악형 | 먹구름형 | 하락관동형 | 하락잉태형 | 하락별형 | 약세별형 |

두 개 이상의 봉 형태

이라고 판단하는 경우는 여러 개의 양봉을 하나의 봉으로 놓고 볼 때 50퍼센트 위에서 조정하거나 상향 돌파하는 것이다. 반대의 경우 역시 같은 개념이다. 기본 개념부터 출발해 상승 삼각형, 하락 삼각형 등 여러 가지 패턴을 여러 가지 이름으로 설명하고 있다. 하지만 이름은 중요한 것이 아니다. 상승 삼각형이 만들어진 이후 상승할 것이라고 판단하는 근본적인 이유는 무엇인가? 근본 개념이 확실해야 차트 분석을 정확히 할 수 있다. 패턴에 여러 가지 이름을 붙여 뭔가 새로운 개념인 것처럼 설명하거나 몇 가지 보조 지표를 추가해 새로운 기법인 양 설명하는 것은 당연한 것을 뭔가 다른 것처럼 얘기하는 것에 불과하다. 이러한 개념에서 출발해 일봉을 보는 매수 3원칙과 매도 2원칙을 설명하겠다.

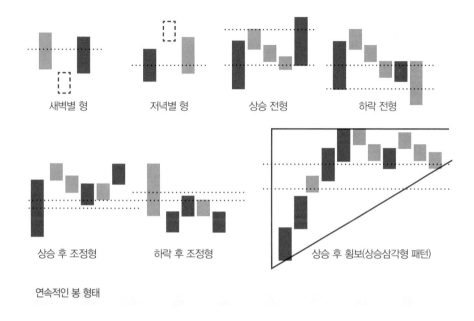

새벽별 형 저녁별 형 상승 전형 하락 전형

상승 후 조정형 하락 후 조정형 상승 후 횡보(상승삼각형 패턴)

연속적인 봉 형태

매수 3원칙

매수 주체와 매도 주체 간의 싸움으로 가격 움직임이 나타나고 그 결과로 가격은 상승하거나 하락한다. 거래량이 많은 장대 양봉은 황소가 이긴 것이며, 거래량이 많은 장대 음봉은 곰이 이긴 것이다. 개인 투자자는 황소와 곰의 싸움에서 어느 쪽이 이길 것인가 관찰하고 이기는 쪽에 투자해야 승률이 높다. 황소와 곰의 싸움은 하루로 끝나지 않는다. 싸움은 여러 날 또는 수개월 동안에도 지속된다. 일봉이라면 이틀의 싸움이 두 개의 봉으로, 여러 날의 싸움은 여러 개의 봉으로 나타나고, 수개월 동안의 싸움은 주봉이나 월봉으로 나타난다. 기술적 분석의 가장 기본인 일봉 차트를 보면 봉과 거래량 그리고 이동평균선이 그려져 있다. 이 세 가지 요소만 분석해도 충분하다.

일봉을 분석해 다시 한 번 기본적인 매매 타이밍을 설명하고자 한다. 차트에서 주가의 위치를 보면 급등할 때는 5일 이동평균선 위에 있고, 상승 중 조정일 때는 5일과 20일 이동평균선 사이에 있다. 주가가 급락할 때는 20일 이동평균선 아래에 있다. 이 세 가지 외에 다른 주가 위치는 없다. 즉, 세 가지 경우에서 매수 원칙을 만들어 사용하면 된다.

20일 이동평균선 아래에서 급락할 때 매도한다면 이미 늦은 타이밍이다. 따라서 5일이나 20일 이동평균선 위에서 매도 판단을 해야 한다. 즉, 두 가지의 매도 원칙을 만들어 사용하면 된다.

모든 상황에서 '매수의 대 원칙'은 거래량이 증가하면서 전일 발생한 큰 음봉의 50퍼센트를 넘은 양봉이 발생하면 매수 신호로 보는 것이다. 따라서 주가가 하락한 이후 다시 상승하는 국면에서의 매수 원칙은 대 원칙을 따른다.

매수 1원칙은 주가가 5일 이평선 위에서 상승할 때의 매수 방법이다. 5일 이평선 위에서 상승하고 있는 주식은 대개 큰 양봉을 만들며 강하게 상승한다. 이때는 매수 대 원칙을 사용할 수 없다. 또 강한 주식이라고 무작정 추격 매수할 수도 없다. 자칫 상투에 매수하는 상황이 될 수 있으니 말이다. 매수 1원칙은 단기 거래 기법 중 '연속 급등 주식의 매매 방법'을 설명한 적이 있는데 이와 같은 개념이다. 아침 시작 후 10시 이전에 저점 형성했다가 다시 상승할 때와 오후 2시 이후 장 중 조정을 마치고 다시 상승할 때가 매수 타이밍이다. 5일 이평선위에서 급등하고 있는 주식이라 할지라도 일봉을 보면, 대부

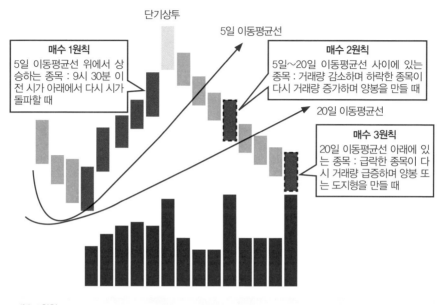

단기상투

매수 1원칙
5일 이동평균선 위에서 상승하는 종목 : 9시 30분 이전 시가 아래에서 다시 시가 돌파할 때

5일 이동평균선

매수 2원칙
5일~20일 이동평균선 사이에 있는 종목 : 거래량 감소하며 하락한 종목이 다시 거래량 증가하며 양봉을 만들 때

20일 이동평균선

매수 3원칙
20일 이동평균선 아래에 있는 종목 : 급락한 종목이 다시 거래량 급증하며 양봉 또는 도지형을 만들 때

매수 3원칙

분 당일 주가가 전일 종가 아래로 하락했다가 다시 상승하며 큰 양봉을 만든다. 결국 전일 종가 아래로 하락할 때 매수 타이밍을 잡는 것이 핵심이다. 그러나 이 매수 타이밍은 생각보다 까다롭다. 장 중 타이밍이기 때문에 훈련이 되어 있어야 하며, 급등하는 주식은 언제라도 상투를 치고 하락으로 전환할 수 있기 때문에 까다로운 매수 원칙을 적용해야 한다.

여기서 가장 중요한 것은 '아침 10시 이전'과 '오후 2시 이후'라는 시간 개념이다. 강한 주식일수록 아침에 잠시 하락했다가 곧바로 매수세에 의해 상승하는 특징을 가지고 있다. 아침 시가 형성 후 하루 종일 하락한다든지, 아침 시가를 상향 돌파하지 못하는 주식은 매수세가 약한 것이다. 하루 종일 매물이 나오며 하락하면 음봉이 커지는 것이므로 오히려 매도 신호일 수 있다. 아침에는 강세였다가 10시 이후에 하락 전환한다는 것은 아침에 매수세와 매도세가 공방을 벌였으나 결국 매도세가 강해 하락하는 것이므로 매수 대상에서 제외한다. 이미 곰의 힘이 강해진 주식을 매수하면 안 되기 때문이다. 아침 매수 신호가 없던 주식은 장 중 거래하지 않고 장 끝날 무렵까지 관찰해야 한다. 주가를 끌어올리던 매수 주체가 매도 물량이 하루 종일 소화되는 것을 보고 있다가 장 막판 무렵 다시 매수해 올리기도 한다. 따라서 오후 2시 이후 매수세가 진입해 다시 시가를 돌파하며(장 중 추세를 보면 저점으로부터 상승하는 추세를 알 수 있다) 상승해야 매수한다는 원칙을 지킨다.

매수 1원칙은 5일 이평선 위의 주식 매수 방법이라고 했지만, 개념은 '급등 주식의 매수 원칙'과 동일하다. 단기 거래 기법에서 급등 주식의 매수 타이밍을 다시 읽어 보면 도움이 될 것이다.

매수 2원칙은 상승하던 주식이 매물을 맞으며 하락 조정해 5일과 20일 이평선 사이까지 하락한 상태에서의 매수 원칙이다. 아무리 강한 주식이라도 중간 중간 조정을 거치며 상승하는데 이 구간을 주식시장에서는 '눌림목'이라고 표현하며 2원칙은 눌림목 매수를 말한다. 추세 상승 주식의 눌림목 조정 매수인 것이다. 5일 이평선 위에서 어느 날 가격이 하락하기 시작하면 그 하락이 시세를 마치고 하락 추세로 가는 상투인지, 추세 상승 중 조정 하락인지는 그 당시에 알 수 없다. 따라서 몇 가지 원칙에 맞는 주식을 조정이라고 판단한다. 우선 하락하는 동안 거래량이 현저히 감소해야 한다. 하락할 때 거래량이 증가한다는 것은 주가를 끌어올리던 황소가 매도하는 것일 수 있다. 또는 강력한 곰의 출현일 수 있다. 가격 하락의 폭이 직전 추세의 상승 폭을 계산해 최소한 50퍼센트보다 적어야 한다. 장대 음봉으로 급락하면 조정이 아닌 추세 하락이다. 기술적 분석에서 흔히 설명하는 다우이론이나 엘리어트 파동이론 역시 매수 2원칙과 유사하다.

매수 2원칙의 포인트를 알아보자.

첫째, 주가가 상투를 치기 직전 상승하는 동안 공격적 매수에 의해 급등한 주식이 좋다. 완만한 기울기에다 작은 폭으로 상승한 주식보다 강한 매수세에 의해 급등한 주식이 조정 후 재상승하는 힘이 강하다. 연속적으로 급등했다는 것은 그만한 이유(재료)가 있어 강한 황소가 진입한 것이다. 황소가 하락 조정 후 곧바로 다시 강한 상승을 이끌 것이며 하락 조정의 폭과 기간도 작다. 강한 주식의 상승 탄력을 이용한 거래를 할 때는 20일 이평선까지 충분히 하락하기를 기다리면 안 된다. 강한 주식일수록 10일 이평선 전후에서 조정을 마무리하고 다시 상승 추세를 이어간다. 단기에 큰 수익을 추구하는 투자자는 완만하게 추세를 그리는 주식이나, 20일 이평선까지 매물을 맞고 하락한 주식보다 5일 이평선을 깨고 조정 후에 곧바로 상승하는 주식을 선택해야 한다. 눌림목 후 얼마나 강하게 다시 상승할 것인가는 조정 이전에 얼마나 강하게 상승했는지에 달려 있다. 이미 그 주식의 상승 강도는 정해져 있는 것이다.

둘째, 고점 후 하락이 조정 하락인지 하락 추세로의 전환인지를 판단하는 가장 중요한 기준은 거래량이다. 하락 시 거래량이 '급격히 감소'해야 조정이다. 만일 고점에서의 거래량이 50만 주라면 20만 주 이하로 급격히 감소해야 한다. 거래량이 증가한다는 것은 상승 시기에 매집한 세력이 매도하는 것일 수 있다. 거래량이 급감하며 하락한다는 것은 매도가 강하지 않다는 뜻이다.

참고로, 강세 주식이 하락하면서 거래량이 급감하는 주식을 매수해 수익을 낼 수 있는 절호의 기회는 '이벤트에 의한 시장 하락'이다. 시장은 종종 이벤트에 의해 급락할 때가 있다. 흔히 '노이즈'라고 한다. 펀더멘탈에 근거하거나 향후 경제에 큰 영향을 끼치는 악재가 아닌 단기 악재를 말한다. 국지전쟁, 테러, 자연재해, 정치적 이슈, 대형 펀드의 리밸런싱에 의한 일시적 수급 왜곡 등으로 시장이 잠시 급락하는 일이 가끔 발생한다. 이 경우에 시장은 다시 자기 자리를 찾아 상승한다. 이때 어떤 주식을 매수하면 단기에 큰 수익을 얻을 수 있을까? 시장 주도주나 하락 직전에 가장 강했던 주식이 답이다. 그중에서도 시장 환경 탓에 동반 하락했지만 하락 중에 거래량이 급감한 주식, 직전 상승했을 때의 매집 세력이 매도하지 않거나 오히려 매수한 주식이 가장 빠르고 강하게 반등한다. 거의 무위험(?) 수준인 매수 기회를 놓치지 말아야 하는데, 이때 거래량 판단이 가장 중요하다.

셋째, 거래량 감소 속에 하락 조정하다가 다시 상승하는 당일에는 아침부터 거래량이 증가해야 한다. 거래량 없는 상승은 매수 강도가 약하다는 뜻이므로 장 중 다시 하락할 수 있다. 거래량이 증가하며 상승하는 것은 매집 주체가 다시 진입한 것이다. '매수 대 원칙'을 설명한 바와 같이 하락 조정 후 다시 거래량이 증가하면서 양봉을 만들어 직전 하락 폭의 50퍼센트를 넘는 상승이 나타나면, 조정 하락을 마무리하고 다시 상승 추세로 진입한다는 첫 번째 신호다.

이때 주의점은 아침부터 거래량이 증가했더라도 양봉이 아니고 음봉이 발생하면 눌림목 후 상승이 아니라 반등 시도 후 추세 하락으로 전환하는 것일 수 있다는 점이다. 이것은 매도 2원칙인데, 장 중 거래량이 증가하면서 양봉 및 음봉을 형성할 때 추이를 보는 방법과 함께 뒤에 다시 설명하겠다.

매수 3원칙은 주가가 20일 이평선을 하향 돌파하며 급락하고 있을 때의 매수 방법이다. 주가 움직임에서 20일 이평선을 중요한 추세선으로 생각하기 때문에 하향 돌파 후에는 급락한다. 연속적으로 급락하고 있는 주식 중에 거래량이 감소하면서 하락한 주식을 선별하고 그중에서 다시 거래량이 증가하면서 양봉을 만드는 주식을 매수하는 대원칙을 적용한다. 그러나 20일 이평선 아래로 급락하는 주식은 대개 거래량이 증가하면서 하락한다. 그중에서도 가능한 한 하락하면서 거래량이 감소한 주식이 좋다는 의미다. 흔히 주가가 많이 하락하면 '과도한 매도'라고, '저평가 구간'이라고, '단기 반등을 기대'할 수 있다고 무작정 매수하는 투자자가 있다. 거래량이 증가하면서 급락하는 주식은 이유가 있다. 시황이든, 업황이든, 개별 악재든 이유가 있는 하락이므로 무작정 매수하지 말고 매수 원칙을 지켜야 한다.

매수 3원칙은 전체 시장의 저점을 확인할 때 유용하게 적용할 수 있으며 이해가 쉽다. 다음 그림은 2018년 10월 22일자 상해 종합지수의 차트다. 중국 주식시장은 미국과 무역 및 환율 분쟁과 경기 둔화에 영향을 받아 급락했다.

중간 중간 반등 시도도 있었지만 추세 하락의 연속이고 확실한 저점 확인이 되지 않고 있다. 10월 19일 장 중 저점 −1.5퍼센트에서 마감 2.5퍼센트, 다음 날 4퍼센트 반등으로 이틀간 저점 대비 8퍼센트의 급반등(장대 양봉)에 성공했다. 22일 거래량도 급증했다. 장대 양봉과 거래량 급증이란 매수 원칙이 발생하고 있다. 반면 직전 급락 시 거래량이 증가하면서 하락한 것은 좋지 않다. 1차적인 저점 신호는 발생했지만, 하락 시 거래량이 있었으므로 그 매물을 소화해야 한다. 단기 급등하고 반락이 있을 수 있는 상황인데, 그때 거래량이 현저히 감소하다가 다시 거래량이 급증하며 장대 양봉을 만들면 비로소 저점과 추세 반전이라 확인할 수 있다. 여하튼 10월 19일과 22일 이틀간의 거래량과 양봉을 저점 형성의 신호로 볼 수 있다. 가치 분석으로 적정 가격권을 설정하고 기술적 분석으로 지지 라인을 설정하는 방식이 일반적이지만, 그것을 기본으로 하되 거래량과 장대 양봉으로 확실한 황소의 진입을 확인하는

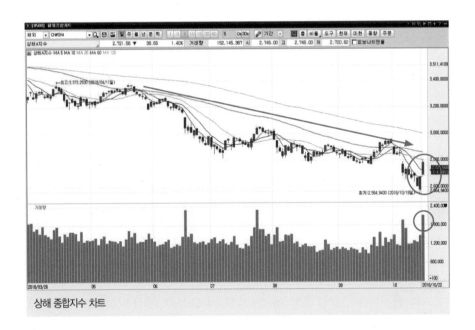

상해 종합지수 차트

것이 실전 투자에서는 매우 중요하다.

　다음 그림은 10월 22일, 같은 날 코스피 일봉 차트다. 상해 지수와 마찬가지로 10월 급락 후 저점 구간에서 옆으로 횡보하고 있다. 펀더멘탈 분석으로 2018년 기업 실적으로 시장 전체의 PER과 PBR를 계산해 하단 적정 지수(2100 포인트)를 설정하거나 주봉 차트를 보면서 2012년부터 2016년까지 박스권으로 형성된 2050포인트 선의 지지를 얘기할 수 있다. 그것 역시 중요하다. 그러나 실전 투자에서는 2100포인트 부근에서 예측만으로는 매수하지 않는다. 화면을 보면 옆으로 횡보하는 동안 대량 거래가 없다. 급락했기 때문에 대량 거래와 장대 양봉이 있어야 저점을 확인할 수 있다. 그런데 그런 신호가 없기 때문에 횡보하고 있지만 저점 형성이라고 볼 수 없는 것이다. 저점 구간이라

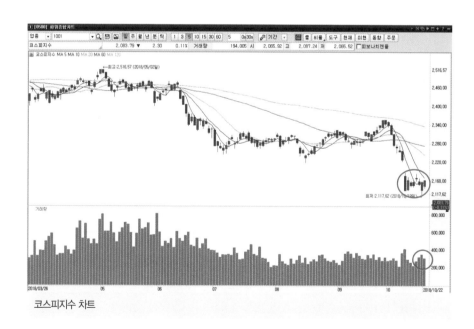

코스피지수 차트

고 해서 무작정 주식을 매수하지 말자. 현 지수대에서 저점을 형성할 가능성이 높다는 것을 인지하고 있더라도, 실전에서는 거래량과 가격 상승으로 강한 매수 주체의 진입을 확인하는 것이 중요하다. 확인되지 않는 상황에서는 관망하며 매수 신호가 발생할 때까지 기다린다.

시장 지수를 보며 설명했듯이, 개별 주식이 급락한 후 저점에 매수하려 할 때 해당 주식의 적정 가치나 기술적 분석도 중요하지만, 실전 투자라면 매수와 매도의 힘을 확인해야 한다. 급락할 때는 거래량이 가능한 한 적은 주식이 좋고, 가격이 많이 하락한 후에는 다시 거래량이 증가하며 상승해야 한다. 거래량이 증가했다면 꼭 장대 양봉이 아니어도 좋다. 도지형 봉이라도 저점 가능성이 높다. 거래량이 급증하면서 도지형을 이루었다는 것은 매도세와 매수세가 치열하게 공방을 벌였으나 어느 한 쪽이 이기지 못했다는 뜻이므로 그동안 매도 세력이 강했는데 이젠 만만치 않는 매수세가 진입했다는 신호다. 강한 매수세가 진입해야 하락 시 매수해 손실 상태로 홀딩하고 있는 매물을 소화할 수 있다. 급락한 주식의 저점 매수 신호를 반대로 뒤집으면 매도 신호를 알 수 있다. 급등하던 주식이 거래량이 급증하면서 도지형 또는 장대 음봉이 발생하면 매도 신호인 것이다.

이상과 같이 매수 3원칙을 설명했는데, 아주 간단한 원칙이다. 그렇지만 막상 실전에서 사용하려면 경험과 훈련을 통해 자기 확신을 가져야 한다. 하락할 때는 추가 하락에 대한 두려움, 상승할 때는 추가 상승에 대한 기대 심리가 작용하기 때문이다. 주가 변화에는 무수한 변수가 작용한다. 시황 변수,

업황 변수 등 예측할 수 없는 변수가 있으므로 기술적 분석만으로 대응하기는 어렵다. 그러나 어떠한 상황에서도 주식을 사려는 매수의 힘과 팔려는 매도의 힘이 주가 움직임의 근간이라는 점은 기억하자. 수십 년간 주식 주식 투자를 해온 어떤 선배는 늘 우문에 현답을 한다. "이 주식이 왜 이렇게 하락하는지 아세요?"라고 물으면, "주식을 파니까 하락하지"라고 답한다.

매수 원칙을 세 가지로 나누어 설명했는데, 시장이 급등하는 시기에는 매수 1원칙, 추세 상승 시기엔 매수 2원칙, 급락 시기에는 매수 3원칙을 사용하면 될 것이다. 또는 급등 주식은 매수 1원칙, 완만한 추세 주식은 2원칙, 급락 주식은 3원칙을 적용하면 될 것이다. 세 가지 원칙을 잘 이해하고 적용하면 더할 나위 없이 좋다. 그러나 경험으로 볼 때 어떤 투자자는 매수 1원칙의 매매를 잘하고 어떤 투자자는 매수 2원칙 또는 3원칙의 투자를 잘한다. 급등하는 주식의 속성, 급락하는 주식의 속성, 추세 움직임의 속성이 모두 다르기 때문에 그 속성을 잘 아는 투자자가 성공하는 것이다. 특히 자신의 심리와 투자 스타일에 따라 급등 주식이 편하고 수익 내기 쉬운 사람이 있고, 하락한 주식의 저가 분할 매수가 편하고 수익을 내는 데 실패하지 않는 사람이 있다. 주식 투자로 큰 수익을 냈다는 전문가 역시 자신과 맞는 투자에 집중한다. 시장이 급락할 때는 매수 1, 2원칙에 맞는 주식보다 3원칙에 맞는 주식이 많을 것이다. 그러나 그 매매가 꼭 수익과 연결되는 것은 아니다. 시장 약세 속에서도 급등하는 주식을 찾아서 1원칙으로 거래하는 투자자, 급등 시장에서도 단기 급락 주식만 골라 수익을 내는 투자자가 전문가다.

시장에 맞게 매매 원칙을 가져가는 것은 중요하다. 시장이 급락하고 있는

데 강세 주식을 추종하다가는 상승에 매수, 하락에 손절매 하는 악순환에 빠질 수 있다. 시장이 급등하고 있는데, 약세 주식만 쳐다보다가 큰 수익을 놓칠 수도 있다. 시황에 따라 매매 방법을 바꿔야 하는 것은 분명하나 그보다 중요한 것은 자신의 성향과 자금 운용 기간, 심리에 맞는 매매 방법을 선택하는 것이다. 소위 '자신만의 투자 원칙'을 가져야 한다는 말을 한다. 내재 가치에 비해 하락하는 주식을 분할 매수하는 식으로 중장기 투자하던 사람이 남들이 급등 주식으로 돈을 벌었다고 해서 매매 방식을 바꾸면 성공할 수 있을까? 하락 주식의 저점 매수를 주로 하던 사람은 습관적으로 그 방식을 급등하는 주식에도 적용하게 될 텐데 성공할 수 있을까? 그렇다면 자신이 선호하는 시장이 아닐 때는 어떻게 해야 할까? 거래 원칙을 바꿔 수익을 낼 수 있다면 좋겠지만, 그보다는 자신에게 맞는 시장이 아닐 경우 투자하지 말고 쉬는 편이 더 나을 것이다.

매도 2원칙

매수 3원칙을 설명하면서 매수 2원칙의 반대가 매도 2원칙, 매수 3원칙의 반대가 매도 1원칙이라고 이미 말했다. 많은 투자자가 주변의 추천으로 매수는 하지만, 적절한 타이밍에 매도하지 못해 수익을 손실로, 작은 손실을 큰 손실로 만들고 있는 것이 현실이다. 그러나 주가가 상승해 수익인 상태에서 수익을 실현하려고 매도하든, 주가가 하락해 손절매하든 매도가 어려운 것은 사실이다. 주가의 추가 상승에 대한 기대를 접어야 하거나 손실을 확정해야 하기 때문에 심리가 많이 개입된다. 전문가라면 고점에 매도하고 저점에 매수할 수 있을까? 그렇지 않다. 소위 분할 매수나 매도를 권하는 이유다. 분할 매수하다가 주가가 상승해 버리면 더 많은 수익을 낼 기회를 놓치는 것일 뿐 그래도 매수한 만큼의 수익은 있다. 추가 수익에 대한 기회비용만 조금 손해볼 뿐이다. 그러나 적절한 타이밍에 매도하지 못하면 수익이 손실로, 적은 손실이 큰 손실로 바뀌므로 원금의 실질적인 증감과 직접 연결된다. 결국 어려운 만큼 더 중요한 것이 매도 원칙이다. 한가지 더. '잘못 매도한 것 같으면 다시 매수하면 된다'. 더 '싼 가격에 매수하면 좋고 비슷한 가격에 다시 매수하면 된다'는 마인드가 있어야 매도에 주저하는 마음이 덜해진다.

매도 1원칙은 5일 이평선 위로 상승하고 있는 주식을 매도하는 방법이다. 급등 주식이라 하더라도 일정한 상승 후에는 조정이든, 추세 전환이든 하락한다. 그 하락에 맞춰 매도하는 방법이다. 상승하고 있었다는 것은 강한 매수세가 주가를 끌어올렸다는 말이다. 그렇다면 그 매수 주체가 매도하거나 그들보다 더 강한 매도세가 진입하면 함께 1차로 매도해야 한다(분할 매도). 그 기준 역시 거래량과 음봉의 크기로 판단한다. 5일 이평선을 깨지 않고 상승하던 주식이 어느 날 거래량이 급증하면서 음봉을 만들면 30퍼센트에서 50퍼센트 정도 매도한다. 설령 추가 상승할 수 있다 하더라도 욕심내지 말고 일부를 매도해 수익을 실현하는 것이다. 거래량이 급증하며 도지형 또는 음봉이 발생했다는 것은 강한 매도세의 출현을 의미한다. 만일 1차로 일부 매도했는데, 소폭 조정 후 다시 강하게 상승하면 매도한 만큼 다시 매수하든지, 나머지 물

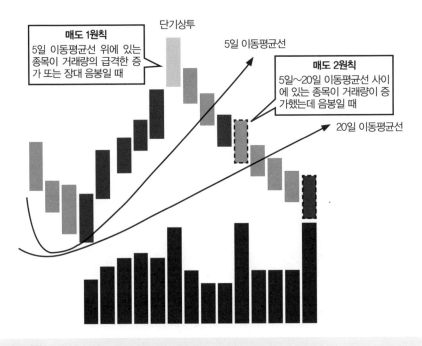

매도 1원칙
5일 이동평균선 위에 있는 종목이 거래량의 급격한 증가 또는 장대 음봉일 때

단기상투

5일 이동평균선

매도 2원칙
5일~20일 이동평균선 사이에 있는 종목이 거래량이 증가했는데 음봉일 때

20일 이동평균선

매도 2원칙

량만 보유하면서 수익을 추구한다.

사실 '매도 후 재매수'는 말이 쉽지 실전에서는 거의 하지 못한다. 충분히 눌림목 조정이 돼 매수 2원칙을 적용할 기회가 오면 매도한 물량을 다시 낮은 가격에 매수할 수 있다. 아마 누구든 할 수 있을 것이다. 그러나 5일 이평선 근처에서 매도했는데 곧바로 상승해 버리면 재매수는 거의 불가능하다. 그래서 1차로 분할 매도를 하는 것이다. 이미 일부를 차익 실현했기 때문에 심리적으로 흔들리지 않고 충분히 보유해 큰 수익을 낼 수 있다.

1차 매도를 했는데. 거래량이 증가하면서 큰 음봉으로 마감한 다음 며칠

간 조정 하락이 있다면 매도를 잘한 것이다. 특히 조정 하락이 아닌 추세 전환 이후 급락한다면 그나마 일부라도 매도한 것에 감사해야 한다. 항상 상승으로 얻을 수익은 물론, 고점 후 하락 시 반납하게 되는 수익(미실현 이익은 손실이다)도 계산하자. 분할 매도를 하는 이유는 두 배, 세 배 상승할 정말 좋은 주식을 적은 수익만 보고 모두 매도하는 실수를 하지 않기 위함이다. 강하게 상승할수록 분할 매도의 비율을 작게 하고 약할수록 더 많이 매도하는 것이 좋다. 반대로 매도하지 않고 전량 보유하고 있다가 수익을 손실로 마감하는 것은 정말 가슴 아픈 일이다. 따라서 매도 1원칙 상황이 발생하면 일부는 반드시 매도하는 것이 좋다. 매수 3원칙에서 연속 하락한 주식이 어느 날 거래량이 급증하면서 도지형 또는 양봉이 발생하면 1차로 매수하고, 반등 후 다시 반락할 때 거래량이 감소하고 직전 저점을 깨지 않으면서 다시 상승하면 추가로 원하는 만큼 매수하는 것과 같은 이치로 거래한다. 즉, 연속 상승한 주식이 어느 날 거래량이 급증하면서 도지형 또는 음봉이 발생하면 1차 매도하고, 5일 이평선 아래에서 반등이 약하고 20일 이평선을 하향하려 하면 나머지 보유 물량 전부를 매도한다. 그것이 매도 2원칙이다.

매도 2원칙은 5일 이평선을 깨고 내려온 주식, 즉 고점에서 약간 내려온 주식을 판단하는 방법이며, 매수 2원칙의 반대다. 단기 상투 후 거래량이 급감하며 조정 하락(눌림목)한 주식이 다시 거래량이 증가하면서 양봉을 만들 때가 매수 2원칙을 적용할 시기다. 똑같은 상황에서 거래량이 증가하는데 음봉이면 두 번째 매도를 한다. 거래량 없이 하락했다는 것은 주도 세력이 매도하지 않았다는 의미이기 때문에 조정 후 다시 상승하리라 기대할 수 있다. 반대로 거래량이 증가하면서 하락하는 주식과 특히 20일 이평선 위에서 거래량이 증가하며 장대 음봉을 만들면 이후 20일 이평선을 하향 돌파하며 급락할 가능성이 크다. 상승 추세를 마무리하고 하락 추세로 전환되는 것이다. 그렇기 때문에 전량 매도하라고 말하는 것이다.

차트 분석의 기본은 지지와 저항 그리고 추세와 패턴이며 그것을 이용해 각종 보조 지표가 만들어진다고 앞에서 말했다. 이 책에서는 그러한 차트 설명을 하지 않을 것이다. 기본 개념만 있으면 차트 분석은 거의 모두 유사하기 때문이다. 이해를 돕고자 '헤드 앤 숄더'라는 패턴 하나만 더 설명하겠다. 다음 그림은 코스닥 대형주인 메디톡스라는 종목의 일봉이다. 2018년 한 해의 차트인데, 연초 4월까지 급등 후 5월 중순까지 하락, 다시 상승해 7월 중순 최고점 형성 후 하락해 8월 중순까지 하락, 9월 잠시 반등이 있었으나 직전인 4월의 고점을 돌파하지 못하고 하락해 추세 하락으로 전환하고 급락하고 있는 차트다. 6월의 왼쪽 고점(어깨), 7월의 고점(머리), 오른쪽 고점(8월)을 보면 오른쪽 어깨가 왼쪽 어깨를 넘지 못하면서 거래량이 실린 하락을 했다. 이것을 '헤드 앤 숄더'라고 하며 추세 전환의 전형적인 패턴이다. 좀 더 길게 4월의 왼쪽 어깨, 7월의 머리, 9월의 오른쪽 어깨라고 볼 수 있다. 9월 고점이 4월 고점을 돌파하지 못하고 거래량이 증가하면서 하락함으로써 이후 주가는 급락하고 만다.

매도 원칙을 말하면서 헤드 앤 숄더 패턴을 설명하는 이유는 매도 2원칙의 중요성을 강조하기 위함이다. 고점에서 하락할 때 조정이라 생각하고 매도하지 않는 경우가 많은데, 조정 후 거래량이 많은 양봉을 형성하면, 즉 매수 2원칙이 형성되면 추세 상승이 이어진다. 그러나 매도 2원칙이 발생되면, 즉 하락폭의 50퍼센트를 넘기는 양봉을 만들지 못하고 거래량이 실리면서 오히려 음봉을 만들면, 이후 급락한다. 헤드 앤 솔더 패턴의 모양을 보면 그 개념을 확실히 이해할 수 있을 것이다. 오른쪽 어깨를 형성하면서 직전 하락의 50퍼센트가 넘는 양봉과 거래량이 발생하면 오른쪽 어깨가 아닌 눌림목 후 추세 상승의 연장이다. 그러나 실패 시에는 왼쪽 어깨보다 낮은 가격에서 매물이 나오면서 전형적인 하락 패턴을 만들고 이후 주가는 급락한다. '역 헤드 앤 솔더' 패턴은 주가가 바닥을 찍고 추세 전환 할 때의 패턴인데, 같은 개념으로 생각해 보면 거래량 증가와 장대 양봉이 만들어지면서 왼쪽 고점보다 높

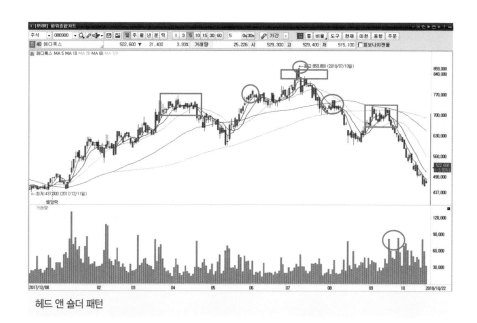

헤드 앤 솔더 패턴

은 상승을 하면 결국 상승 패턴이 만들어지는 것이다. 추세나 저항 패턴이 만들어지는 개념은 매수 세력과 매도 세력의 힘이 어느 쪽으로 기울어지는지에 달려 있으므로 같다. 거의 모든 차트를 볼 때 같은 개념으로 생각하면 쉽다.

'황소가 강한지 곰이 강한지', '지금 매수세가 이기고 있는지, 매도세가 이기고 있는지'를 판단할 수 있다면 차트 분석을 잘한 것이다.

07 실전 매매 타이밍

　　매수와 매도 원칙을 아주 간단히 요약하면, 매수 1원칙은 급등 주식의 아침 하락 또는 오후 매물 소화 후 상승 시 매수, 매수 2, 3원칙은 거래량 실린 양봉 매수, 매도 1, 2원칙은 거래량 실린 음봉 매도라고 했다. 이 설명에서 여러분은 의문이 들 것이다. 거래량은 증가하다가 감소하는 것이 아니라 누적 거래량이므로 아침부터 거래량이 증가하는지 알 수 있다. 최근일 평균 거래량과 전일 거래량을 시간별로 나누면 된다. 특히 전일 동시간 대비 거래량으로 확인할 수 있다. 이 책의 서두 부분에 '순간체결량' 화면을 소개했는데, 그 화면을 보면 전일 거래량과 대비해 현재 몇 퍼센트가 거래되고 있는지 표시해 준다. 체결강도와 함께 중요하게 고려할 사항이다. 그러나 양봉과 음봉은 시장이 끝나야 알 수 있다. 장 중 내내 상승해 양봉이다가 장 후반 급락해 음봉일 수도 있고, 장 중 내내 하락하다가 막판에 반등할 수도 있다. 장 중에 급등락을 거듭하며 양봉과 음봉을 왔다 갔다 할 수도 있다.

급등 주식을 아침 하락에 매수했는데, 이후 상승하지 못하고 장 후반에 크게 하락하며 마감할 수 있다. 거래량이 증가하면서 양봉이기에 매수했는데, 장 후반에 하락하여 음봉으로 마감할 수도 있다. 아침 거래량이 증가하며 음봉이라서 매도했는데, 장 중 반등해 장대 양봉을 만들 수도 있다. 가격은 장 중 내내 움직이므로 결과는 장이 끝나야 알 수 있다. 그러면 모든 거래를 장 마지막 무렵에 해야 할까? 물론 실수하지 않으려면 그것도 방법이다. 그러나 장 중 고점 +10퍼센트였는데 종가 −5퍼센트인 주식을 장 마지막에 확인 후 매도한다면 15퍼센트나 낮게 매도한 셈이다. 그렇다면 종가에 양봉일지 음봉일지를 장 중에 알 수 없을까? 데이트레이더들은 어느 정도는 알 수 있다고 한다. 오랜 동안 장 중 주가 움직임을 수없이 봐 왔기 때문이다. 단기 거래자가 장 중 추세를 보며 거래하는 방식을 이해하면 봉의 형태를 유추할 수 있다. 그 개념을 단기든, 중장기 투자든 매수나 매도할 때 적절한 타이밍을 잡는 방법으로 이용할 수 있을 것이다.

다음 그림의 가로선은 장 중 시간의 흐름이고 세로선은 가격 움직임이다. 중간 라인이 전일 종가다. 선은 장 중 주가 움직임의 흐름을 도식화해 그린 것이다. 주가는 랜덤하게 들쭉날쭉하게 움직이지만, 그림의 네 가지 유형으로 단순화했다. 우리가 알고 싶은 것은 '1)번의 유형처럼 장대 양봉인지, 4)번 유형처럼 장대 음봉인지 또는 2)번 3)번처럼 위꼬리, 아래꼬리 봉인지'다.

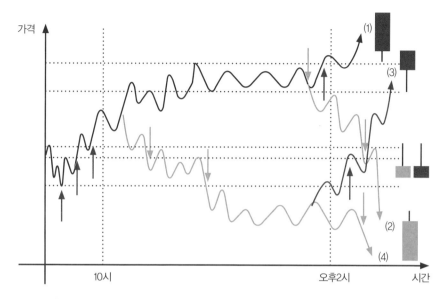

시간의 흐름에 따른 주가 패턴

장대 양봉

1)번 유형은 아침에 전일 종가 전후에서 시작하여 잠시 시가 아래로 하락하다가 10시 이전에 곧바로 상승 전환한 유형이다. 강세 주식에서 흔히 나타나며 아침 상승 후 장 중 내내 등락하지만 옆으로 횡보하다가 장 막판에 다시 매수세의 유입으로 장대 양봉으로 마감했다. 아침 매매 공방으로 하락할 때 매수하거나 장 중 공방을 마무리하고 후반에 다시 상승할 때 매수하는 전형적인 매수 1원칙 패턴이다. 또한 매수 2원칙은 '거래량 증가하며 양봉에 매수'이므로 장 중 내내 거래량 증가하는 것을 확인하고 있다가 장 후반 상승하며 양봉을 키워갈 때 매수하는 패턴으로 볼 수 있다. 장 중 1)번과 같이 움직이는

주식은 장 종료 후 장대 양봉으로 마감하는 것이므로 장대 양봉이 발생할 때 매수하겠다는 원칙을 갖고 있다면, 장 중 주가 흐름이 1)번처럼 움직이는 주식을 선택해야 하는 것이다.

삼성전기와 알에프텍의 화면을 보자. 삼성전기는 일봉에서 최근 하락 후 저점으로부터 반등을 시도하고 있다. 아침 시작하자마자 급등해 10시까지 상승 후 하루 종일 옆으로 횡보했다. 장 마감 무렵까지는 거래량이 감소했지만 장 막판 다시 거래량이 증가하면서 추가 상승해 마감했다. 일봉이 거래량 증가 장대 양봉으로 마감하는 모습이다. 신규 매수 및 보유 지속의 장 중 흐름이다.

알에프텍은 상승 중 전고점 돌파에 임박한 일봉이다. 전고점/매물대/신고가를 돌파해 강한 상승을 하려면 대량 거래와 장대 양봉이 필수적이다. 아침부터 10시 반 정도까지 거래량이 실리면서 점진적으로 상승했다는 것은 매수와 매도가 공방을 펼쳤다는 뜻이며 매수세가 상대적으로 강하다는 것이다. 특히 11시경 대량의 거래로 급등한 것은 강한 매수세에 의해 매물이 소화되고 상승한 것이다. 이후 거래량 없는 횡보 후 오후 3시경부터 다시 거래량 증가하며 상승해 결국 일봉은 대량의 거래를 수반한 장대 양봉으로 마감한 모습이다. 가장 좋은 일봉 차트다. 전형적인 1)번 유형의 장 중 흐름을 보여주고 있다. 이러한 유형에서는 이후 주가 상승의 확률이 높다고 판단하고 신규 매수하거나 보유 주식을 매도하지 않는다.

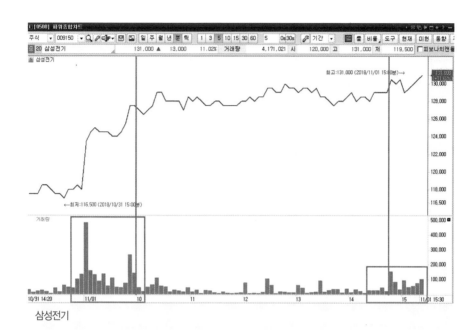

삼성전기

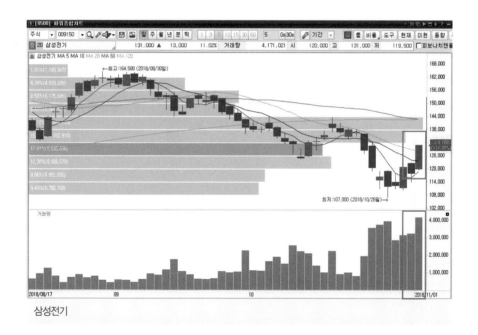

삼성전기

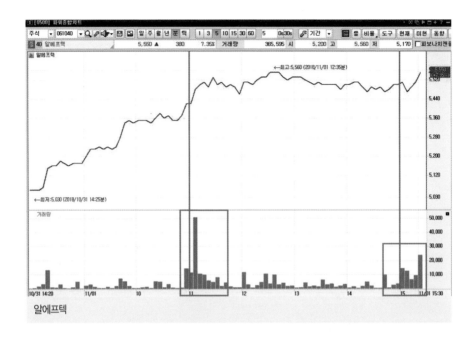

알에프텍

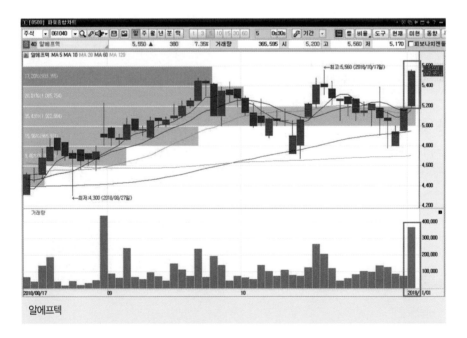

알에프텍

위꼬리 유형

2)번 유형은 1)번 유형처럼 아침에 잠시 하락 후 상승 전환해 장 중 내내 양봉으로 있었던 것까지는 같으나, 장 후반에 급격히 매물이 나오며 하락하는 유형으로 시장이 끝날 때까지 지속 하락해 위꼬리 달린 작은 음봉 또는 양봉을 만드는 패턴이다. 강세 주식이 시세를 마무리하고 하락으로 전환할 때나 주도 세력이 자신의 물량을 장 중에 팔 때 나타난다. 장 중 내내 강세 유지되는 동안 분할 매도하다가 장 막판에 나머지 물량을 모두 매도하기 때문에 이러한 흐름이 나타난다. 단기 거래자는 이러한 패턴에서는 장 후반에 보유하지 않고 매도한다. 그러나 일반적인 투자자라면 거래량이 많으면 많을수록, 음봉이 크면 클수록 1차 매도를 많이 하는 것이 원칙이며, 나머지 물량은 조정 하락 이후 일봉을 보고 판단한다. 당일에 매수한 거래자 역시 고점에 매수해 손실이긴 하지만 일봉을 보고 눌림목 조정인지, 추세 전환인지를 판단해 보유 여부를 결정해야 한다. 이러한 유형이 5일과 20일 이평선 사이에서 나타나면 추세 전환일 가능성이 높고 20일 이평선을 붕괴하면 급락 가능성이 있으므로 보유 물량을 처분해야 한다. 당연히 이러한 유형에서는 매수하지 않아야 한다.

메지온과 제넥신의 화면을 보자. 메지온은 조정 후 반등 구간이며 제넥신은 하락 추세 중이다. 둘 다 거래량 증가 장대 양봉이 되어야 매수 신호가 발생한다. 메지온은 아침 시작하자마자 10시까지 반등하며 양봉을 키워 나갔다. 그러나 10시 이후 조금씩 하락하기 시작했는데, 거래량도 중간중간 증가했다는 것은 반등에 매도하는 매물이 있었다는 뜻이다. 그 매물 때문에 고점으로부터 밀리는 장 중 주가 흐름이었으나 장 막판 반등이 있었다. 시가 위에서의 장 중 조정으로 위꼬리 달린 양봉으로 마감한 일봉을 볼 수 있다. 위꼬리가 형성됐지만 꼬리보다 양봉이 크고 거래량을 동반한 양봉으로 이 정도의 흐름이라면 향후 주가 상승으로 판단하고 신규 매수 및 보유할 수 있다.

제넥신은 하락 추세 중 반등하는 것이므로 더더욱 대량의 거래와 양봉이 필요하다. 아침 10시까지 강한 반등을 시도했으나 그 후 고르게 거래량이 형성됐다는 것은 꾸준히 매물이 나왔다는 뜻이다. 특히, 오후 1시 이후 2시경부터 대량 거래가 되면서 주가가 하락한 것은 아직 나올 매물이 많다는 의미이며, 그 매물이 집중되며 재차 하락한 것이다. 결국 주가는 아침 시가 아래로 하락하며 위꼬리 달린 음봉으로 마감했다. 거래량 실린 양봉 형성에 실패했으므로 추가 하락으로 판단된다. 이러한 유형에서는 매수 진입하지 않는다. 만일 단기 거래자가 오전에 매수했다면 오후에 매도해야 한다. 추가 하락할 확률이 높기 때문이다. 2)번의 유형은 이처럼 두 가지로 나타난다. 시가 위 또는 아래의 종가 형성으로 양봉과 음봉일 수 있으며 위꼬리의 길이도 다르다. 특히 거래량에 따라 매매 여부를 결정해야 한다. 거래량과 일봉, 그리고 장중 추세를 보고 신규 매수 여부와 보유 주식의 매도 여부를 판단하는 것이다.

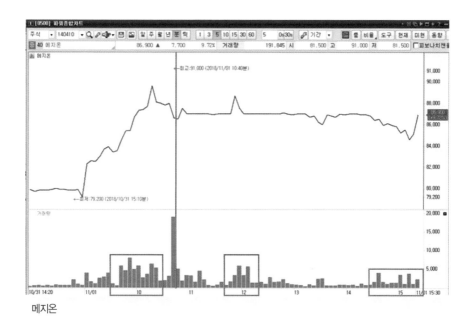

메지온

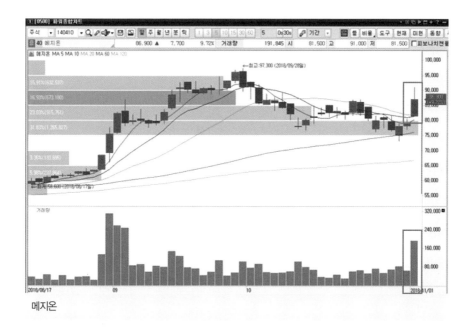

메지온

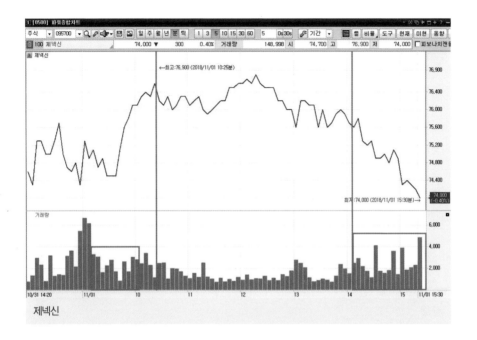

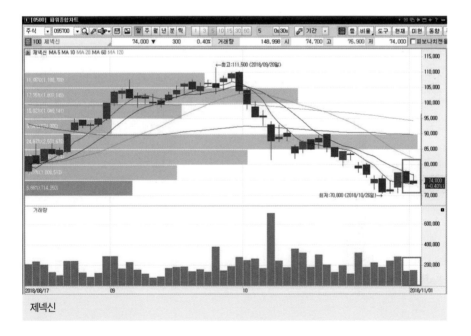

제넥신

아래 꼬리 유형

3)번 유형은 1)번 2)번과 반대로 아침에 하락해 장 중 내내 음봉인 상태로 거래된 것이다. 상승 주식이 하루 종일 상승하는 것이 아니고 상승 후 일정한 박스권으로 등락하듯이, 하락한 주식도 일정한 박스권 안에서 등락하며 추가 하락하지 않고 장 중 내내 거래된다. 3)번은 장 후반 들어서면서 매수세가 유입돼 다시 상승하는 것이다. 장 중 내내 매물로 하락했지만, 매물이 다 소화됐거나 주가를 올리려는 세력이 장 후반에 강하게 매수해 상승하는 것이므로 매수 2, 3원칙에 해당된다. 매수 2원칙은 하락하던 주식이 다시 거래량이 증가하며 양봉을 형성할 때 매수하는 것이므로 오후에 상승하며 양봉으로 만들 때가 매수 타이밍이다. 특히 연속 하락하던 주식은 아침에 강하지 않다. 기존 추세대로 아침부터 장 중 내내 약세인 경우가 많다. 장 후반 들어 급격히 거래량이 증가하면서 상승하기 시작하면 저점에서 강한 매수세가 유입된 것이다. 그들의 매수를 추종하는 것이 매수 2, 3원칙이므로 오후에 거래량이 증가하며 3)번 패턴이 나오면 매수 타이밍이다.

더비즈온과 메디톡스의 화면을 보자. 둘 다 직전에 추세적으로 하락한 주식이다. 저점으로부터 대량 거래와 양봉이 형성돼야 하는데, 메디톡스의 막판 대량 거래가 눈에 띈다. 이후 더존비즈온보다는 강한 상승이 가능한 상황이다. 두 주식 모두 아래로부터 반등이므로 반등마다 매물이 나올 것이다. 그렇기 때문에 아침부터 매물이 나오고 주가는 하락하면서 시작하기 마련이다. 오전 10시경까지 하락해 음봉을 형성하고 장 중 내내 거래량이 없는 횡보를 하고 있다. 매도할 사람들은 이미 아침에 거의 매도했기 때문에 장 중에는 거래량이 없는 것이며, 이후 반등을 기대하기 때문에 추가 매도가 없는 것이다. 만일 오후에 다시 주가가 하락하면 추가 매물이 나오면서 거래량이 증가할 것이다. 두 주식 모두 오후 2시 이후 거래량이 증가하며 반등을 시도하고 있는데, 주가가 하락한 이후의 반등이므로 매수 주체들이 장 중 매물을 확인하고 오후에 진입했기 때문이다. 이러한 전형적인 3)번 유형이 발생할 경우 두 주식의 일봉에서 볼 수 있듯이 아래꼬리 달린 도지형 또는 양봉이 형성된다. 이때 거래량이 많으면 많을수록 저점 확률이 높아 추종 매수할 수 있다. 양봉이 크면 클수록 저점일 확률이 높다. 두 주식 모두 거래량은 부족하므로 분할 매수로 대응할 수 있는 상황이다.

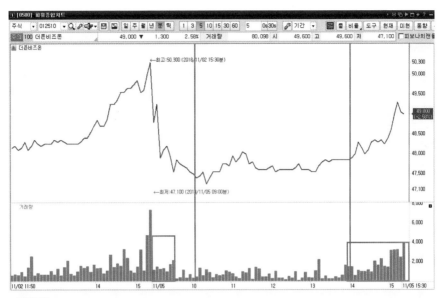

더비즈온

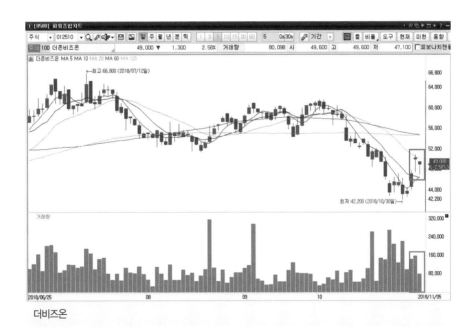

더비즈온

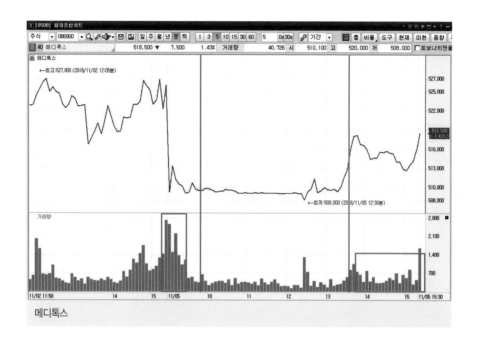

메디톡스

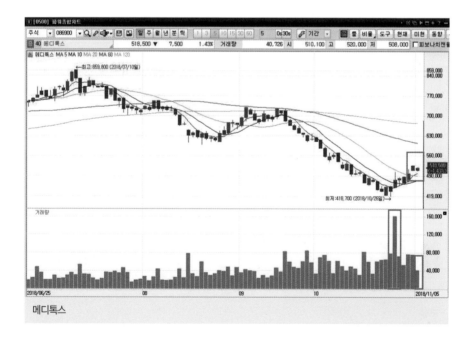

메디톡스

장대 음봉

4)번의 유형은 조정 하락이든, 연속 하락이든 약세 주식이 아침부터 하락하다가 장 막판에 매도세가 더욱 강해져 급락 마감하는 패턴이다. 2)번의 패턴에서 1차 매도하고 나머지 주식을 보유하고 있었는데, 4)번의 패턴이 20일 이평선 부근에서 발생하면 반드시 매도해야 한다. 이런 경우 20일 이평선 붕괴 후 급락하기 마련이다. 매수하고자 하루 종일 주가 움직임을 보고 있었다 하더라도 이러한 패턴에서는 절대 매수하면 안 된다. 대량 거래와 장대 음봉은 매매 대원칙 중에서도 매도 원칙이다. 이렇게 움직인 주식은 다음 날 아침부터 하락할 확률이 매우 높다. 매수 타이밍을 계속 미루면서 3)번 같은 유형이 발생하기를 기다려야 한다. 결국 약세 주식은 충분히 확인하고 오전보다 오후에 투자하는 쪽이 맞다. 약세 시장에서는 전강후약이 많다. 오후에 매수 강도를 충분히 확인한 후 투자 판단을 해야 하는 이유다.

삼성엔지니어링과 삼성중공업의 화면을 보자. 삼성엔지니어링은 급락 후 반등 이후 다시 반락하는 국면이며 이때 거래량 실린 음봉이면 매도, 거래량 실린 양봉이면 매수로 판단한다. 거래량 없는 도지형이면 관망이다. 10시경 반등을 시도했으나 매물 때문에 장중 내내 하락하며 마감했다. 3일 반등 후 아침부터 매물이 나오고 있으므로 반락으로 판단할 수 있으며 거래량을 보아야 한다. 다행히 거래량이 증가하지 않았다. 장 중 내내 거의 거래량이 없었다. 결국 일봉에서 큰 음봉이 발생했는데, 거래량은 크게 증가하지 않았다. 보유하고 있었다면 일부 매도 신호이며 신규 매수자는 매수하지 않아야 한다. 만일 이날 거래량이 급증했다면 전량 매도해야 한다.

반면 삼성중공업은 하락 추세 중에 지속해서 매물이 나오고 있는 일봉이다. 아침부터 매물로 인한 하락이 있었고 장 중에는 하락 후 횡보했다. 그러나 오후 2시경부터 다시 거래량이 증가하면서 추가 하락한 것은, 아직 추가 매물이 많이 있다는 뜻이다. 전형적인 4)번 유형이며 결국 일봉은 거래량 증가/장대 음봉이 만들어졌다. 이러한 유형이 만들어지면 보유 주식을 매도해야 하며, 신규 매수하지 말아야 한다. 주가가 많이 하락했다고 무작정 매수하는 매매를 하지 않아야 한다. 흔히 '떨어지는 칼날을 피해야 한다'고 하듯이 4)번의 유형이 발생되면 주가의 위치가 어디에 있든, 이후 추가 하락의 확률이 높다. 가장 좋지 않은 흐름이므로 보유 주식의 흐름이 4)번 유형처럼 나타날 때는 조심해야 한다.

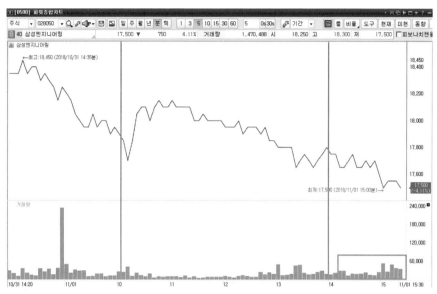

삼성엔지니어링

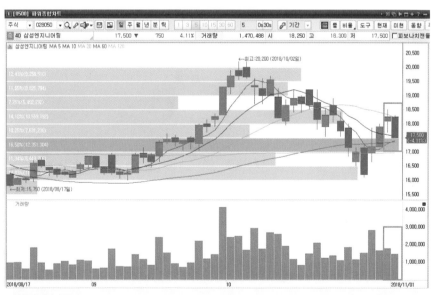

삼성엔지니어링

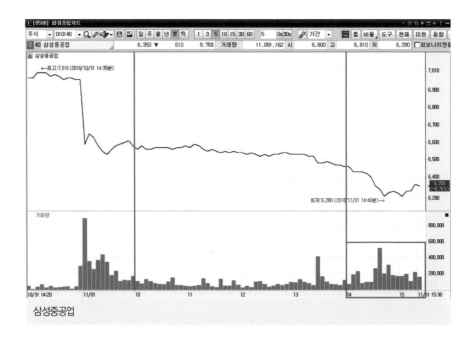

삼성중공업

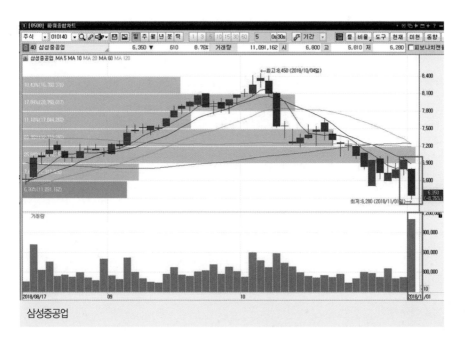

삼성중공업

장 중 주가의 흐름을 전업 투자자가 아니면 볼 수 없다고 생각하지만, 그렇지 않다. MTS(Mobile Trading System)로 중간 중간 장 중 흐름을 파악할 수 있다. 개인 투자자들은 대부분 자신이 보유한 주식의 현재가만 확인한다. 그리고 일봉 차트에서 지지나 저항 추세를 따지며 보유할 것인지 매도할 것인지 판단한다. 보유 주식이 장 중에 만일 4)번 유형처럼 움직였다면 이를 확인하고 다음 날 매도하려 할 때는 당일 고점으로부터 상당히 하락한 가격에 매도해야 할 것이다. 매수 역시 1)번 유형처럼 움직인 주식을 거래량 증가와 장대양봉이 확인되고 나서 다음 날 매수하려면 당일 저가보다 상당히 높은 가격에 매수해야 할 것이다. 다음 날 좀 더 높은 가격에 매수, 좀 더 낮은 가격에 매도하면 그나마 다행이다. 대부분 가격이 상승해 못 사거나, 가격이 더 하락해 못 파는 경우가 발생한다. 그러면 상승하는 주식은 못 사고 하락하는 주식은 못 파는 투자가 되는 꼴이다. 아침에 한 번, 점심시간과 장 후반에 한 번씩만 보유 주식 또는 매수하려고 하는 주식의 주가 흐름을 살펴보고 위 네 가지 패턴 중 어디에 맞는지 판단하면 매매 타이밍을 결정할 수 있을 것이다.

기업의 성장과 함께하는
중장기 투자

01 중장기 가치 투자의 기본 개념

주식 투자는 크게 모멘텀을 이용한 단기 투자와 기업 가치를 이용한 중장기 투자로 나눌 수 있다. 기술적 분석은 상황을 분석하고 거래 타이밍을 잡으려고 보조적으로 사용하는 수단이다. 세계적인 투자의 대가들은 거의 대부분 가치 투자자다. 경험적으로 가치 투자의 성과가 다른 투자론보다 우월하다는 것은 검증됐다. 그럼에도 개인 투자자가 가치 투자를 하지 못하는 이유는 기업 가치를 분석하기 어렵고 단기 투자 성향이 있기 때문이다. 그리고 주식시장은 내재 가치보다 낮은 가격에 거래되는 상황보다 고평가로 거래되는 상황이 더 많기 때문이다. 아주 특별한 위기가 발생했을 때를 제외하곤 거의 대부분 고평가돼 거래된다. 그럼에도 종종 개별 중소형주가 기업의 절대 가치보다 낮은 가격에 거래될 때가 있다. 그러한 기업에 투자하는 것이 가치 투자다. 주식시장은 효율적 시장 가설에 의해 움직인다는 이론에 맞지 않는다. 비효율적 움직임이 자주 나타난다는 말이다. 특히 심리적 요인에 의해 기업 가치와 주가 간 괴리가 발생하는 경우가 많다. 현대에 와서 '행동 경제학', '행동주의투자론', '인지행위적 재무론'을 중요하게 다루는 이유다.

기업 가치를 수치로 반영한 것이 '주가'다. 주가는 기업의 내적 요인인 재무 상태와 성장성 등을 반영하고, 외적 요인인 경기와 금리, 물가, 환율 등을 반영해 산출된 기업 가치다. 그러나 시장에서는 비이성적 투자가 일어나 기업 가치와 주가의 괴리가 빈번히 발생하며, 그 괴리 덕분에 투자 수익의 기회가 발생한다.

투자의 대가라고 불리는 워렌 버핏, 존 템플턴, 벤저민 그레이엄 등은 가치 투자가들이다. 가치 투자론의 바이블인『벤저민 그레이엄의 증권분석』에서는 내재 가치를 분석하는 방법론을 설명하고 있으나, 분석 자체가 누가, 어떤 관점에서 분석하느냐에 따라 달라질 수 있다는 점을 인정하고 있다. 그만큼 기업 가치 분석은 쉽지 않다. 많은 투자자가 PER, PBR, EV/EBITDA 등으로 단순하게 기업 가치를 평가하지만, 그보다 훨씬 복잡하고 많은 변수가 기업 가치를 변화시킨다. 따라서 기업 가치 분석은 많은 부분에서 오류가 발생하기도 한다. 그 많은 변수를 반영해 가치를 평가하는 게 어렵기 때문에 실전에서는 단순히 몇 가지 분석 도구를 이용해 분석하곤 한다.

단순한 도구를 이용하든, 대규모 자금을 운용하는 글로벌 IB처럼 복잡하고 다양한 도구를 이용하든, 투자자가 알고 싶어 하는 것은 기업의 내재 가치다.

일반적인 주식 투자자는 시황과 산업 분석을 중요하게 고려하지만 가치 분석가는 기업 가치 분석을 더 중요하게 생각하는, 소위 '바텀 업' 방식을 선호한다. 국내 기업 분석을 담당하는 애널리스트도 자신이 담당한 기업 분석의 전문가일 뿐 시황 전문가는 아니다. 저평가 기업이고 절대 가치보다 훨씬 낮은 가격에 거래되고 있더라도 시황이 좋지 않을 때는 주가가 더 하락하기도 한다. 기업 가치만 믿고 거래하다가 크게 손실이 나는 상황에 처할 수도 있다. 그렇지만 가치 투자자는 하락 시장에서 저평가 주식이 하락하면 오히려 추가 매수해 수익을 극대화하려 한다. 결국 가치 투자는 장기 투자다. 주가가 하락할 때 싸게 매수해서 장기 투자해야 큰 수익을 낼 수 있다. 단기적인 주가 움직임에 연동해 거래한다면 진정한 가치 투자를 할 수 없다. 시황이 좋을 때는 적정 가치보다 낮은 가격에 거래되는 소위 '안전 마진'이 발생하지 않기 때문이다.

가치 분석은 재무제표를 보고 매출과 손익의 현재 상태를 파악하고 전망하는 양적 분석과 경영자의 능력, 기업 이미지, 업계의 지위, 진입 장벽, 기술력 등 비계량적 분석을 포함한다. 이 책에서는 내재 가치를 구체적으로 분석하는 방법까지는 설명하지 않고 성장 가치주를 발굴하고 투자하는 방법론에 집중하기로 한다.

가치를 보여주는 각종 수치들

기업의 특정 시점 재무 상태를 나타내는 대차대조표, 일정 기간 경영 성과를 나타내는 손익계산서, 영업 활동의 결과로 발생한 이익잉여금의 수준과 사용을 보는 이익잉여금 처분계산서, 영업활동·투자활동·재무활동에 의한 현금흐름을 분석하는 현금흐름표 등의 보고서가 있다. 각 보고서의 데이터를 이용해 ROA, ROE, 영업이익률 등 '수익성 비율'과 매출 및 순이익 증가율 등 '성장성 비율', 총자본 회전율·재고자산 회전율 등 '활동성 비율', 유동비율과 부채비율 등 '안정성 비율'을 계산할 수 있다. 주당순이익(EPS), 주가수익비율 (PER), 주당순자산(BPS), 주가순자산비율(PBR), 주당현금흐름(CFPS), 영업활동으로 인한 현금흐름(CPS), 주가현금흐름비율(PCR), 기업 가치를 현금흐름으로 나눈 에비타(EV/EBITDA) 등을 계산해 기업의 본질과 절대 가치를 구하고 동종업종이나 유사 기업과 비교하는 상대가치법에 의해 적정 주가를 산출한다.

앞에서 언급한 수치를 세밀하게 분석해 실전 투자하는 사람은 많지 않다. HTS에 전문가들이 계산해 놓은 결과치가 나오기 때문이다. 대부분 기업 이익을 주식수로 나눈 EPS와 멀티플인 PER로 적정 주가를 단순하게 계산한다. 가장 근본적인 문제는 기업의 과거와 현재의 이익은 알 수 있지만, 미래의 이익은 추정하기 어렵다는 것이다. 주가는 미래의 이익을 현재 가치로 가져와서 반영하는 것인데, 미래의 이익을 추정하는 것 자체에 변수가 너무 많다. PER 역시 그렇다. 적정 PER이란 게 있는가? 바이오와 같은 성장주는 멀티플을 30배 이상 부여하고 음식료와 같은 가치주는 멀티플을 10배 이하로 부여한다. 특히 업황이 성장 사이클일 때는 높은 PER을 적용하고 하향할 때는 낮은 PER을 부여함으로써 그때그때 상황에 따라 달라진다. 적정가치 산출 자체가 누가, 어떤 기준으로 평가하느냐에 따라 천차만별일 수밖에 없다.

PER의 개념은 기업 수익의 미래 가치를 반영하는 것이다. 가령 어떤 기업의 이익을 주식수로 나눈 EPS가 1000원이라면 PER을 적용하지 않았을 시 주가는 1000원이어야 한다. 현재의 이익을 총 주식수로 나누었으므로 현재의 한 주당 가격이 되어야 한다. 그러나 주식시장에서 향후 성장과 투자 회수를 반영해 PER을 10배 정도 부여했다면 적정 주가는 1만 원이 되는 것이다. 결국 주가에 미래의 성장을 반영하는 셈이다.

기업 가치 분석에서는 현재의 기업 이익과 현재의 자산 가치로 계산해 그보다 낮은 가격에 거래되는 주식을 절대 저평가 주식이라고 분류하는데, 현실적으로 그러한 주식은 PER 개념으로는 찾을 수 없고 PBR의 개념으로는 가능하다. PBR은 기업의 자산 가치를 주식수로 나눈 것인데, 기업의 자산 가치를 어떤 범위까지로 정할 것인지가 또 다른 문제다. 공장, 토지 등의 유형자산을 평가하는 기준이 다를 수 있고, 바이오 기업이라면 연구개발비의 자산 처리 여부도 문제가 된다. PBR 역시 누가, 어떤 기준으로 평가하느냐에 따라 적정 주가의 계산이 확연히 달라질 수밖에 없다. 결국 기업의 내재 가치를 정확하게 산출하기란 생각만큼 쉽지 않다. 시장에서 대중적으로 사용하는 평가 기준이라도 시황 변화에 따라 평가 기준이 변할 때는 적정 주가를 계산하는 게 의미가 없어지기도 한다.

가령 우리나라의 경기가 좋고 특정 산업의 업황이 좋을 때는 시장 PER을 10배 이상으로 계산하다가도, 금융위기 등으로 주가가 급락할 때에는 PER

이 10배 이하로 떨어져도 저평가라고 하지 않는다. 향후 경기 둔화를 고려해 PER을 낮추는 것이다. 만일 10년 만기 국채 금리가 2퍼센트라면 PER 40의 성장주가 연간 2.5퍼센트의 기대수익률이라도 정당화된다. 그러나 금리가 3퍼센트로 인상되면 금리보다 낮은 기대수익률이 되기 때문에 성장주의 PER은 하향한다. 그것을 시장에서는 '밸류에이션 재평가'라고 한다. 적정 주가가 낮아짐으로써 시장에서 성장주의 주가는 하락한다. 결국 EPS나 BPS를 계산하는 것 자체가 어렵고, 적정한 기업 가치를 산출할 때 사용되는 멀티플이 시황에 따라 다르기 때문에 절대적인 가치 평가란 없다. 시장 상황과 업황 그리고 기업의 성장을 바탕으로 적절한 가치를 판단해야 한다. '적절한 가치'를 구하고 나서야 현재 거래되고 있는 가격과의 차이를 이용해 가치 투자를 할 수 있다. 가치 투자의 대가들은 적절한 가치를 판단할 수 있는 능력이 탁월한 것이다. 대부분의 투자자들은 시장에서 부여된 적정 가치를 기준으로 주가와의 괴리가 발생할 때 거래하고 있다.

지금까지의 설명으로 보면, 기업의 절대 가치보다 낮게 거래되는 주식을 찾기란 쉽지 않아 보일 것이다. 주식 투자는 미래에 투자하는 것이므로 웬만한 위기가 아니고서는 절대 가치 아래로 하락하지 않는다. 시장이 급락하더라도 멀티플은 1이 아닌 8배 내외에서 거래된다. 반면 시장 급락으로 전체 시장의 자산 가치 대비, 즉 BPS 대비 1 이하로 하락하는 경우는 있다. PBR이 1 이하란 것은 기업의 청산 가치보다 낮게 거래되고 있다는 뜻이다. 자산 가치 평가의 오류를 차치하더라도 전체 시장이 PBR 1 이하로 하락한 경우는 많이 있었다. 특히 개별 기업에 한정하면 더욱 많다. 그 기업이 당장 청산해도 모든 자산을 매각해서 돌아오는 현금을 주식수로 나누면 현재 주식 가격보다 높다는 의미다. 보통 성장이 멈춘, 또는 성장이 하향하는 업종이나 기업에서 주가가 청산 가치보다 낮게 거래된다. 시장에서 흔히 말하는 저평가 가치주라 함은 거의 대부분 자산 가치 대비 저평가 주식을 말한다. 가치 투자의 대가들이 얘기하는 안전 마진이 발생하는 가치 역시 대부분 자산 가치 저평가를 말하는 것이다.

미래 가치를 측정하는 방법

대부분의 가치 투자자는 현재가가 현재의 자산 가치 대비 현저히 낮은 가격에 거래되거나, 기업의 미래 이익을 계산해 멀티플이 현저히 낮은 주식을 저평가 주식이라며 투자한다. 자산 가치 대비 낮은 가격은 이해가 쉬울 것이다. 미래 이익 대비 저평가라 함은 미래의 이익을 추정해 현재 가치로 계산해서 저평가란 뜻이다. 가령, 특정 기업의 현재 이익이 100억 원이고 총 주식 수가 1000만 주라면 주당순이익은 1000원이다. 그런데 현재가가 5만 원이면 PER이 50배다. 고평가다. 그러나 이 기업이 신기술 개발에 성공해 매출로 이어졌을 때 이익이 2000억 원이라고 추정한다면, 주당순이익은 2만 원이 되므로 PER은 2.5배뿐이 안 된다. 저평가다.

자산 가치는 현재의 자산으로 평가하지만, 기업 이익은 미래의 이익을 반영해 평가하므로 시장에서 가치주라 하면 자산 가치로 말하는 것이 일반적이다. 수익 가치보다 현저히 낮은 가격에 거래되는 경우는 거의 없다. 그런 주식이 있다면 주식 투자는 정말 쉬울 것이다. 수익 가치를 평가할 때는 현재 수익의 평가보다 미래 수익의 추정이 핵심이다. 미래 수익은 기업의 미래 성장이다. 그래서 나는 '가치주'라며 성숙 기업을 거론하는 사람에게 '자산 가치주'라고 해야 옳다고 말한다. 우리가 정말 찾아내고 싶은 주식은 '수익 가치 저평가주'이다. 수익 가치 저평가 주식은 미래에 수익이 크게 증가할 주식이다. 결국 미래의 수익 가치 증가는 '기업 성장'이며 '성장주'는 수익 가치주인 것이다.

그래서 이 책에서는 성장 잠재력이 탄탄하여 미래에 큰 수익을 낼 수 있는 기업의 주식, 즉 성장 가치주를 중심으로 중장기 투자하는 방법론을 설명할 것이다.

02 성장 가치주 투자의 개념

윌리엄 오닐은 CANSLIM라는 개념을 말하며 현재의 주당 분기 순이익이 높으면 높을수록 좋고 연간 순이익 증가율이 꾸준히 증가하는 주식에 투자하라고 했다. 현재의 순이익과 연간 순이익 증가율 모두 과거의 수익이다. 과거로부터 현재까지의 이익 흐름을 보면 그 기업의 성장을 엿볼 수 있다. 그러나 과거에 성장한 기업이 미래에도 성장할 수 있는가 하는 점은 또 다른 문제다. 그가 제시한 기준으로 검색하면 꾸준한 수익은 있으나 성장이 느린 기업은 찾을 수 있지만 강하게 성장할 성장주를 찾아내긴 어렵다. 우리가 알아내야 하는 것은 미래 이익이 급증할 기업이다. 어떤 산업이, 어떤 기업이 강하게 성장할 것인가를 분석해야 한다.

226

산업 사이클을 따라 나타나는 가치주

미래에 크게 이익이 성장하려면 글로벌 경기가 상승 사이클에 있어야 하고, 특정 산업이 강하게 성장해야 한다. 산업 사이클 안에서 강한 성장 산업과 기업을 찾을 수 있는데, 이러한 주식을 '시크리컬' 업종이라고 부른다.

가령 2017년에는 전 세계 반도체 수요가 급증해 반도체 가격이 급등했다. 완성품 기업인 삼성전자와 하이닉스 그리고 중국의 반도체 기업이 앞다퉈 반도체 공장 증설에 나서면서 반도체 장비 및 소재 기업이 호황을 맞았다. 우리가 흔히 알고 있는 반도체 관련 기업의 이익이 폭증하면서 주가는 10배에 이를 만큼 폭등했다. 중국 제조업의 성장 시기인 2005년에는 철강, 화학, 조선 등의 업황이 호조였으며, 중국 내수 성장의 시기인 2015년에는 화장품, 엔터, 게임, 여행 등의 업황이 초호황이었다. 이런 시기에는 해당 업종의 주식이 크게 상승하는데, 이익이 급증하기 때문이다. 업황이 해당 섹터에 있는 기업의 실적을 견인하면서 이익 성장이 일어난 것이다. 당연히 주가는 폭등했다. 산업 사이클에 따라 주기적으로 성장과 쇠퇴를 반복할 때 성장이 일어나는 것이다.

2015년과 2017년 봄에는 많은 제약 바이오 기업이 신약 개발 임상에 성공하면서 해당 기술을 '라이선스 아웃'해 막대한 수익을 거두었거나, 미래 수익을 기대할 수 있었다. 당시 제약 바이오 기업 중 신약 개발 파이프라인을 가지고 있는 기업 주식은 폭등했다. 테슬라가 전기 자동차를 개발, 완성해 판매 호조가 이루어진 시기에는 전기차 부품을 만드는 기업과 배터리를 만드는 기업의 주가가 폭등했다. 2018년 남과 북이 정상회담을 하며 남북 경제 협력을 논의

하던 시기에는 남북 경협에 혜택을 받아 미래의 수익이 기대되는 주식이 폭등했다. 산업의 성장에 기업의 성장이 연동하기도 하지만, 신약이나 신기술 또는 정치적 이슈에 따라 특정 산업이나 기업이 급격히 성장하기도 한다. 성장은 미래에 있다. 미래의 성장을 알려면 산업 구조의 변화, 정치·사회·문화의 변화 등 세계가 지향하는 변화를 읽어 낼 수 있어야 한다. 성장주는 주식시장 안에서가 아니고 시장 밖의 세상에서 찾아야 한다.

미래 기술로 확인하는 가치주

알다시피 〈스타워즈〉, 〈백투더퓨처〉, 〈레지던트이블〉, 〈터미네이터〉, 〈매트릭스〉, 〈마이너리티 리포트〉, 〈아바타〉, 〈아이언맨〉, 〈아이로봇〉 등등의 수많은 영화에서 미래의 기술을 선보였다. 〈스타워즈〉에서는 홀로그램과 대화하고 〈레지던트이블〉에서는 '하이브'를 조종하는 인공지능을 보여준다. 〈백투더퓨처〉에서는 나는 보드와 안경 모양의 통신기기를, 〈마이너리티 리포트〉에서는 맨손으로 허공에서 정보를 찾는 인터페이스 기술을 보여주었다. 증강현실을 보여준 〈아바타〉 등 소위 4차 산업이라고 불리는 신기술은 이미 오래전 영화에서 선보였고 많은 부분이 현실화되고 있다. 빅데이터, A.I, 웨어러블 통신, 가상 및 증강 현실 등 기술이 현실화되고 있으며 그 기술의 발전과 함께 산업에서의 변화가 일어나고 있다. 하늘을 나는 자동차, 말만 하면 알아서 목적지까지 데려다 주는 자동차, 전기나 수소로 움직이는 자동차 등은 전기차와 자율주행이라는 카테고리를 형성해 주식시장에 이미 큰 테마로 자리

잡았다. 물리적 한계를 극복한 홀로그램 기술은 가상 현실과 증강 현실로 우리 생활에 접목되고 있으며, 특히 게임 산업의 핵심 기술이 됐다. 스마트폰 기술의 발달과 무선 통신 기술의 융합은 우리 일상을 변화시키고 있으며, 그 근간인 하드웨어, 즉 반도체 기술은 해당 산업의 고속 성장을 이끌고 있다. 땀 한 방울, 피 한 방울로 각종 질병을 추적하는 분자·체세포 진단 기술 역시 빠르게 성장해 이미 많은 기업이 서비스를 하고 있다. 진정한 성장 기업이란 지금은 작은 기업이지만, 독특한 기술력을 바탕으로 미래 성장을 꾀하고 있는 기업이다. 그런 성장 기업은 신기술이 상용화되는 시점이 되면 막대한 수익을 낼 것이고 주가는 그에 연동해 수십, 수백 배 상승할 것이다.

시황과 상관없이 가장 크게 성장한 업종은 바이오 섹터다. 오늘날 시가총액 1조 원 이상으로 거래되고 있는 신약 개발 바이오 주식은 불과 5~6년에 비해 수십 배에서 100배 이상 상승했다. 바이오 산업은 인간의 수명이 연장되면서 지금도 성장하는 현재 진행형 성장 산업이다. 그렇기에 시장에서는 신약 개발에 성공할 만한 바이오 기업을 발굴하려는 노력이 계속되고 있다. 미국의 '엔비디아'는 자율주행 자동차에 필요한 반도체를 개발한 덕분에 2015년 20달러이던 주가가 2018년 고점 292달러까지 올랐다. 전기 자동차 기업인 테슬라 역시 2012년 20달러선이던 주가가 2017년 고점 389달러까지 폭등했다.

사후적으로 성장주를 설명하는 것은 쉽지만, 미래의 성장주를 발굴하는 일은 당연히 어렵다. 미래에 성장할 만한 기업을 예측한다 하더라도, 언제 주가에 반영될지는 또 다른 문제다. 성장주는 초기에는 성장에 대한 확신이 없고, 실적이 뒤따라 주지 않기 때문에 주가에 반영되지 않는다. 투자자들은 핵심 기술의 상용화와 상업화를 확신할 때가 돼야 투자한다. 그렇기에 끊임없이 성장주는 나타났다가 사라지기를 반복한다. 성장주 투자로 성공한 투자 대가의 사례를 살펴보면서 성장주 투자를 어떻게 해야 할지 고민해 보자.

03 투자 대가들의 성장 가치주 투자론

가치 투자와 성장주 투자를 공부하겠다고 서점에 가서 책을 찾아보면 의외로 많지 않다. 가치 투자의 대가라고 불리는 워렌 버핏, 존 템플턴, 벤저민 그레이엄 등의 책이 주류이며, 그들의 이론에서 파생된 책들이 몇몇 있다. 그외에는 가치 분석을 위해 재무제표 보는 법과 PER, PBR 등 계량적 평가 도구를 사용하는 법 등이 대부분이다. 그외에 한국의 가치 투자, 일본의 가치 투자 등 해당 국가별 성공 사례와 성공한 투자가의 실전 방법론이 조금 있다. 대다수의 주식 투자론이 그렇듯이 거의 대동소이한 이론에서 크게 벗어나지 않은 책들이기 때문에 투자 정석이라기보다 이 이론을 바탕으로 자신의 이론을 만드는 데 도움을 받을 수 있다는 현실에 만족할 수밖에 없다. 이 책에서는 학교에서 배운 복잡한 재무론을 바탕으로 한 계량적 가치 분석 방법론보다 실전에서 성공한 성장(가치) 투자가들의 방법론을 몇 가지 소개하고 재해석해 공통점을 찾아 볼 것이다. 그 공통점을 가지고 가치 투자에 성공할 수 있는 투자론을 만들어 볼 것이다.

진 마샬의 투자 7계명

진 마샬은 〈비즈니스위크〉의 유명한 주식 투자 칼럼인 '인사이트 월스트리트'를 26여 년간 연재하고 있는 주식 전문 칼럼리스트로서 그의 칼럼을 전 세계 금융 기관 및 투자자가 읽는다. 그의 『진 마샬의 주식 투자 7계명』은 지난 30여 년간 수백 명의 애널리스트, 펀드매니저, 투자컨설턴트, 브로커 등을 만나면서 체득한 주식 투자 노하우를 정리한 책이다.

『진 마샬의 주식 투자 7계명』은 이미 알려진 방식으로는 돈을 벌 수 없다는 전제하에 역발상으로 시장을 조망한다. 기존의 투자 이론과 달리 역발상으로 투자한다는 그의 방법은 실제로 맞는 부분이 많으나, 이를 실행하려면 많은 경험과 투자 노하우를 바탕으로 한 확고한 투자 원칙과 신뢰가 있어야 한다. 많은 사람이 공감하는 쪽을 따르지 않고 그들과 다르게 '사고'하려면 그만한 내공과 위험 관리 능력 그리고 자기 확신이 필요하다는 말이다. 따라서 주식 투자의 7가지 계명을 우리 시장 상황에 비추어 해석하고 현실적인 효율성과 위험을 고려해보자.

첫 번째 계명은 '패닉일 때가 기회다'이다. 시장은 종종 공포스러운 패닉 상황을 연출한다. 그런 상황에서 투자자는 세계 경제와 주식시장이 곧 망할 것 같다는 공포에 휩싸이지만 시간이 지나고 나서 돌이켜보면 그때가 시장의 저점이었다. 그때 주식을 매수한 투자자가 큰 돈을 번다. 진 마샬은 그런 시기에 매수할 '패닉리스트'를 만들어야 한다고 조언하고 있다. 시장이 패닉에 빠졌을 때 매수할 주식을 사전에 준비하고 있어야 확신을 갖고 투자할 수 있다. 만일 '패닉리스트'를 만들기 어렵다면 블루칩이나 자신이 잘 알고 있는 기업에 투자하라고 조언한다. 우리는 1997년 말 외환위기를 겪었고 2008년 미국의 금융위기를 피해가지 못했다. 경기는 사이클에 따라 주기적으로 호황과 불황을 겪는다. 그와 연동해 주식시장은 대세 상승과 하락하는 사이클이 있기에 대세 하락이 최고조로 달한 상황에 가장 큰 수익 기회가 있다는 것을 경험적으로 알고 있다.

패닉 매수 전략은 중요한 투자 전략이다. 그러나 '패닉'이란 말이 주는 느낌에서 알 수 있듯이, 실제로 패닉 상황에 매수하기란 쉬운 일이 아니다. 객관적인 분석력이 있어야 하고, 불황 탓에 상장 폐지 되는 기업을 피해 갈 수 있어야 하며, 시장 반등 시 반드시 상승할 주식을 고를 수 있어야 한다. 그런 능력이 없다면 매수할 시기라는 생각이 들더라도 남들처럼 보유 주식을 내다 파는 자신의 모습을 보게 될 것이다. 패닉 매수에서 우선적으로 판단해야 할 것은 현 상황이 '대세 하락의 바닥인지, 진행 중인지, 반등인지'이다. 대세 하락, 즉 중장기 추세 하락과 노이즈에 의한 단기 하락인가를 구별할 수 있어야 한다. 어떤 사건이 전 세계 경제에 중장기적으로 악영향을 끼칠 수 있는 것이라면 중장기 추세 하락의 신호로 여겨야 한다. 대표적인 것이 금융 시스템 붕괴 신호다. 반면 어떤 사건이 국지적인 경제 위기 또는 경제 외적인 충격이라면 단기 충격으로 끝날 가능성이 높다. 시장에서는 그러한 충격을 '노이즈'라고 표현한다. 정치적인 불확실성이나 지정학적 리스크 등이 대표적이다.

두 번째 계명은 '집중 투자'다. 투자자라면 누구나 서로 다른 시장, 서로 다른 업종, 서로 다른 유형의 주식으로 포트폴리오를 구성해 '베타계수'를 낮추고 싶을 것이다.

> **베타계수**
> 개별 주식 또는 포트폴리오의 등락이 주식시장 전체의 움직임에 얼마나 민감하게 반응하는지를 나타내는 수치. 내 주식이 또는 내 포트폴리오가 주식시장이 1퍼센트 오를 때 똑같이 1퍼센트 오르면 베타계수는 1이다. 베타계수가 1 이상이면 시장 움직임보다 더 변동성이 큰 포트폴리오란 의미다. 즉, 주식을 분산해 놓으면 시장 상승과 하락에 덜 민감하기 때문에 위험을 줄일 수 있다. 그래서 시장 하락 시기에 분산투자로 베타계수를 낮추려 하는 것이다.

그러나 시장이 상승할 때는 보유 주식 중 일부만 상승해 시장 수익률을 따라가지 못하고 시장 하락 시기에는 거의 모든 주식이 하락해 손실을 키운다. 결국 한 국가의, 하나의 시장에서 주식을 분산한다는 것은 수익은 적으면서 손실만 시장과 연동하는 결과를 낳는다. 결국 분산투자는 주식시장 내부에서의 분산이 아니라 공간의 분산, 즉 서로 다른 국가, 서로 다른 상품의 분산이어야 한다. 주식시장 내에서 한다면 최소한 서로 다른 시장, 서로 다른 업종으로 분산해야 한다. 워렌 버핏은 분산투자를 '무지를 방어하는 행위'라고 말하기도 했다. 우리는 시장 수익률을 넘어서는 주식을 골라내 집중해야 한다. 몇몇의 주식에 집중하려면 그 기업의 가치를 잘 알아야 한다. 기업의 가치를 잘 알아도 시장 전체가 하락하면 결국 손실을 피할 수 없다. 그렇기 때문에 시장 전체의 대세 흐름, 즉 시황을 알아야 하고 그 시황 속에서 업황이 좋아지는 산업 사이클을 알고 있어야 한다. 호황 산업 중에서도 주도 기업의 주식을 선정해 그것에 집중해야 수익을 극대화하면서 적시에 위험을 관리할 수 있다.

세 번째 계명은 '패자를 매수하라'다. 지금 상승하는 주식을 추격 매수하지 말고 성장 주식인데 크게 하락하고 있는 주식을 매수하라는 의미다. 반면 많은 전문가들은 '애가 탈 정도로 많이 하락하더라도 시장 소외주에는 투자하지 말라'고 조언한다. 상승하고 있는 주식이 더 상승하고 하락하고 있는 주식은 더 하락하는 것이 주식시장의 속성이기 때문이다.

'패자를 매수하라'는 계명이 쉽게 받아들여지지 않을 것이다. 그러나 투자 기간이라는 '시간'의 개념을 포함하면 설명이 쉬워진다. '오늘의 주식'에 투자하는 것은 현명하지 못한 것이니 '내일의 주식'에 투자하라는 의미다. 매일 매일의 시세에 끌려다니지 말고 지금은 시장에서 부각되고 있지 않지만 미래에 시장 주도주로 부각될 주식을 매수하라는 의미다. 결국 장기 투자 하라는 말이다. 미래에 주도주가 될 수 있는 주식, 그것은 미래의 성장 산업에서 나올 것이다. 결국 주식시장을 들여다볼 것이 아니라 세상을 바라봐야 한다. 현실적인 투자에서 현재의 사이클을 외면하고 다음 사이클을 준비해 투자한다는 것은 정말 어려운 일이다.

결국 진 마샬의 투자 계명은 다분히 장기 투자의 관점에서 나온 것이다. 글로벌 자산 배분을 할 수 있고 장기 투자를 할 수 있는 글로벌 펀드의 관점에서는 필수지만, 우리나라의 기관 투자가나 개인 투자자에게는 다소 먼 얘기로 들릴 수 있다. 나는 굳이 현재의 주도 업종이나 주도 종목을 두고 다음의 주도 업종이나 주도 종목에 투자하는 것이 반드시 좋은 투자 기법이라고 생각하지는 않는다. 윌리엄 오닐의 이론처럼 지금 신고가를 내며 상승하는 종목에서 수익을 내는 편이 더 와 닿는다. 그러나 '패자를 매수하라'라는 조언에서 우리는 두 가지 교훈을 얻을 수 있다. 첫째, 모두들 좋다고 각광받는 주식에 불나방처럼 달려들어 상투에 매수하는 실수를 하지 말아야 한다. 둘째, 주식 투자는 미래에 투자하는 것이며 지금의 소외에서 좋은 주식을 골라 싼 가격에 투자할 때 진짜 큰 수익을 낼 수 있다.

네 번째 계명은 '타이밍을 거부하라'다. 매매 타이밍을 부정하는 것은 물론 심지어 매매 타이밍은 없다고 말한다. '주식 투자는 타이밍의 예술'이라고 하는 일반적인 주식 투자론과 상반된 견해다. 현실 투자에서는 많은 전문가조차 경기 사이클, 산업 사이클, 분기별로 등락하는 기간별 사이클, 추세 등의 기술적 분석상의 움직임을 고려해 타이밍을 선정한다. 그럼에도 시스템 위기로 주식시장이 패닉에 이르렀을 때 매수한 장기 투자자와 타이밍을 계산해 매매한 투자자의 수익률을 비교해보니, 패닉에 매수해 보유한 투자자의 수익률이 월등했다는 점을 근거를 제시하고 있다. 매매 타이밍보다 어떤 주식이 좋은 주식인지를 분석하고 그 주식을 싸게 사서 보유하는 것이 수익률을 높이는 관건이다. '밀물에는 모든 배가 뜨지만, 모든 배가 계속 떠 있지는 않을 것이다.' 내재 가치가 좋은 주식이어야 지속적으로 상승할 수 있다. 구멍이 난 배는 결국 가라 앉을 것이니 결국 좋은 주식을 고르는 것이 무엇보다 중요하다. 가치 투자를 추종하는 전문가의 이론과 유사하다. 그러나 현실적으로는 운용 자본의 규모, 운용 기간, 미래 예측의 한계를 고려한 가치 투자여야 할 것이다.

다섯 번째 계명은 '오직 내부자만이 돈을 벌 수 있다'는 것이다. 피터 린치는 '더 많은 바위를 뒤집어 보는 사람이 결국 이기게 되어 있다'는 말과 함께 '불법도 마다 않는 내부자들의 세계'를 들여다봐야 한다고 말했다. 기업의 주요 관계자는 외부 투자자에 비해 당연히 유리하다. 그래서 기관 투자가는 기업 내부자가 무엇을 하고 있는지 항상 주의 깊게 살펴본다. 회사의 주요한 호재나 악재가 있을 경우 내부자가 가장 먼저 알 것이기 때문이다.

실제로 내부자가 사전에 정보를 입수해 불공정 거래를 하는 사례가 흔히 있어 왔다. 진 마샬은 심지어 내부자의 친구도 주목하라고 조언한다. 그리고 시장에 영향력이 큰, 막강한 자금력이 있는 매니저의 거래에 관심을 가져야 한다고 전한다. 불공정 거래를 금융 당국이 강력히 감시하고 제재함에도 시장에 흘러 다니는 정보는 늘 '원천 소스'가 있고 그 주변의 공유자로부터 나온다. 그들의 공유 이후에 전해지는 정보는 나만이 알고 있는 것이 아니고 모두가 아는 것이 된다. 그래서 원천 소스에 가까운 정보를 얻으려고 노력하는 것이다. 가령 기업의 실적이나 성장 사업 현황을 알려 한다면 해당 기업이 가장 잘 알 것이며 그 기업에 탐방을 다녀 온 사람이 다음으로 잘 알 것이다. 시장에서 공유된 정보만 가지고 그 기업의 사업 현황을 알려 한다면 그 효용성은 극히 떨어질 것이다. 주식시장에서 큰 돈을 벌었다는 투자자는 분명 우리와는 다른 루트의 정보를 얻고 있고 우리와는 다른 방법론으로 투자에 응용하고 있다. 정보를 얻을 수 있는 네트워크를 가능한 많이 만들고 정보를 이용해 투자하는 원칙을 만들어야 한다.

여섯 번째 계명은 '낯선 곳에 히든 카드가 있다'다. 해외의 낯선 국가, 낯선 신 성장 산업에 기회가 있다. 진 마샬은 중국 시장과 생명공학 산업을 소개한다. 사실 새로운 시장, 새로운 매매 기법에는 늘 그러한 기회가 있었다. 온라인 매매가 되면서 생겨난 데이트레이딩이란 기법이 그랬고 옵션 시장이 개설되면서 많은 신흥 부호가 탄생했다. 글로벌 환경 속에서도 저 성장의 굴레에서 벗어나는 국가나 지금은 낯선 새로운 산업에 큰 기회가 있다. 투자의 개념으로 볼 때는 당연하다. 2017년부터 화두가 되고 있는 제4차 산업혁명 카테고리 역시 그와 같다. 생활 속에서 좋은 주식을 발굴하듯이 인류의 일상 변화에서 좋은 주식을 고를 수 있다.

일곱 번째 계명은 '장기 투자하라'다. 장기적으로 시장을 바라보고 기업의 가치를 판단해 시황이 좋지 않아 다른 투자자가 매도할 때 좋은 주식을 싸게 사서 장기 투자하라. 우리가 해야 할 일은 좋은 주식을 고르는 것뿐이다. 우리가 투자해야 할 좋은 주식은 지금 좋은 주식이 아니다. 미래에 좋을 주식이다. 지금은 좋지 않지만 미래에 좋을 주식이기 때문에 투자하고 기다려야 한다. 장기 투자해야 하는 이유이다.

이상 일곱 가지 계명을 하나의 문장으로 연결하면 다음과 같다.

'시장이 어려울 때, 모두가 시장에서 빠져 나가려고만 할 때 투자하라. 단기적으로 각광받는 주식에 연연하지 말고 자신의 정보력과 분석력을 바탕으로 미래에 각광받을 성장주를 선정해 투자하라. 너무 많은 기업에 투자하지 말고 서너 종목에 집중해 장기 투자하라.'

진 마샬의 이론에 수긍하지 못하는 분도 많을 것이다. 이론은 맞지만 현실은 다르다고 하는 분도 있을 것이다. 어떻게 진정한 미래의 가치주(성장주)를 골라낼 수 있는가? 새로운 환경 변화가 닥쳤을 때 그것을 수익으로 연결할 수 있는 노하우를 아무나 갖출 수는 없는 것 아닌가? 투자 원금의 규모와 용도에 따라 모두 중장기 가치 투자를 할 수 있는 것은 아니지 않을까? 즉, 나의 투자 원금, 투자 기간, 자금의 성격, 투자 성향이 그의 이론과 일치하는가? 단기 거래가 성행하는 우리나라 주식시장에서 그 이론이 맞는 것일까? 등 여러 문제 제기를 할 수 있다. 그러나 그의 이론은 주식시장을 대하는 태도, 주식을 사야 하는 시점, 어떤 주식에 관심을 가져야 하는가의 선택, 주식투자의 근본적인 방법론에 대한 자기 확신을 공고히 하는 데 큰 참고가 된다.

필립 피셔의 위대한 성장주를 찾는 15가지 포인트

필립 피셔는 벤저민 그레이엄과 함께 현재의 투자 이론을 개척한 인물이다. 1950년대 처음으로 '성장주'라는 개념을 월 스트리트에 소개한 인물이기도 하다. 성장주 투자에서 경쟁자의 능력과 미래에 대한 계획 그리고 연구개발 역량을 중요한 요소로 평가하는 점은 재무제표와 계량적 분석을 중시한 그레이엄과 비교된다. 워렌 버핏이 자신을 만든 두 스승으로 그레이엄과 피셔를 꼽을 정도로 가치 투자의 대가로서 후세에 그의 이론이 전해지고 있다. 그의 책『위대한 기업에 투자하라』의 내용 중 성장주 투자 방법론만 살펴보도록 하자.

그는 '어떤 주식에 투자할 것인가'라는 질문에 15가지 핵심 포인트를 답으로 제시하고 있다.

1. 적어도 향후 몇 년간 매출액이 상당히 늘어날 충분한 시장 잠재력이 있는 제품이나 서비스를 갖고 있는 기업
2. 최고 경영진이 현재의 매력적인 성장 잠재력을 가진 제품이나 서비스가 더 이상 확대되기 어려워졌을 때도 기업의 전체 매출액을 추가로 늘릴 신제품이나 신기술을 개발하고자 하는 결의를 갖고 있는 기업
3. 연구 개발 비용이 회사의 규모를 감안할 때 충분히 생산적인 기업
4. 평균 수준 이상의 영업 조직을 보유한 기업
5. 단순한 매출 증가가 아닌 충분한 영업이익률을 내고 있는 기업
6. 영업이익률 개선을 위해 노력하는 기업

7. 훌륭한 노사관계가 유지되고 있는 기업

8. 임원 간에 훌륭한 관계가 유지되고 있는 기업

9. 한두 명의 스타 경영진이 아닌 훌륭한 경영진이 두터운 기업

10. 비용을 절감할 수 있는 원가 분석과 회계 관리 능력이 있는 기업

11. 해당 업종에서 아주 특별한 의미를 지니는 별도의 사업 부문을 갖고 있으며, 경쟁 업체에 비해 탁월한 기업

12. 단기적 시각의 이익이 아닌 장기적 시각의 성장 이익을 꾀하는 기업

13. 성장에 필요한 자금을 조달할 때 현재의 주주가 누리는 이익의 희석보다 더 큰 성장을 줄 수 있는 기업

14. 기업 상황이 좋을 때보다 실망스럽거나 어려움에 처할 때 주주와 소통해 헤쳐나가는 기업

15. 주주와 기업 성장을 위하는 진실한 최고 경영자가 있는 기업

어찌 보면 당연한 것을 주장하는 것처럼 보이지만, 1950년대에 이러한 이론을 만들어 투자에 적용했다는 점과 계량적 가치에 집중하던 시기에 기업의 질적 성장에 중요한 가치를 두었다는 점에서 반세기가 지난 지금도 그의 이론은 유용하게 쓰이고 있다. 기업 가치 분석의 방법론을 논할 때면 거의 대부분 재무론에 입각한 계량적 수치를 계산하지만, 기업 실적은 결국 그 기업 안에 있는 사람이 만들어 가는 것이므로, 그들이 '어떤 사람이며 어떤 목표를 갖고 있고 기업의 성장을 위해 무엇을 하고 있는가'가 성장주 투자에 매우 중요한 요인이라고 할 수 있다.

참고로 필립 피셔가 당부하는 투자자가 저지르지 말아야 할 다섯 가지 잘 못을 살펴보면,

1. 신생기업으로 신기술, 신제품 등을 과장하며 지금 투자하지 않으면 안 될 것처럼 광고하는 기업에 투자하지 마라
2. 훌륭한 주식인데, 단지 장외 시장에 있다고 해서 무시하면 안 된다
3. 사업보고서의 표현이 마음에 든다고 투자해서는 안 된다
4. 순이익에 비해 주가가 높다고 해서 추가적으로 성장할 순이익이 주가에 반영된 것이라고 믿어선 안 된다
5. 너무 적은 가격 변동에 연연해 하지 마라.

그 외에 '너무 과도하게 분산투자 하지 마라, 전쟁 등과 같은 공포에 사로 잡혀 매수하기를 두려워하지 마라, 관련 없는 통계 수치를 무시하라, 진정한 성장주를 매수할 때는 가격이 아닌 기업 성장의 터닝 포인트를 봐라, 군중을 따라가지 마라'라고 조언하고 있다.

팻 도시의 경제적 해자

워렌 버핏이 처음 사용한 경제적 해자란 용어는 '마치 성의 해자(성 주위에 둘러 판 도랑)처럼 한 회사를 경쟁사로부터 보호하는 지속 가능한 강점'을 뜻한다. 성장 가치주 투자란 결국 잠재적 해자를 가진 기업을 찾아 적정 가격을

추정해 그보다 상당히 할인된 가격에 거래되는 주식을 매수하는 것이다. 경제적 해자를 가장 우선시하는 이유는 기업에 장기간 투자해서 성공하려면 무엇보다도 기업이 오랫동안 망하지 않고 경제적 이익을 달성할 수 있어야 하기 때문이다. 해자는 한때 인기가 뜨거워 주가가 폭등하지만 결국 사라져 버리는 기업이 아닌 진정한 경쟁력을 갖춘 기업을 구별하는 기본 틀이다. 해자를 갖고 있는 기업은 일시적인 어려움이 있더라도 회복이 빠를 뿐 아니라 탄력성도 좋다. 결국 자신의 내재 가치를 꾸준히 증가시킴으로써 투자 가치를 높인다. 따라서 경제적 해자를 인지하고 미래에 위대한 기업이 될 주식을 낮은 가격에 투자할 수 있는 통찰력을 갖춰야 한다.

어떤 것이 기업의 사업 연속성과 가치 증가를 이끄는 해자가 될 수 있을까? 단기적인 성과나 기업의 경영 능력보다 이미 내재돼 있는 구조적인 경쟁력이 중요하다. 즉, 시황이나 업황의 변화로 인한 단기간의 성과가 아닌 근본적으로 가지고 있는 경쟁력에 의해 성과가 나와야 하는 것이다. 실체가 없는 해자로는 '뛰어난 제품, 높은 시장점유율, 운영 효율성, 우수한 경영진'을 들 수 있다. 물론 그런 요인은 기업 경쟁력 제고에 매우 중요하다. 그러나 그것만으로는 부족하다. 일시적으로 뛰어난 제품은 재무 성과에 큰 영향을 미치지만 유행이 지나고 나면 다시 어려워질 수 있다. 회사의 규모가 커서 시장점유율이 높다고 반드시 좋은 것만은 아니다. 역사적으로 경쟁이 심한 시장에서 점유율의 선두 주자는 계속 바뀌어왔다. 단순히 '시장점유율이 높은 것'이 중요한 것이 아니라, '어떻게 그렇게 높은 점유율을 달성했는가'가 중요하다. 비용 절감이나 사업 구조의 시너지 같은 운용 효율성은 경쟁이 심한 산업군일수록 더욱 필요하다. 우수한 경영진이 지속적으로 기업에 남아 성과를 낼 수 없듯이 운용 효율성도 그 시기의 일시적인 요인일 수 있다.

IT 분야에서 신기술이나 신제품 덕분에 일시적으로 높은 수익성을 보였지만, 새로운 기술이 나타나면 기존 제품을 생산하던 기업이 도태되는 사례를 많이 보았다. 한국의 자동차 기업은 거의 독점 시장의 지위를 누렸으나 해외 자동차가 빠르게 시장을 잠식해 점유율이 감소하고 있다. 우수한 경영진 덕분에 기업 운영 효율성을 높여 어려운 시기에 살아남긴 했지만 결국 핵심 해자가 없어서 도태된 기업도 많이 보았다.

진정한 경제적 해자는 경쟁자들이 따라올 수 없는 제품이나 서비스를 판매할 수 있는 브랜드, 특허, 법적 라이선스 기술 같은 무형자산이나 가격 경쟁력, 네트워크 효과, 원가 우위 같은 고객이 포기하기 어려운 제품이나 서비스를 말한다. 단순한 인기 브랜드가 아닌, 소비자가 더 많은 돈을 지불하더라도 사용할 수밖에 없을 정도로 경쟁 우위가 있는 브랜드를 가지고 있어야 한다. 특허나 법적 라이선스 그리고 탁월한 기술 덕분에 경쟁 회사로부터 보호받을 수 있고 소비자를 떠나지 못하게 해야 한다. 고객이 경쟁사의 제품이나 서비스를 사용하려면 전환 비용을 많이 내도록 해야 한다. 충성 고객을 확보해야 지속적인 수익도 담보하면서 더 높은 가격에 제품이나 서비스를 제공할 수 있다. 결국 자본 수익률이 높아진다. 충성 고객이 증가할수록 기업은 네트워크 효과 덕분에 더 많은 수익을 창출할 수 있다. 정보를 공유하고 사용자들을 서로 연결해주는 서비스는 강력한 기업 경쟁력이 될 수 있다. 저비용 프로세스와 고유한 자원을 가지고 있는지가 원가 우위를 만들며 경쟁사를 따라올 수 없게 만든다.

진정한 경제적 해자가 무엇인지 설명을 듣다 보면, 화이자나 애플, 코카콜라, 마이크로소프트 같은 기업이 떠오른다. 한국에서는 삼성전자 정도가 있을 것이다. 이 기업은 특허나 법적 라이선스가 있는 기술로 경쟁사가 따라올 수 없는 제품이나 서비스를 제공하고 있으며, 높은 원가 우위를 유지하고 있어 막대한 충성 고객이 다른 제품으로 전환하지 못하도록 막는다. 기업은 높은 점유율과 충성 고객을 바탕으로 네트워크 효과를 충분히 이용해 새로운 수익을 창출하고 있다.

변화하는 세상에 영원한 승자가 없듯이, 강한 경제적 해자를 보유한 기업도 끊임없이 도전을 받고 있고 있으며 산업이 변화하면 기존에는 해자이던 것도 공격을 받는다. 따라서 기업은 기술 판매보다 기술 발전에 더 집중해야 하며, 해자에 위협이 될 요인을 찾아 제거해야 한다. 해자에서 벌어들인 수익을 해자가 아닌 다른 사업에 쓰기보다 새로운 해자 또는 기존 해자를 더욱 공고히 구축하는 데 사용해야 한다. 해자는 상대적인 것이 아니라 절대적이어야 한다. 절대적 해자 구축에 주력하는 기업에 투자하자.

절대적 해자를 보유한 기업을 찾는 것 자체도 중요하지만, 해자의 가치, 즉 기업의 성장 가치를 측정하는 것이 더 중요하다. 대부분의 성장주는 과거의 성과로 평가하는 것이 아니라 미래에 해자를 통해 이뤄낼 수 있는 성과를 평가하는 것이기 때문이다. 성공한 기업의 성장 스토리를 사후에 설명하기란 쉽다. 그러나 미래의 성공 기업을 찾는 것은 어렵다. 한 기업의 가치는 그 기업이 미래에 창출할 모든 현금 흐름의 현재 가치다. 따라서 현 시점에서는 기업이 미래에 창출해 낼 현금의 양(성장)과 추정된 현금 흐름의 불확실성(위험), 사업을 영위하는 데 필요한 투자액(자본 수익률), 경쟁사를 따돌릴 수 있는 요인(경제적 해자)이 성장 기업을 가치 평가할 때 지켜봐야 할 기본 요소다.

피터 린치의 주식의 여섯 가지 유형 분류와 투자 방법

피터 린치는 피델리티의 마젤란 펀드를 운용하던 매니저로 13년간 자산을 660배로 불려 놓고 46세의 나이로 은퇴한 미국 월가의 전설적인 투자가다. 자신의 실전 투자 경험을 바탕으로 저서를 집필했으며 10배 이상의 수익률(그는 10루타 종목이라고 표현)을 내는 주식을 골라 투자하는 방법론을 설명했다.

『전설로 떠나는 월가의 영웅』은 1990년대에 출간된 책이지만 실전 투자자로서의 고충과 투자 마인드, 시장을 바라보는 관점 덕분에 많은 시간이 흐른 지금도 훌륭한 투자 지침서로 남아 있다. 주식을 움직임의 특성에 따라 여섯 가지 유형으로 분류했는데 유형마다 투자 방법론이 다르다는 것이 핵심이다.

저성장 기업: 이미 성장기를 지나 성숙 기업이 돼서 경제 성장률 정도의 성장만 하고 고성장을 하지 못하는 기업군이다. 이러한 기업군은 꾸준한 실적으로 배당할 수 있는지가 최대 관건이다.

대형 우량 기업: 저성장 기업군은 아니지만 크고 오래된 기업으로, 천천히

성장하는 기업군이다. 이 기업군은 사업부가 꾸준히 성장할 만한 경쟁력을 유지하고 있는지가 관건이다.

급성장 기업: 연간 20퍼센트에서 50퍼센트 이상의 급성장을 하는 기업으로 성장 파이프라인에 대한 기대가 크지만 재무 상태를 주의해야 하는 기업군이다.

경기 변동 성장형 기업: 산업 사이클, 경기 사이클에 따라 일정 정도 예측 가능하고 사이클의 주기에 따라 주가가 크게 하락하기도 상승하기도 하는 기업군이다. 대형 우량 기업군과 혼동할 수 있는데, 산업의 호황과 불황 사이클이 큰 경기 민감 업종이 이에 속한다.

전환형 기업: 재무 구조가 부실한 기업이 재무 구조를 개선하거나 성장이 멈춘 산업 내의 기업이 새로운 사업에 진출해 성장 동력을 확보하는 경우에 속하는 기업군을 말한다. 결국 이러한 기업군은 재무 구조 개편, 기업 구조 조정, 다각화가 주요 관건이다.

자산형 기업: 자산 가치가 높은 기업 군을 말한다. 중요한 것은 보유 자산의 질이다. 즉, '재평가 시점에 얼마나 가치를 평가받을 수 있는가'이다. 장부가로는 수천억 원인데 실제 평가해보면 수백억 원뿐이 안 되는 기업이 많다. 가령 공장 시설이나 재고 등은 사업에 연속성이 있을 때는 가치가 높지만 사업이 중단되면 아무런 가치가 없는 자산이다.

피터 린치의 분류는 사실 많이 사용되고 있다. 우리는 흔히 자산주, 턴어라운드주, 성장주, 가치주, 경기 민감주라고 주식을 분류한다. 우선 주식을 유형별로 분류하고 투자할 주식을 선정할 때는 다음과 같은 것을 주의 깊게 살펴보아야 한다.

이해하기 쉬운 단순한 구조의 사업을 하고 있지만 경쟁 기업이 없는 기업이면 완벽한 주식이다. 주가 움직임은 기업의 수익과 연동하므로 오직 수익에 집중해야 한다. 동일 업종 내에서 상대적으로 낮은 PER의 주식이면 좋고고 PER의 주식을 선정할 때는 수익 성장률이 높아야 정당화할 수 있다. 성장성 없는 저 PER은 의미가 없다. PER을 측정할 때 반드시 필요한 것이 미래 수익 측정인데, 미래 수익 측정은 어렵다. 따라서 최소한 수익 증가 계획, 즉 성장 스토리가 있어야 한다.

주식을 매수하기 전에 최소한 기업에 대한 숙고는 해야 한다. '이 주식을 사는 이유는?', '이 기업의 성공 필수 요건은?', '발생 가능한 악재 요소는?' 등을 생각해야 한다. 무작정 수익을 낼 욕심에 매수하지 말고 한 번쯤 생각해보면 매수 이유가 사라질 때도 있다. 증권가의 소문이나 주변 지인이 전해주는 정보를 듣고 매수하려 한다면 최소한 해당 기업의 주식 담당자에게 전화해서 확인하거나 여력이 있다면 기업을 방문해 사실 확인을 해보는 것이 무엇보다 중요하다. 기업 관계자가 기업 정보를 사실대로 얘기해 주진 않는다. 그럼에도 기업을 방문해서 대화해보면 내가 들은 정보가 얼마나 신빙성이 있는지 가늠할 수 있다.

어떤 제품이나 서비스가 히트를 치고 있다면 그것에서 얻는 매출이 기업의 전체 매출에서 얼마나 많은 비중을 차지하는지 확인해 봐야 한다. 자산 가치

평가가 제대로 돼 있는지, 과대 평가돼 있는지를 확인해 봐야 한다.

새로운 가치 창출(수익)을 위해 과도하게 현금이 유출되고 있는지도 확인해야 한다. 재고 자산이 과도하게 쌓이고 있으면 안 된다. 재고가 감소하고 있다는 것은 매출이 늘고 있다는 의미다.

수익 성장률이 높은 기업에 투자해야 한다. 그러나 일시적으로 너무 높은 성장률을 기록하는 기업은 그것을 고점으로 성장률이 둔화될 수 있으므로 조심해야 한다. 20퍼센트선의 꾸준한 성장률을 보이는 기업이 최적이다. PER이 높다고 해도 성장률과 배당률이 뒷받침 된다면 배당 성장 모형에 따라 그 주식은 과대 평가되었다고 볼 수 없다.

주식을 선정할 때 주의해야 할 점과 주식의 유형별로 점검해야 할 사항이 있다. 시장에서 모두들 좋다고 말하는 주식은 큰 수익을 주지 않는다. 제2의 ○○라고 하는 주식은 좋지 않다. 1등 주식에 투자해야 한다. 대안이라며 2등, 3등 주식을 매수하다가는 손실 위험이 더 커진다. 주식시장에서 2등 3등에게 기회를 주는 경우는 드물다. 사업 다각화를 한다면서 오히려 '사업 다악화'를 하는 기업을 피해야 한다. 잘못된 사업 진출이나 M&A를 하다가 오히려 기업의 재무 구조가 부실화될 수 있다. 특정 대기업에 매출을 절대적으로 의존하는 기업은 위험하다.

'저성장주'는 꾸준한 이익을 내고 꾸준한 배당을 하고 있는가가 중요하며, '대형 우량주'는 시장 상황과 주력 사업에서 성장을 이어가고 있는가가 중요하다. '경기 민감주'는 산업 사이클이 중요하며 '급성장주'는 전체 중 주력 제품의 비중 그리고 지속 성장할 수 있는가가 중요하다. '전환형주'는 재무구조 개선과 턴어라운드 할 모멘텀이 있는가가 중요하며 '자산형주'는 자산 가치의 질이 가장 중요하다.

포트폴리오를 구성하는 이론 중에는 '계란을 한 바구니에 담아라'고 한 제럴드 로브의 이론과 '한 바구니에 계란을 담지 말라'고 한 앤드류 토비아스의 이론이 있다. 그러나 피터 린치는 바구니에 담을 계란의 '수'보다 얼마나 좋은 계란(주식)을 담느냐가 중요하다고 말한다. 한두 종목에 집중하기보다 여러 종목에 나눠 투자했을 때 10루타 종목이 나올 가능성이 높다는 것은 확률적으로 옳으나 무작정 많은 주식에 투자하기보다 좋은 주식을 선정해 목표 수익률을 높게 잡고 장기 투자하는 편이 좋다.

매수 시기는 한 마디로 모두가 좋지 않다며 매도할 때가 가장 좋다. 세금을 회피하려고 매도를 많이 하는 연말이나 몇 년에 한번씩 나타나는 시장 폭락 시기에 '매수 리스트'를 가지고 있다가 투자해야 한다.피터 린치가 얘기하는 매수 리스트는 진 마샬의 '패닉리스트'와 유사하다. 시황의 관점에서는 매물이 급격히 나오면서 급락할 때가 가장 좋은 매수 타이밍이다. 매도 타이밍은 매수할 때 고려한 '투자 이유'가 변질되거나 소멸될 때다.

주식의 유형별 매도 타이밍은 '저성장주'는 시장점유율이 하락하거나 무리한 사업 다악화를 진행하는 때이며, '대형 우량주'는 PER의 비정상 괴리 즉 고평가 영역으로 진입할 때다. '경기 변동형'은 경쟁 업체의 진입이나 산업 사이클의 하락으로 재고가 증가하고 가격이 하락할 때이며, '급성장형'은 성장 속도에 비해 비정상적인 PER이 될 때다. '전환형'은 기업이 좋아지고 난 후, 즉 회생 후이며, '자산형'은 자산 재평가 후 또는 인수합병을 하고 난 다음이다.

완벽한 주식 전문가는 없다. 지난 역사를 돌이켜볼 때 그들은 많은 사건도 예측 못했지만 사건에 대한 시장 반응 역시 예측하지 못했다. 그냥 포기하고 좋은 기업에 장기 투자하자.

피터 린치가 월가를 떠난 지 수십 년이 됐지만 그의 글을 보면 지금도 주식시장은 그의 이론처럼 움직이고 투자자의 마인드 역시 그의 이론처럼 어리석다.

짐 슬레이터의 개인(소액) 투자자의 성장주 투자법

"왜 돈이 없을수록 성장하는 기업에 투자해야 하는가?"

영국의 투자자 '짐 슬레이터'의 책 『돈이 불어나는 성장주식 투자법』의 표지 글이다. 의미 심장한 글귀다. 개인 투자자 관점에서 유망한 기업을 발굴해 투자할 수 있는 기법인 'PEG'를 대중화시킨 독특한 투자자인 짐 슬레이터의 책을 기초로 소액 개인 투자자들은 왜 성장 기업에 투자해야 하고 또 성공하려면 어떻게 투자해야 하는지를 알아보자.

모든 분야에서 성공적인 투자자가 되려는 시도는 부질없는 짓이며 오히려 좁은 영역에 특화해 그 분야에서 상대적으로 뛰어난 전문가가 되는 편이 낫다고 말한 짐 슬레이터는 소형주에 초점을 두고 투자했다. 그 이유는 분석이 덜 되어서 좋은(싼) 가격에 매입할 수 있고, 성장하면서 대형주보다 높은 실적을 내기 때문이다. 그가 이상적인 성장주를 고르는 조건으로 활용한 특징은 다음과 같다.

1. 강력한 이익 증가률
2. 낙관적인 미래 전망과 예상
3. 예상 이익율 대비 낮은 PER. 예컨대 PER이 15인데 연간 이익 증가율이 30퍼센트면 PEG(주가 이익 증가 비율)은 15 ÷ 30 = 0.5로 매우 낮다. 즉, 기대보다 높은 이익 증가율을 보이는 성장 기업을 말하는 것이다.
4. 주당순이익을 초과하는 현금 흐름. 성장 기업은 재무 리스크가 있으므로 주당 현금 흐름이 꾸준히 주당순이익을 초과하는 기업을 찾아야 한다.
5. 과도하지 않는 적절한 부채 비율
6. 우수한 전년도 상대 주가 실적
7. 이사진의 회사 주식 매수. 즉, 회사 임원진이 자사 주식을 매도하지 않고 오히려 매수하는 기업이 좋다는 뜻이다.

그는 '줄루 투자 기법'이라는 자신만의 투자 노하우를 만들어 많은 투자자들에게 전파했는데, '줄루'란 아프리카의 부족 이름이다. 어느 날 그의 아내가 〈리더스 다이제스트〉에서 줄루족에 관한 몇 페이지짜리 기사를 읽고 마치 줄루족에 대한 전문가처럼 술술 얘기하는 것을 보고, 만일 아내가 도서관에서 줄루족에 관한 자료를 더 많이 읽는다면 영국 내에서 최고의 줄루족 전문가가 되었을 것이라는 생각을 했다는 것이다. 이때 그는 어떤 특정 분야, 즉 비교적 좁은 분야를 공부하면 노력에 비해 상대적으로 경쟁 우위를 갖기가 쉽다는 생각을 하게 되었고, 투자 역시 모든 것을 대충 아는 것보다 하나를 제대로 잘 아는 것이 성과에 큰 도움이 된다고 본 것이다. 이는 "모든 것을 다 알려고 하기보다 하나를 제대로 잘 아는 것이 더 중요하다"는 워렌 버핏의 말과 상통한다.

개인 투자자를 위한 조언

개인 투자자가 가진 이점을 잘 살려야 한다. 전문지식을 갖고 대규모 자금을 운용하는 전문 매니저에 비해 약점도 있지만 한편으로는 규모의 이점과 범위의 이점이 있다. 소액 투자자인 개인 투자자는 작은 기업에 '의미 있는 투자'를 할 수 있으며 펀드 매니저처럼 수많은 기업에 투자하지 않고 몇몇 기업에 집중해 투자할 수 있다. 투자 모임에 참여하고 자신이 잘 아는 분야를 공부함으로써 줄루족 전문가 중 한 명이 돼야 한다.

왜 성장주에 투자해야 하는가

시장의 등락은 아무도 모르기 때문이다. 한 엘리베이터 안내원이 JP 모건에게 "선생님 오늘 시장은 어떨 것 같습니까?"라고 묻자 "오르락 내리락 할 거네, 오르락 내리락 할 거야"라고 답했다고 한다. 이 짧은 대답의 의미는 시장이 오를지 내릴지는 아무도 모른다는 뜻이다. 결국 시장의 상승과 하락을 걱정하기보다 성장 기업을 연구해 타이밍에 크게 좌우되지 않는 투자를 해야 한다.

성장주란 무엇이며 어떻게 투자해야 하는가

성장이란 매년 평균 이상의 비율로 주당순이익을 늘리는 능력이다. 그 기업의 '내부로부터의 유기적인 성장'을 의미하여 주당순이익의 증가와 주가 상승은 쌍둥이처럼 연결돼 있음을 잊지 말아야 한다. 물론 성장주도 경기와 시장 분위기에 영향을 받지만 경기 관련주에 비해 덜 취약하다. PEG 1 이하인 주식에 투자해야 하며, 저 PEG의 투자는 연간 주당순이익 증가율이 15퍼센트에서 30퍼센트 수준이고 PER은 12에서 20 사이에 있을 때 가장 효과가 크다. PEG가 낮은 주식은 발전성과 안전성이 결합된 주식이다.

성장주 찾기

저 PEG 주식을 찾되 PER이 너무 높은 주식은 피해야 한다. PER이 아주 높은 가운데 PEG가 높지 않으려면 이익 증가율이 엄청나게 높아야 한다. 이는 현실적으로 불가능하거나 너무 힘들다. 강력한 현금 흐름이 있는 기업을 찾되 배당금으로 지급되거나 실질적인 사업 확장에 사용할 수 있는 잉여 현금을 창출하는 기업이 좋다. 단지 사업을 유지하려고 현금을 지출하는 기업과 구분해야 하는데, 건강한 현금 흐름이라면 다음과 같은 항목에 지출돼야 한다. 부채의 상환, 미래를 위한 자본 지출, 보통주 배당, 자사주 매입 등.

시장과 대비해서 상대적으로 주가 상승이 있는 주식이 좋다. 시장 대비 상승이 적은 기업이 향후 상승 폭이 클 것이라 생각하기 쉽지만, 사실 가장 탄력이 좋은 주식은 시장 대비 강하게 상승하며 이미 시장에서 승자의 면모를 보이기 시작한다.

그리고 경영진의 능력이 중요하다. 성숙 기업은 기업 실적으로 경영진의 능력을 판단할 수 있지만 성장 기업은 쉽지 않기에 주총 참석, 연차보고서 확인, 이사회 구성 확인, 경영진의 외부 활동과 라이프스타일 등을 확인한다. 또한 경영진의 자기 주식 보유 여부와 증감을 파악하는 것이 중요하다.

또 경쟁 우위가 있는 기업이어야 한다. 경쟁 우위의 원천은 최고의 브랜드, 특허권이나 저작권, 법적 사업 독점권, 산업 지배력, 틈새 시장에서의 확고한 지위 등이다. 경쟁 우위를 확인할 수 있는 산술적 방법은 투하 자본 수익률과 영업이익률이다.

강력한 재무 구조를 갖고 있어야 한다. 부채 비율로 기업의 차입금 정도를 파악하되 50퍼센트 이상이면 피해야 한다. 훌륭한 성장 기업은 현금을 창출할 뿐 아니라 일반적으로 현금을 풍부하게 보유하고 있다.

주당순이익의 빠른 증가가 있는 기업이 좋다. 빠른 주당순이익의 증가는 산술적으로 주가에 흡수되며 조금 더 높아진 이익 증가율이 PER을 상승시키며 주가도 크게 올린다.

그 외에도 시가 총액이 작은 기업이라면 주가가 빠르게 상승하는 쪽이 성장 기업이다. "코끼리는 빨리 달리지 않는다"는 말처럼 덩치가 크면 주가는 빠르게 상승하지 않는다. 시장 대비 주가 상승이 좋으면서 시장에서 주목받지 못한 기업이 좋다. 그리고 배당수익률이 매력적이고 자사주를 매입하며 새로운 요인이 발생하는 기업이 좋다. 새로운 요인이란 새로운 경영진, 신기술 혹은 신제품, 해당 산업에 발생한 새로운 사건 등이다.

요약하면, 낮은 PEG, 20 이하의 PER, 강한 현금 흐름, 낮은 부채 비율, 상대 주가 상승, 경쟁 우위, 임원진의 자사주 매수 등이 좋은 기업의 조건이며 그 외에 급격히 증가하는 주당순이익, 적은 시가총액, 배당수익률이 좋은 기업이어야 한다.

성장주에 투자할 때는 기업의 성장 스토리 변화에 주목해야 한다. 그러면서 끊임없이 스스로에게 '지금도 사고 싶은 주식인가?' 하고 물었을 때 '그렇다'라는 대답이 나올 수 있는 주식이어야 한다.

손절매 시기는 성숙 기업이라면 재무적 수치를 적용하는 경우가 많지만, 성장 기업은 '주가 하락의 분명한 이유가 있을 때'다.

짐 슬레이터의 투자론은 어찌보면 당연한 논리지만 그가 말한 성장주 찾기 이론에 맞는 투자 기업을 찾기란 만만치 않을 것이다. 아마도 그 이론대로의 주식은 이미 많이 상승했거나 대부분의 소형 성장주는 그 이론을 충족하지 못할 것이다. 그러나 주식시장에 끊임없이 새로운 기업이 상장되고 있으며 기업의 흥망성쇠도 지속해서 변화하고 있다. 그렇기에 끊임없이 성장주를 찾으려고 노력하다 보면 이제 막 성장하는 기업을 발굴해 높은 성과를 낼 수 있을 것이다.

가치 투자 대가들의 투자 키워드

가치 투자의 대가들은 거의 예외 없이 자신만의 투자 방법론을 만들어 사용했다. 자신의 투자 방법을 사용하다가 어려움에 처한 적도 있지만, 신념에 따라 투자해 장기적으로 결국 자신의 판단이 옳았다는 것을 증명해 냈다. 그들의 공통점은 다음과 같다.

특수한 경우를 제외하고는 늘 시장에 머물러서 투자했다. 시장이 좋지 않을 때 매도해 돈을 뺀 것이 아니라 오히려 자신이 선택한 기업에 추가적으로 더 투자했다. 단지 시세 차익만 보려고 주식을 매수한 것이 아니라 그 기업 자체를 샀다. 단 1주를 매수했다 하더라도 그 기업의 지분 중에서 1주를 매입한 것이므로 회사의 주인이라고 생각했다. 아무리 좋은 기업이라 하더라도 높은 가격(고평가)에 매수하지 않고 참고 또 참아서 그들이 생각하는 가격보다 싸게 거래될 때 매수했다. 일반 투자자 대부분은 그 시기의 인기주에 투자하지만, 명성을 날릴 정도의 대가들은 현재는 인기가 없지만 미래에 인기주가 될 주식에 투자했다. 우리는 흔히 톱 다운 방식을 선호한다. 시황이 좋지 않을 때는 기업 가치와 상관없이 모든 주식이 하락하기 때문이다. 그러나 가치 투자의 대가들은 바텀 업, 즉 개별 기업에 집중하는 경향을 보였다. 자신이 생각하는 적정 가치에 주가가 이르면 반드시 매도했으며, 기업의 성장에 따라 적정 가치가 변화하는 것을 놓치지 않으려고 끊임없이 투자한 기업을 연구했다. 시장에서 각광받는 주식보다 자신의 분석에 따라 저평가된 주식에 투자하는 것이므로 일시적으로 시장에서 소외될 수 있다. 그러한 시기에도 실망하지 않고 기다릴 수 있는 인내심을 가졌다. 반면 늘 리스크를 경계했는데, 그들의 가장 큰 리스크는 기업의 성장 스토리가 자신이 생각한 바대로 진행되지 않는 것이다.

앞에서 소개한 몇몇 투자 대가들의 투자론을 간단히 정리해 보면 다음과 같다.

진 마샬은 "시장이 좋지 않을 때, 모두가 시장에서 빠져 나가려고만 할 때 투자하라. 그렇게 하려면 늘 패닉 리스트를 만들어 가지고 있어야 한다. 단기적으로 인기 있는 주식에 연연해 하지 말고 자신의 정보력과 분석력을 바탕으로 미래에 각광받을 성장주를 선택해 투자하라. 타이밍보다 좋은 기업을 선택하는 것이 더 중요하다. 기업 성장 정보를 알려고 노력하고 새로운 환경에 관심을 가져라. 너무 많은 기업에 투자하지 말고 서너 종목에 집중해 장기 투자하라."

필립 피셔는 "기업 실적은 결국 그 안의 사람들이 만들어 가는 것이므로 그들이 '어떤 사람들이며, 어떤 목표를 갖고 있고, 기업의 성장을 위해 무엇을 하고 있는가'에 집중하라. 경쟁력 있는 제품이나 서비스를 보유하고 있고, 환경 변화에 따라 변화하는 기술 개발에 주력하는 기업을 선택하라. 원가 경쟁력이 있어 영업이익률이 높은 기업을 선택하라. 제품이나 서비스 이익 등 모든 사업 행동은 사람이 하는 것이므로 장기적 비전을 갖춘 진실된 경영진이 있는 기업을 선택하라."

팻 도시의 경제적 해자에서는 "경제적 해자를 인지하고 미래에 위대한 기업이 될 주식에 낮은 가격으로 투자할 수 있는 통찰력을 만들어 가야 한다.

뛰어난 제품, 높은 시장점유율, 운영 효율성, 우수한 경영진이 중요하지만 그보다 더 중요한 핵심은 경쟁자가 따라올 수 없는 제품이나 서비스를 제공할 수 있는 해자, 즉 브랜드, 특허, 법적 라이선스 같은 무형의 자산과 높은 원가 우위와 가격 경쟁력, 충성 고객을 바탕으로 한 네트워크를 가지고 있는 기업에 투자해야 한다. 경쟁 환경에서 도태되지 않고 지속적으로 이익이 증가하려면, 인기 제품이나 우수한 경영진이 운용 효율성으로 만들어낸 일시적 수익으로는 안 된다. 그러한 상황을 만들어 내는 구조적인 해자를 갖고 있는 기업이어야 한다."

피터 린치는 "주식을 여섯 가지로 분류했는데, 그중 우리가 관심인 성장주로는 이해하기 쉬운 단순한 사업구조를 갖고 있지만 경쟁 기업이 없거나 경쟁 우위의 기업이면 완벽하다. 수익 성장이 PER를 정당화할 수 있어야 한다. 만일 미래 수익 측정이 어렵다면 최소한 수익 증가 계획, 즉 성장 스토리가 있어야 한다. 주식을 선택할 때는 절대적으로 수익에 집중해야 한다. 계란을 한 바구니에 담거나 여러 바구니에 나누어 담는 전략이 중요한 것이 아니라 어떤 계란을 담을 것인가가 중요하다. 매수 시기는 모두가 좋지 않다고 할 때가 좋다. 완벽한 주식 전문가는 없다. 지나간 역사에서 검증됐다. 세상에서 벌어지는 일을 예측도 못하고 적절한 대응도 못한다면 차라리 좋은 기업에 장기 투자하라. 전문가들은 제도적 제약과 옥시모론에 의해 실수를 범한다. 오히려 현명한 개인 투자자가 더 훌륭한 성과를 낼 수 있다."

짐 슬레이터는 "모든 분야에서 성공적인 투자가가 되려는 시도는 부질없는 짓이다. 오히려 좁은 영역에 특화해 그 분야에서 상대적으로 뛰어난 전문가가 되는 편이 좋다. 분석이 덜 돼서, 시장에서 소외돼서, 평가절하 되어 있는 소형주에 집중하라. PEG가 낮은 기업을 선택해야 하는데, 연간 이익 증가률이 높으면 주가 상승으로 PER이 높아져도 PEG는 낮다. 개인과 소액 투자자는 작은 기업에 의미 있는 투자를 할 수 있다는 장점을 살려야 하며, 여러 기업을 대충 아는 것보다 하나의 기업을 제대로 알고 집중 투자하는 게 낫다. 시장의 상승과 하락을 예측하기는 어렵다. 시장을 예측하기보다 자신이 잘 아는 성장 기업을 연구하라. 성장주는 '내부로부터의 유기적인 성장' 잠재력을 갖추고 있어야 한다. 성장주에 투자할 때는 기업의 성장 스토리 변화에 주목해야 한다. 끊임없이 '지금도 사고 싶은 주식인가?'라고 스스로 물었을 때 '그렇다'는 답이 나오는 주식이어야 한다."

키워드만 뽑아보면 다음과 같다.

자신만의 투자론, 장기 투자, 인기주 매수 금지, 주식에 투자가 아닌 기업에 투자, 고평가에 추종 매수 금지, 시황보다 개별 기업 분석에 집중, 모두들 시장에서 매도하고 떠나려 하는 패닉 시기가 가장 좋은 매수 타이밍, 타이밍보다는 기업에 집중, 과도한 분산을 하지 말고 소수 주식에 집중, 신제품·신기술·신시장 등의 변화에 집중, 기업 주체의 장기 비전 인식과 진정성 있는 사업 행동, 뛰어난 제품과 시장 점유율 그리고 충성 고객을 만들어 낼 수 있는 해자, 순이익의 성장, 안정적 재무구조, 자신이 잘 아는 분야 또는 잘 아는 기업에 집중, 기업 성장을 담보하는 내부로부터의 유기적 성장 잠재력, 좋은 기업 선정 후에는 저평가될 때까지 기다릴 수 있는 인내심 등이다.

키워드만으로도 우리는 훌륭한 기업의 주식을 선정하고 투자하는 노하우를 알 수 있다.

04 기업의 성장 스토리에 투자하자

대가들의 성공 사례는 그렇다 치고, 이제 실전 투자에서 어떻게 성장 기업을 찾고 투자할지 고민해보자. 가치주에 장기 투자한다며 누구나 알고 있는 대형 우량주를 매수해 무작정 보유하거나 아직 검증되지 않는 벤처 기업에 투자해 놓고 대박을 기다리는 것은 잘못된 투자다. 미래의 성장에 투자하는 것이므로 '검증된 성장 동력과 성장 과정의 스토리'가 확실해야 한다. 성장 과정을 기업과 함께하며 지켜보고 검증해야 한다. 미래에 성장할 기술과 산업을 읽어내는 통찰력이 있어야 한다. 주식시장만 쳐다보다가는 성장주를 찾지 못할 것이다. 많은 가치 투자자가 설명한 계량적 분석과 한두 번의 기업 탐방으로는 한계가 있다. 글로벌 환경 변화와 경기 사이클, 산업 사이클과 기술 발전의 흐름을 통찰할 수 있어야 한다. 그리고 나서야 개별 기업에 대한 재무적 분석이 필요하다.

4차 산업혁명기의 가치 투자

역사적으로 세계는 다섯 번의 중대한 기술혁명을 겪었다. 1770년대 영국을 패권국으로 만든 산업혁명, 1820년대 증기와 철도 혁명, 1870년대 미국과 독일의 부상을 이끈 철강과 중공업 혁명, 1900년대 포드 자동차로 시작된 미국의 대량생산 혁명, 1970년대 인텔과 마이크로소프트의 탄생으로 시작된 IT 혁명이다. 가깝게는 통신과 IT 하드웨어의 결합이 만들어 낸 스마트폰 혁명이 세상을 얼마나 바꾸어 놓았는지, 애플 같은 기업이 얼마나 성장했는지 피부로 체험하고 있다.

그러한 시기에 거대 자본이 투입돼 해당 산업의 성장을 이끌었다. 새로운 산업혁명이 일어나는 시기에는 구산업이 쇠퇴하고 신산업이 비약적으로 발전해 주식시장에 새로운 성장 기업이 탄생했다. 패러다임의 변화는 글로벌 경제의 변혁기를 만들었다. 구경제의 후퇴는 경기 전망을 불투명하게 만들거나 일정 기간 동안 경기 둔화의 요인이 됐다. 주식시장은 그러한 시기에 큰 변동성 위기를 맞기도 했다. 그 과정에서 신산업을 주도하는 국가가 패권 국가가 되고 주도권을 뺏긴 국가는 퇴보한다. 결국 글로벌 경제 발전 단계 속에서 산업혁명은 패권 국가의 변화, 주식시장의 변화, 성장 산업의 변화, 성장 기업의 변화를 이끌었다. 2017년부터 글로벌 경제의 화두는 '4차 산업혁명'이다. 그 과정에서 미국과 중국의 패권 다툼은 필연적인 것이다. 주식시장은 큰 변동성을 겪고 있다. 정치, 문화, 사회, 산업의 다방면에서 변화가 일어나고 있는 것이다. 결국 주식 투자자는 항상 성장 산업과 기업에 집중해야 한다.

성장 산업은 구산업의 경기 순환 사이클을 따라 나타나기도 한다. 특히 경기 침체 후의 회복 시기에 경기 부양 정책이 집중되는 곳에서 나타난다. 구산업을 부양하는 정책이 나오기도 하지만, 신산업의 탄생과 함께 주력 산업을 부양하는 경우가 많았다. 성장 산업은 거의 대부분 신산업의 발전과 함께 나타난다. 현재 우리가 4차 산업 카테고리에 집중할 수밖에 없는 이유다.

4차 산업혁명이라는 말은 2016년 1월, 다보스 세계경제포럼이 '4차 산업혁명의 이해'를 주요 의제로 설정하면서 세간에 알려졌다. '제조업과 정보통신의 융합'을 뜻하는 용어로 사용되기 시작한 4차 산업혁명은 '3차 산업을 기반으로 한 디지털과 바이오 산업, 물리학 등 3개 분야의 융합된 기술이 경제체제와 사회구조를 급격히 변화시키는 기술혁명'이라고 클라우스 슈밥은 정의했다.

1차 산업혁명은 철도 증기기관의 발명으로 기계에 의한 생산, 2차 산업혁명은 전기와 생산 라인 발전으로 인한 대량생산, 3차 산업혁명은 반도체와 컴퓨팅, PC 인터넷의 발전으로 인한 정보기술 시대로 정리된다. 반면 4차 산업혁명은 '초 연결성', '초 지능화'란 특성이 있으며 인간과 인간, 사물과 사물, 인간과 사물이 상호 연결되고 인공지능으로 보다 지능화된 사회로의 변화를 예견하고 있다. 4차 산업을 이끄는 10개의 선도 기술이 제시됐는데, 물리학 기술로는 무인 운송 수단, 3D 프린팅, 첨단 로봇 공학, 신소재가 있으며 디지털 기술로는 사물인터넷, 블록체인, 공유 경제가 있고, 생물학 기술로는 유전

공학, 합성 생물학, 바이오 프린팅이 있다. 이러한 카테고리 속에서 클라우드 컴퓨팅과 빅데이터, 블록체인과 핀테크, 무선통신 기술과 스마트 단말기, 자율주행과 사물인터넷, 바이오, AI, AR/VR, 로봇 기술과 스마트 공장 등의 산업이 발전하고 있다.

2018년, 중국의 '신성장 산업 보고서'에 나열된 10개의 산업은 다음과 같다. 1) 무인 판매, 2) 신재생 에너지, 3) 바이오, 4) 해양 공정, 5) 신소재, 6) 태양광, 7) 로봇, 8) 반도체, 9) 농기계, 10) 항공 엔진. 2018년 본격화된 미국과 중국의 분쟁 이면에는 신성장 산업의 주도권을 선점하려는 양국의 패권 경쟁이 있다고 볼 수 있다.

우리나라는 미국이나 중국 그리고 유럽과 일본에 뒤쳐져 있지만, 기업 주·도로 신성장 산업에 진출하려는 노력을 지속하고 있다. 국가나 글로벌 기업이 주도해 성장 산업에 진출하는 선진국은 그들의 미래 성장을 담보하는 산업을 보호하고 발전시키려 한다. 소위 '지적재산권'을 두고 미국과 중국이 치열하게 분쟁하고 있는 현실을 보면 알 수 있다. 한편 우리나라는 기업, 그것도 중소기업 위주로 신사업에 진출해서 그런지 검증된 산업이나 기업이 거의 없다. 기술력만 갖고 성장을 노리는 작은 기업이 상대적으로 많다. 이들 작은 기업은 기술력은 있지만 글로벌 기업의 자본력 앞에서 실패할 가능성이 크다고 볼 수 있다. 바이오 기업이 우수한 신약 물질 파이프라인을 갖고 있으면서도 자체적으로 신약을 만들어 내지 못하고 해외 글로벌 제약사에 그 기술 또는 물질을 파는 경우를 흔히 본다. 소위 '라이선스 아웃'을 하는 것이다. 투자자 입장에서 이러한 현실은 성공 여부를 판단하기 어려운 리스크이면서 한편으로는 작은 기업의 성장에 투자할 수 있는 기회이기도 하다.

기업의 성장스토리를 추적한다

경기 사이클과 연동해 성장 주기를 갖는 경기 연동 기업들은 글로벌 경기 부양 정책과 정부의 경기 부양 정책의 방향을 보면서 예상할 수 있다. 부동산 경기를 회복시키려는 정책이 강화되면 한동안 건설 산업이 성장할 것이고 전기차나 자율주행 산업을 활성화하려는 정책이 강화되면 한동안 자동차 및 후방 관련 산업이 성장할 것이다. 경기나 산업 사이클과 연동해 기업 이익의 성장을 따져보는 것은 과거의 투자론에서 크게 벗어나지 않는다. 그러나 산업 혁명이라고 할 만한 기술 발전으로 사회 문화의 환경 변화가 일어나는 시기에 성장하는 기업을 찾아내려면 긴 시간 동안 해당 기업을 추적해야 한다.

2000여 개가 넘는 모든 상장 기업을 분석하지 않아도 인터넷이나 전문가들의 보고서만 보면 4차 산업으로 분류되는 산업군에 속한 기업을 찾아 볼 수 있다. 이미 주식시장에는 신산업에 관련된 성장주들이 카테고리(테마의 범주는 더 넓게 쓰이지만 이후 성장 산업의 카테고리를 테마라고 하자)로 엮여 관심을 받고 있다. 불행한 것은 이 분위기를 틈타 '검증되지 않은' '허위의' 성장 스토리를 엮어 주가 올리기에 바쁜 기업이 많다는 점이다. 우리는 그러한 기업들을 골라 낼 수 있어야 한다. 진짜 성장 기업을 찾아 내야 한다는 말이다. 그렇게 찾아 낸 기업이라 하더라도 성공 확률은 그리 높지 않다. 그래서 성장 가

성장주 투자는 시장과의 싸움이 아닌 기업 성장 스토리를 추적하는 자신과의 싸움에 가깝다.

사례를 든다면, 2018년 봄, 남과 북은 전쟁 없는 평화를 이루고자 정상회담을 하기 시작했다. 주식시장에는 평화 후 남북 경제 협력이 재개될 것이라는 기대가 생겨 소위 '남북 경협주'가 급등했다. 남북 경협은 당장의 일도 아니고 수익으로 연결되는 것도 아니다. 결국 미래의 가능성, 성공했을 때의 성장에 투자하는 것이다. 수많은 남북 경협주가 저마다 성장주라며 테마를 형성했지만, 그중 실제로 성공해 성장하는 기업이 몇 개나 될까? 성공 가능성이 높은 기업이라 하더라도 정치적 문제로 남북 경협이 이루어지지 못하면 성장 기대는 물거품이 될 것이다. 성장주 투자에 '통찰력'과' 검증'이 무엇보다 필요한 이유다.

성장주에 투자하는 펀드와 ETF가 많다. 성장주 카테고리 안에서 기술별로 투자하는 ETF도 많이 있다. 미국, 중국 등 해외 국가의 성장주에 투자하는 펀드와 ETF도 있다. 게다가 성장을 전제로 한 테마는 무수히 많다. 가장 대표적인 바이오뿐 아니라, 인공지능, 사물인터넷, 자율주행, 5G무선통신, 빅데이터와 클라우드, 스마트팩토리, 시스템 반도체, AR/VR 관련 기술이 접목된 게임, 블록체인 기술이 접목된 핀테크, 보안 블록체인, 3D프린팅, 로봇 등 다양한 카테고리로 묶여 있다. 같은 테마 안에서 기술별로 세분화되기도 한다. 가령 바이오는 신약개발, 바이오시밀러, 줄기세포, 바이오로봇, 의료기기 등으로 나뉘어 있다. 각각의 테마 속 해당 기업은 인터넷이나 증권사에서 발간한 보고서에 자세히 나열돼 있다. 이 책은 개별 기업을 설명하려는 목적이 아니므로 기업 소개는 생략하기로 한다.

기업을 검증하는 방법

성장 산업군에 속한, 성장 기술을 보유한 기업 리스트를 확보했다면, 검증 단계로 넘어가야 한다. 가장 먼저 갖추어야 할 것은 성장 산업군에 대한 통찰이다. 산업군을 검증했다면 개별 기업의 기술력과 성장 스토리를 검증해야 한다. 이 검증 단계에서는 앞서 많은 지면을 할애해 설명한 성장 가치주 투자 대가들의 투자론과 분석 방법론을 사용하자. 당부하고 싶은 점은 중장기로 투자할 주식을 선택하고 실제로 투자 결정을 하기 전에 반드시 기업 탐방을 하라는 것이다. 실체가 없는, 어처구니 없는 기업이 성장의 가면 뒤에 숨어 있다. 그런 기업을 솎아 내야 한다. 기업을 방문해도 알아내지 못하는 것이 많겠지만, 최소한 실체가 없는 기업은 골라 낼 수 있다.

실체 확인보다 그것의 성공 여부를 판단하는 일은 더 어려운 작업이다. 성장 초기의 기업은 보통 재무 구조가 취약해 좋은 기술을 보유하고 있음에도 끝까지 성장하지 못하고 사라지는 경우가 있다. 작은 기업일수록 재무 구조가 탄탄한지 확인해야 한다. 성장 초기이기 때문에 매출액이 급증해도 순이익이 증가하지 못하는 경우가 대부분이다. 매출이 높다 하더라도 연구개발비, 시장 개척비 등 비용이 많아 영업이익률이 높지 않을 수 있다. 가장 중요한 것은 기업이 망하지 않아야 한다는 것이다.

당연히 우선적으로 재무제표의 안정성을 살펴봐야 한다. 부채 비율(유동부채), 유보율 등을 확인해야 하며 현금흐름표도 봐야 한다. '부채 비율'은 당연히 낮아야 하지만 특히 유동 부채가 회사의 자본금보다 월등히 낮아야 한다. '유보율'은 기업이 가지고 있는 자금 동원 능력이므로 높아야 한다. 영업이익으로 이자도 못 내는 기업은 위험하므로 이자 보상 비율이 높아야 한다. 흔히 재무제표를 재무상태표, 손익계산서, 현금흐름표, 자본변동표, 주석으로 나누어 분석하는데, 성장 초기의 기업을 볼 때는 매출과 영업이익, 순이익도 중요하지만 부채와 유보율 현금 흐름이 적절한지가 중요하다.

현금흐름표는 영업 활동, 투자 활동, 재무 활동으로 인한 현금 흐름을 파악한다. '영업 활동'으로 인한 현금 흐름은 당연히 많으면 좋다. 성장 기업이라 하더라도 영업 활동으로 인한 현금 흐름이 없다는 것은 위험하다는 신호다. 일정 정도의 꾸준한 수익이 있어야 회사가 존속될 수 있다. '투자 활동'으로 인한 현금 흐름에는 유·무형의 자산에 투자함으로써 얻어지는 현금 흐름도 기록되지만 성장 기업은 그러한 여유가 없다. 대부분 공장 건설, 연구개발비 등에 투자하기 때문에 마이너스인 경우가 많다. 투자 활동의 현금 흐름이 많으면 무리한 투자일 수 있다는 가치 투자자의 비판도 받지만, 성장 초기의 기업들은 현재 개발 중인 기술이나 신약의 성공 여부에 미래의 기업 운명이 달려 있기 때문에 일정한 비율의 투자를 지속해야 한다. '재무 활동'으로 인한 현금 흐름은 돈을 빌리거나 갚거나 하는 행위로 발생하는 현금 증감이다. 성장 기업이 투자하려면 돈을 빌려야 하므로 마이너스인 경우가 많다. 만일 영업 활동으로 번 현금이 많은데, 투자 활동으로 인한 현금 흐름도 유입이라면 번 돈을 투자에 사용하지 않고 있으므로 성장 기업이 아닐 수 있다. 성장 초기의 기업에서 투자 활동으로 현금이 유입되기가 쉽지 않다. 영업 활동으로 유입된 돈으로 차입금을 갚고 있는 현금 흐름이 보인다면, 재무 안정성 면에서는 좋지만 성장 기업으로는 적절치 않다. 부채가 좀 있다 하더라도 투자해 성장하는 데 초점을 맞춰야 하기 때문이다. 영업 활동으로 들어오는 현금이 많아서 투자도 하고 대출도 상환하는, 즉 영업 활동 현금은 플러스, 투자 활동 현금은 마이너스, 재무 활동 현금도 마이너스인 상태인 성장 기업이 좋다.

회사의 안정성을 확인했다면, 당연히 매출과 영업이익 그리고 순이익을 확인해야 한다. 모두 높으면 좋겠지만, 그중에서도 매출액 대비 영업이익이 얼마나 되는지(영업이익률)가 중요하다. 앞서 공부한 많은 투자의 대가들이 역설했듯이 분기 순이익은 높을수록 좋다. 특히 좋지 않았다가 이익이 급격히 증가하는 기업이 좋다('주가의 기울기는 이익의 기울기와 같다'라고 하듯이). 연간 순이익은 꾸준히 증가하는 것이 좋다. 매출이 아무리 높아도 영업이익률이 너무 낮은 기업은 성장 기업이 아니다. 성숙 기업은 매출이 수조 원이라도 영업이익률이 3~4퍼센트뿐이 안 돼 영업이익은 고작 수백억 원인 경우가 많으며 극단적으로 매출은 엄청나지만 적자인 기업도 많다. 대부분의 성장 기업은 영업이익률이 수십 퍼센트에 이른다. 수요에 비해 공급이 부족해 원가가 낮아도 높은 가격으로 판매할 수 있기 때문이다. 성장 기술은 성공할 때까지의 비용이 많이 들지만, 성공 후에는 낮은 비용으로 고가의 제품을 판매할 수 있다. 사실 아주 초기의 성장 기업은 매출도 작지만, 개발비용이 높아 영업이익이나 순이익을 만들어 내지 못하는 경우가 많다. 그런 기업은 향후 개발된 제품의 상업화가 중요하기 때문에, 순이익보다 매출이 얼마나 되는지를 중요한 판단 기준으로 보기도 한다. 사실 성장 기업이 매출과 이익이 증가하기 시작한 시점이라면 주가는 이미 급등한 상황일 가능성이 크다. 성장 가능성을 보고 이미 많은 투자자가 매수했을 것이다. 미래 이익을 감안하더라도 고평가 영역으로 진입하는 시점에 투자 타이밍을 잡는 것은 모두가 인지한 상태에서 뒤늦게 진입하는 것일 수 있으므로 주의해야 한다.

해자와 상품성

이익 성장의 핵심이 되는 기술을 이제 막 완성해 가는 기업을 발굴해야 한다. 모두 인지했을 때는 늦었거나 낮은 가격에 투자할 수 없다. 그 기술은 독보적이어야 하며, 신제품을 만들어 낼 수 있어야 하고, 경쟁사가 추격하지 못해야 한다. 그래서 '경제적 해자' 이론에서는 경쟁자들이 따라올 수 없는 제품이나 서비스를 제공할 수 있는 해자가 있어야 한다고 설명한다.

또한 그 제품이 글로벌 경쟁력을 가지고 있어야 한다. 좁은 국내 시장에만 적용되는 것이 아니라 세계적으로 인정받는 제품이 되어야 한다. 시장은 넓고 점유율이 높아야 한다. 시장이 넓다는 의미는 어렵게 신기술 제품이 성공했을 때 진출할 수 있는 시장 사이즈가 크다는 말이다. 즉, 총 수요를 금액으로 환산했을 때 수조 원, 수십조 원이 되는 제품이면 더욱 좋다. 흔히 신약 개발 바이오 기업에 이익에 비해 수십, 수백 배의 멀티플을 적용하는 이유다. 세계적으로 독보적인 제품이라면 시장점유율이 100퍼센트일 것이다. 그와 유사한 대안 제품이 있거나 경쟁사가 진입하면 시장점유율이 하락할 것이다. 애플의 아이폰은 독보적인 기술력으로 전 세계 시장을 석권했지만, 삼성의 추격과 화웨이 등 중국 기업의 추격으로 시장점유율이 지속적으로 떨어진 사례가 있다. 그럼에도 애플은 경쟁사가 추격할 수 없는 '해자'를 갖고 있다. 낮은 원가로 제품을 만들 수 있고 전환 비용이 높은 충성 고객을 보유하고 있다. 그렇기에 전세계 1위 기업의 위상을 지키고 있는 것이다.

계속 성장하려는 경영자 여부

기업의 흥망 성쇠는 산업의 변화, 사회 문화의 변화에 늘 도전받는다. 한 기업에 수 년, 수십 년 동안 투자하려면 변화에 적응하고 지속적으로 성장하는 기업이어야 한다. 그 긴 기간 동안 성장을 유지하려면 경영진의 마인드가 중요하다. '기업 성장을 담보하는 내부로부터의 유기적 성장 잠재력'은 단지 독보적인 기술 개발에서 나오는 게 아니고 그 기술을 만들어 내고 유지하며 새로운 기술을 창출하는 기업 내부의 사람에서 나온다. 주식 투자를 하면서 경영진에 투자한다고 말하는 사람이 있는 이유다.

미래의 수익 추정

미래의 시장 규모와 점유율을 예상할 수 있어야 한다. 미래의 기대 수익을 보수적으로 추정하고 비용을 감안해 적정한 가치 분석을 한다. 뭔가 성장 기술이 있긴 한데, 시장 규모는? 점유율은? 사업 비용은? 영업이익률은? 아무것도 알 수 없는 기업이라면 지금 가격이 낮은 것인지, 얼마에 매수하면 좋고 얼마에 매도해야 하는지를 계산할 수 없다. 기업 대부분은 핵심 사업 부문(성장)이 있고 어떤 시장에 진출하여, 얼마나 매출을 일으킬 것인지 구체적인 사업 계획을 갖고 있다. 모든 기업이 계획대로 성공하는 것은 아니므로 미래 수익은 보수적으로 추정해야 하며 그 과정에서 필요한 고정비, 판관비, 영업비 등의 제 비용을 계산할 수 있어야 한다. 미래의 추정 수익을 계량화할 수 있는 기업이어야 적정 멀티플을 적용해 투자 전략을 만들 수 있다. 계량화할 수 없는 성장은 실체가 없는 허위일 가능성이 높다.

변화라는 위험과 싸우는 일

신기술, 신제품이라 하더라도 성장 과정 중에 여러 가지 위험 요소가 있다. 기술이 빠르게 변화해 제품이 만들어지기도 전에 새로운 기술이 나타날 수 있다. 경쟁사에서 유사한 제품이 나올 수도 있다. 신제품이 만들어지고 상업화되기 전에 기업의 재무 상태가 나빠질 수도 있다. 정부의 정책 변화가 있을 수도 있다. 경영진의 무리한 사업 확장으로 신제품 효과가 재무제표에 반영되지 못할 수도 있다.

제약 바이오 산업이나 차세대 디스플레이 산업 등 IT 산업에서 이런 일이 흔했다. 가령 반도체는 빠르게 진화해 지속적으로 새로운 제품이 탄생하고 있다. 애플, 삼성전자, 화웨이, 샤오미 등은 스마트폰 디자인 및 기술로 끊임없이 분쟁을 일으키고 있다. 2018년 현재 애플의 아이폰이나 경쟁사의 스마트폰이나 소비자들은 비슷하다고 느끼고 있다.

중소기업은 수준 높은 기술력을 바탕으로 완제품을 만드는 대형 제조사에 납품한다. 최종 제품을 만드는 대형사를 흔히 '고객사'라고 하는데, 중소형 기업은 고객사가 요구하는 기술을 수년간 연구 개발해 완성된 제품을 납품하려 한다. 연구 개발 기간 동안 기술 환경이 변하고 완제품의 전략이 변하면 해당 기술이 필요 없게 되기도 한다. 황당한 일이지만, 흔한 일이다. 성장 기업을 선택할 때 '고객사와의 관계'도 중요하게 판단하는 이유다. 물론 세계적으로 독보적인 기술을 보유한 기업을 판단할 때는 큰 문제가 아니지만, 중소형 스타트업 기업을 판단할 때는 중요한 요인이다.

성장 기업은 신기술 개발에 사활을 걸지만, 내부적으로는 적정한 재무 상태를 유지해야 한다. 아무리 뛰어난 기술을 보유하고 있더라도 기업이 망하면 기술은 필요 없게 된다. 신성장 사업에 주력하고 있는 성장 기업일수록, 한편으로는 캐시카우가 될 수 있는 안정적 사업을 하고 있어야 한다. 즉, 작더라도 꾸준히 수입이 유입되는 사업을 하고 있어야 한다.

초기에 신사업에 성공해 큰 수익을 거두었다면 재무 구조의 안정, 매출 확대를 위한 투자, 새로운 사업을 위한 준비에 사용해야 한다. 기존 사업과 시너지도 없고 기술력도 없는 사업 분야로 다각화를 추진하는 기업을 많이 봤다. 그런 기업이 성공한 사례는 극히 드물다. 사업 다악화가 되는 것이다. 중소형 성장 기업을 고를 때는 얼마나 구체적인 계획을 갖고 있으며 얼마나 안정적으로 진행하고 있는 기업인지를 판단해 보아야 한다.

그리고 가능한 잘 아는 분야에서 선택해야 한다. 자신의 능력 범위 밖의 분석은 피해야 한다. 단순하고 판단하기 쉬운 사업 분야에서 선택하는 것이 좋다. 직장에 다니고 있다면, 다니고 있는 기업이 속한 업종에서 성장 기업을 찾아 보는 것이 좋다. '줄루 투자 기법'에서 당부한 것처럼, 다방면을 알려고 하는 것보다 남들보다 더 잘 아는 분야에 집중하는 게 좋다. 각 증권사 애널리스트조차 모든 섹터를 커버하지 못한다. 각 업종별로 담당 애널리스트가 지정돼 있으며, 상당히 많은 애널리스트가 증권 회사에 입사한 다음에 스팩을 쌓은 것이 아니라 해당 산업 분야에서 근무하다가 증권사로 이적해 온다. 가령 반도체 담당 애널리스트의 많은 수가 삼성전자에서 근무한 경력이 있다. 섹터별 애널리스트는 자신이 맡은 섹터 이외의 산업은 잘 모르기도 하고 굳이 분석하려 들지 않는다. 업종별로 분석 도구가 다르기 때문이다. 성숙 기업과 성장 기업을 같은 도구로 분석할 수 없는 것처럼 자신이 가장 잘 아는 또는 가장 흥미롭고 관심이 있는 분야에서 성장 기업을 찾는 것이 좋다.

성장주에 어울리는 거래 전략

기업 성장 모멘텀의 가능성과 재무제표를 통해 투자 대상 주식을 선택했다면, 거래 전략을 고민해야 한다. 많은 투자자가 의외로 거래 전략에 대한 공부는 많이 한다. 재무 분석이든, 기술적 분석이든 말이다. 다만 투자 대상 주식을 찾는 일에는 소홀하거나 다른 사람들의 추천에 맡긴다. 어찌보면 당연할 수도 있겠다. 성장 기업 발굴 방법은 그리 쉽지 않기 때문이다.

성장주의 투자 전략은 단기 거래나 일반적인 중단기 눌림목 거래와는 확연히 다르다. 장기 투자 해야 하며, 저평가 구간에서 매수해야 하기 때문에 모두가 매도하는 패닉 상황이 가장 좋은 매수 타이밍이다. 단기 모멘텀 거래가 아니기에 항상 분할 매수, 분할 매도해야 하며 최저가에 매수하고 최고가에 매도하려는 타이밍에 매달리지 않아야 한다. 투자할 성장 기대주를 여럿 선택해 두었다면 그것을 패닉리스트로 삼는다. 성장이 검증된 기업의 주가 상승이 시작됐다면 더더욱 패닉리스트 대상이다. 패닉 상황에서는 가치주든 성장주든 거의 모든 주식이 비정상적으로 하락하기 때문에 최고의 매수 타이밍이다. 꼭 패닉 상황이 아니더라도 경기와 산업의 펀더멘탈 리밸런싱이 이루어지면 시장은 단기에 급락한다. 특정 펀드의 청산, 대규모 운용사의 리밸런싱이 있을 때도 특정한 섹터에 급락이 발생한다. 일시적인 정치적 사회적 노이즈에도 급락이 발생한다. 시장에는 종종 비정상 급락이 있다. 성장주 장기 투자자에게는 가장 좋은 매수 기회다.

하지만 그러한 기회가 자주 있지 않다. 그래서 충분히 기다리면서 시장을 관찰하는 인내심이 있어야 한다. 급하게 매수하고 급하게 매도하는 단기 성향에서 벗어나야 한다. 충분한 투자 기간을 견딜 수 있을 만큼 자금에도 여유가 있어야 한다. 현재 인기 있는 주식보다 미래에 인기 있을 주식에 투자하는 것이므로, 현재 벌어지고 있는 현란한 주가 움직임에 현혹되어선 안 된다. 시황이나 업황은 알고 있어야 하지만, 개별 주식의 단기 등락에 연연해 하지 않아야 한다. 투자할 기업의 주가가 저평가 구간으로 하락하기까지 기다리면서도 한편으로는 바쁘게 기업의 성장 스토리를 점검해야 한다. 주가가 움직이지 않는다고 그냥 내버려 두는 것이 아니다. 최초 투자하기로 마음 먹은 성장 스토리에 변함이 없는지, 새로운 변수가 발생하지는 않았는지, 경영진 교체나 사업 계획의 변화가 있는지 등을 지속적으로 확인해야 한다. 가능한 한 자주 기업에 방문해 기업 내부자가 어떤 활동을 하고 있는지 알아 보자. 기업이 제시한 신제품 개발이 순조롭게 진행되고 있는지, 판매되고 있는 제품이 얼마나 잘 팔리고 있는지, 그래서 매출과 영업이익은 어떻게 증가하고 있는지를 추적해 언제까지 보유할 것인지, 목표 주가는 어느 정도로 수정할 것인지를 계산하고 있어야 한다.

성장주 투자의 성공 여부는 기업의 성장 스토리에 달려 있다. '성장 스토리'에 투자해야 한다. 성장 스토리가 '없거나' '모호하거나' '변수가 많은' 기업은 좋은 성장주가 아니다. 주식시장에는 명확히 성장할 주식이 의외로 많다. 단지 투자자가 '지금 당장 주가가 상승하지 않기 때문에', '오랜 기다림의 불확실성 때문에', '성장에 대한 확신이 없기 때문에' 외면하고 있을 뿐이다. 지금 당장 그런 주식에 투자하지 못한다 하더라도, 자신의 패닉리스트에 담아 두어야한다. 시장이 종종 비정상적(비이성적)으로 하락할 때만 매수하더라도 큰 수익을 낼 수 있다. 1년 내내 거래하는 것보다 더 훌륭한 성과가 있을 것이다.

05 ETF와
코스트 에버리지

지수 연동형 ETF(Exchange Traded Fund)는 KOSPI200, KOSDAQ50과 같은 특정 지수의 수익률을 추종하는 펀드(Index Fund)와 뮤추얼 펀드의 특성을 결합한 상품이다. 우리나라에 2002년 처음으로 도입됐으며 인덱스 펀드와는 달리 거래소에 상장돼 있어서 일반 주식처럼 자유롭게 사고팔 수 있다. 거래는 주식처럼 하지만 성과는 펀드처럼 얻는다. 주식과 펀드의 장점을 혼합한 하이브리드 타입 투자 상품이다. '존 보글(John Bogle)'이 ETF를 "투자 종목 선정 안목이 부족한 개인 투자자에게 최고의 상품"이라고 말할 정도로 상존하는 거의 모든 투자 상품 중 최고라고 할 수 있다. ETF는 중도해지 수수료가 없고 운용 수수료 역시 낮다. 주식처럼 분산투자도 가능하기에 개인 투자자가 큰 비용을 들이지 않고도 전체 시장 및 특정 섹터에 다양하게 투자할 수 있다는 장점이 있다. ETF 시장은 지속 성장해 2009년 자본시장법이 시행됨에 따라 신종 ETF를 개발할 수 있는 법적인 요건이 마련되었다. 이후 지수연동 ETF뿐 아니라 KOSPI200 레버리지 ETF, 지수 역행 ETF, 통화 ETF, 상품 ETF 등 다양한 신종 ETF가 만들어져 거래되고 있다.

ETF의 장점

1. 양방향으로 투자할 수 있다. 추종하는 지수가 상승해도, 하락해도, 투자할 수 있는 ETF가 있기에 적절하게 양방향으로 투자할 수 있다. 이것은 개인 투자자에게 가장 큰 장점이다. 과거에는 시장 하락기면 투자할 대상이 없었다. 주식은 공매도가 아닌 이상 주가가 상승해야 수익이 나는 구조이기 때문이다. 이제는 누구나 시장 하락기에 인버스 ETF에 투자해 수익을 추구할 수 있다. 더 나아가 변동성이 큰 시장에서 헤지 거래를 할 수 있게 된 것이다.

2. 투자 분야가 많다. 국가별, 원자재별, 산업별, 금융별, 추종 방식에 따라 투자 분야가 많고 다양하다. 분산투자가 가능하게 된 것이다. 하나의 시장 안에서 분산투자하는 것은 별 의미가 없었다. 그러나 국가별로, 상품별로 투자할 수 있게 돼 공간의 분산투자가 가능해진 것이다.

3. 운용 수수료가 작다. 펀드는 보통 2퍼센트 전후로 수수료가 정해지는 반면, ETF는 0.3퍼센트 내외로 조금 더 저렴하다.

4. 거래가 자유롭다. 거래소에 상장돼 있어서, 주식처럼 내가 원하는 시점에 매수, 매도가 가능하다. 과거의 펀드는 한 번 투자하고 나면 뭘 사고

파는지, 수익률은 어떤 전략으로 어떤 주식을 편입해 낼 것인지 몰라 답답했다. 개인 투자자는 대부분 일단 펀드에 가입하면 손실이 난 상태임에도 마냥 보유하며 다시 수익이 날 때까지 기다리고 있어야 했다. 말 그대로 '아무 생각 없이' 기다리는 투자였다. ETF는 펀드이지만, 언제나 자신의 판단에 따라 매매 판단을 할 수 있다.

ETF의 단점

1. 거의 모든 주식형 투자 상품이 그렇듯이 원금 손실 가능성이 있다. 단지 적절하게 분산투자와 양방향성의 투자 방법을 활용해 '비교적 안전하면서도 높은 수익률을 낼 수 있다는 것'뿐이다. 주식과 마찬가지로 시장에 상장돼 거래되고 있기 때문에 펀드에 투자하는 것이지만, 직접 투자의 위험을 그대로 안고 있다. 따라서 투자 판단의 실패로 큰 손실을 볼 수 있다.

2. 종류가 너무 많다. 종류가 많다는 것은 장점이자 단점이다. 각 금융사별로 운영하는 ETF 상품이 워낙 방대하기에 투자하고 싶은 분야와 가격 구성 조건을 사전에 분석해야 한다. 어쩌면 ETF로 분산투자를 하려면 국가별, 상품별, 섹터별 등등 거의 모든 금융시장의 흐름을 공부해야 할지도 모르겠다.

ETF의 종류

1. 실물자산(파생) ETF: 실물자산에 투자한다. 실물자산이라 함은 금, 은,

구리, 콩, 농산물, 원유, 미국달러 등 다양하다.

2. 주식섹터 ETF: 산업군으로 나뉜 주식을 대상으로 하는 상품이다. 예를 들면, 'KODEX 반도체 ETF'는 메모리를 생산하는 기업이나 반도체 장비 및 소재를 생산하는 기업에 투자한다. 국가별 ETF는 해외 각국의 주식에 투자한다. 운용사의 브랜드 다음 위치에 해당 국가명을 기재하도록 되어 있다. 해당 국가 주식의 현물을 매입하는 구조와, 지수의 선물을 매입하는 구조가 있다.

3. 주식테마 ETF: 그룹사, 배당, 바이오, IT 등 여러 테마에 투자하는 ETF다.

4. 합성 ETF: 거래 상대방인 증권사와 체결한 장외파생상품 계약을 주된 투자 대상으로 삼고 벤치마크를 추적하는 펀드이다. 합성 ETF는 스스로 운용하지 않고 다른 운용사의 상품에 투자하는 상품이다.

5. 채권 ETF: 채권에 투자하는 상품이다. 만기까지 보유하는 전략은 아니

ETF 표기 기호

레버리지: 추적 대상의 수익률의 두 배의 수익률을 추적한다. 기초 상품이 1퍼센트 혹은 −1퍼센트 수익률을 기록하면, ETF는 2퍼센트 / −2퍼센트 수익률을 추적한다.

인버스: 추적 대상의 수익률을 반대로 추적한다. 기초 상품 1퍼센트 수익률을 기록하면 ETF는 −1퍼센트 수익률을 추적한다.

TR(Total Return): 분배금을 ETF 상품에 재투자한다. ETF 상품 보유자가 분배금을 받을 후 재투자할 필요 없이 ETF 상품이 분배금을 나누지 않고, 재투자한다.

2×, 4×: 추적 대상을 목표로 2배, 4배의 수익률을 추적한다.

(H): 환율 변동 시 위험을 회피하기 위해 헷지를 한다.

며, 매매 차익을 남기는 형태로 운용된다. 단기의 통안채, 회사채, 국고채 등이 대상이다.

6. 혼합자산 ETF : 채권과 주식의 혼합 형태의 상품이다.

ETF 투자에서 주의해야 할 점

ETF 투자가 중장기 투자 또는 분산투자를 하려 할 때 가장 적합한 상품임은 확실하다. 그럼에도 주의점을 명확히 알아야 한다. 실전 투자 이전에 반드시 고려해야 할 주의점은 다음과 같다.

1. 환율 위험성이다. 해외 농산물, 원자재 선물이나 해외 상장 지수를 기초 자산으로 하는 ETF는 환율 변동에 따른 리스크가 존재한다. 투자 국가의 지수가 상승했어도 환율 하락이 더 크면 오히려 손해인 경우도 있기에 항상 환율을 고려해야 한다.

2. 매매 차익에 세금을 부과한다. ETF는 투자 기간 동안 발생한 이익에 대해 원칙적으로 세금이 부과된다. 국내 주식형 ETF의 매매 차익이나 일부 해외지수 ETF는 비과세 혜택을 받을 수 있지만 기본적으로는 소득세법상 배당소득세 15.4퍼센트가 부과된다.

3. 합성 ETF는 거래하는 상대방의 신용 위험이 내재한다. ETF는 기초지수를 추종하는 방식에 따라 '실물 ETF'와 '합성 ETF'로 나뉘는데, 합성 ETF는 실물 복제가 힘든 원자재 등의 기초지수를 추종할 수 있는 장점이 있지만 스왑 거래 상대방이 부도/파산 등의 신용 위험에 노출되기

때문에 신용도를 꼼꼼히 확인해야 한다.

4. 자산 구성 내역을 확인해야 한다. ETF는 기초지수를 추종하는 포트폴리오의 순자산가치(NAV, Net Asset Value)에 따라 결정되므로 투자하고 싶은 ETF가 어떤 종목에 투자하고 있는지 그 자산구성내역(PDF)을 상세히 확인해야 한다. 매번 확인이 어려운 것이 현실이므로 바스켓을 가장 잘 추종하는 운용사의 ETF에 투자해야 한다.

5. 추적 오차와 괴리율이 있을 수 있다. 추적 오차는 ETF의 기초지수를 순자산가치가 따라가지 못하는 것을 의미하며, 괴리율은 순자산가치와 ETF가 거래되는 시장 가격의 차이다. 결국 운용사 선택이 중요하다. 같은 기초자산에 투자하는 ETF라 하더라도 운용사에 따라 수익률이 다를 수 있다.

6. 수수료와 보수의 폭을 고려해야 한다. ETF는 '펀드' 성격이므로 운용 보수가 자산에서 빠지며 '주식'처럼 매매 시 수수료를 지불해야 한다.

7. 레버리지, 인버스 ETF를 장기 보유하면 기초 자산의 수익율과 ETF의 수익율에 오차가 발생할 수 있다. 기초지수가 상승해 레버리지 ETF도 상승할 경우(혹은 반대 경우), '기간수익률'이 그것에 미치지 못할 수도 있다. 인버스 ETF도 마찬가지이므로 장기 보유할 때는 더욱 신중해야 한다. 해외 ETF나 원유 등의 상품 ETF는 기초자산의 등락을 추종하지 못하는 경우가 빈번하다.

개략적으로 ETF의 개념과 장단점 그리고 위험을 살펴보았다. 그럼에도 우리는 ETF에 투자해야 한다. 주식시장의 거의 모든 상품은 고위험 투자 상품이므로 ETF에 존재하는 위험은 주식 투자자의 입장에서 감당해야 할 위험이다. 반면 시장 상승과 하락, 양쪽에 투자할 수 있다는 점, 해외 각국에 투자할 수 있다는 점, 주식·채권·원자재·농수산물 등 다양한 상품에 투자할 수 있다는 점, 섹터별·테마별로 묶여 있는 바스켓에 투자할 수 있다는 점, 언제든 주식처럼 사고팔 수 있다는 점 등은 과거에 할 수 없던 투자 방식이다. 휴대폰 하나만 있으면 적은 금액으로 시장 전체의 상승이나 하락에 투자할 수 있다. 미국, 중국, 일본 등 다양한 국가에도 투자할 수 있다. 금에도 투자할 수 있고, 원유에도 투자할 수 있다. 오로지 한국 시장 안에서 주식이 오르기만을 바랄 수밖에 없던 투자 환경에 비해 확실히 좋아졌다. 물론 해외 ETF에 투자하려면 환전해야 하고 투자 수익률에 환율을 고려해야 하는 등 좀 더 많이 신경 써야 한다. 그러나 그 고민은 다양한 투자 환경이 만들어짐으로써 발생한 것이다. 결국 좀 더 공부하고 좀 더 노력한 투자자에게 다양한 투자 기회와 수익 기회가 발생하는 것이다. 아직도 주식이 오르기만을 기다리는 투자를 하고 있다면 ETF에 눈을 돌려 보길 바란다.

적립식 투자 방법

우리나라의 개인 투자자 중 주식에 투자하는 비중은 해가 갈수록 줄어들고 있다. 미국을 비롯한 전 세계 금융 선진국의 개인 재테크 종류 중에 주식 투자가 큰 비중을 차지하고 있는 것과 대조적이다.

과거 적립식 펀드가 도입되면서 개인 투자자를 대상으로 '코스트 에버리지' 효과와 장점을 설명한 적이 있다. 시기별로 등락은 하지만 주식시장은 길게 볼 때 결국 우상향 했고, 매월 적립식으로 주식시장에 투자한 투자자는 모두 큰 수익을 냈다. 선진 시장에서는 매월 적립식으로 투자한 개인들의 수익률이 충분히 검증됐다. 시장이 떨어져도, 시장이 올라도 매월 적립식으로 투자하면 투자 가격은 평균에 맞춰지므로 결국 시장의 상승과 함께 좋은 결과가 나온다. 적립식으로 지수 펀드, 각종 ETF에 꾸준히 투자한 미국의 투자자와 유럽의 투자자는 큰 성공을 거두고 있다. 그런데 우리나라의 개인 투자자는 주식시장에 환멸을 느끼고 시장에서 돈을 빼내 떠나가고 있다.

우리나라 사람들은 '부동산 불패'라며 부동산이 최고의 투자라고 말한다. 그러나 전 세계 재테크 통계를 보면 부동산보다 훨씬 큰 수익률을 안겨준 투자 대상은 주식이다. 우리나라가 유독 주식시장에 부정적인 생각을 갖고 있는 현실은 투자자의 문제가 아닌 주식시장 시스템, 시장 심리의 왜곡, 불완전한 투자 상품 등이 일으킨 결과다.

지난 10년간, 20년간, 30년간 시장 지수에 적립식으로 장기 투자했다면 수익률은 충분히 만족할 만큼 나왔을 것이다. 10년 전 미국의 금융위기가 있었고 20년 전 아시아 외환위기가 있었지만 시장 지수는 결국 크게 올라와 있기 때문이다. 물론 적립식으로 투자했더라도 투자를 그만두는 시점이 시장 하락기여서 자신이 매입한 평균 지수보다 아래에 있을 수도 있다. 그래서 어쩔 수 없이 손절매할 수도 있다. 결국 적립식 투자는 충분히 기다릴 수 있고, 시장 하락기에 오히려 더 많이 매입할 수 있고, 장기 투자를 할 수 있는 사람이 저

코스트 에버리지

코스트 에버리지란 자산 매입 비용을 평균화하는 투자 방법을 말한다. 적립식 펀드에 주로 사용되지만 중장기 투자에도 흔히 사용되는 방법이다. 매월 똑같은 금액으로 투자하기도 하지만 주가가 오를 때는 상대적으로 적은 금액을 투자하고 주가가 내릴 때는 상대적으로 많은 금액을 투자해 전체적인 투자 단가를 낮추는 효과를 얻는 투자 방법이다. 이 방법의 장점은 예측할 수 없는 미래의 위험을 줄인다는 것이다. 주식시장의 방향이 어떻게 움직일지 아는 사람은 없다. 그렇기 때문에 매월 꾸준히 투자하여 평균 가격을 낮춰 위험을 줄이고자 하는 것이다. 가령 우리나라 거래소 지수가 2000포인트에서 1000포인트까지 하락했다고 치자. 적립식 지수 펀드 투자자가 하락하는 동안 매월 똑같이 투자했다면 평균은 1500포인트다. 반대로 1000포인트에서 2000포인트까지 상승하는 동안에도 똑같이 투자했다면 역시 평균은 1500포인트이다. 그렇다면 이 투자자의 수익률은 지수 1000포인트일 때 약 −33퍼센트다. 반대로 지수 2000포인트일 때의 수익률은 +33퍼센트다. 이쯤되면 문제점도 알 수 있다. 코스트 에버리지의 효과를 최대한 누리면서 수익률을 극대화하려면 투자 자금이 여윳돈이어야 한다. 그리고 시장이 박스권에서 등락하기보다 등락은 하지만 추세적으로 우상향 하는 시장이어야 최고의 투자 수익율을 얻을 수 있다.

축 개념으로 해야 한다. 그러나 우리의 현실은 주식시장이 활황일 때 거치식으로(한 번에 모든 자금을 투자하는 것) 투자하고 시장이 침체기에 들어서서 하락하면 어쩔 수 없이 큰 손실을 감내하고 투자를 그만두는 행위를 반복한다.

인내심과 여유

투자를 하는 이유는 자본 이득을 얻기 위함이고 이득으로 얻은 돈을 출금해 더 윤택한 생활을 하기 위함이다. 출금하지 않고 끝까지 저축만 할 수는 없다. 그렇기 때문에 어느 시점에서는 투자 자금을 회수해야 한다. 문제는 회수 시점이다. 시장이 좋을 때 회수해야 하기 때문에 기다릴 수 있는 여유 자금이어야 하는 것이다. 다행히 경기는 사이클이 있고 주식시장도 대세 상승과 대세 하락의 사이클이 있다. 정확히 저점에서 매수하기 시작해 고점에서 매도하지는 못한다 하더라도 경기 사이클이 고점을 찍고 하락기에 접어들기 시작할 즈음 자금을 회수하고 경기가 침체기에서 벗어나 주식시장이 바닥에서 어느 정도 올라오기 시작할 즈음에 적립식으로 재투자할 수 있다. 적어도 그 사이클 주기 동안은 자금을 빼서 다른 용도로 사용하지 않아도 될 정도의 여유가 있어야 한다.

주식시장도 하나의 상품이라고 볼 수 있다. 투자자로부터 외면 받는 현실은 우리나라 주식시장, 즉 상품이 좋지 않기 때문이기도 하다. 많은 개인 투자자들이 이젠 기관 투자자가 운용하는 펀드를 불신하고 있다. 오랜 동안 펀드에 적립식으로 투자했지만 시장이 하락할 때는 펀드 수익률이 같이 하락하는데 시장이 상승함에도 펀드 수익률은 좀처럼 동반해서 올라오지 못하기 때문이다. 지수 2000포인트에 투자하면 시장이 1900포인트까지 하락하는 동안에는 손실이 당연하다. 그런데 다시 시장이 2000포인트까지 상승하면 수익률이 최소한 본전이 되어야 상식적으로 마땅하다. 그러나 여러분도 경험했듯이 지수가 최초 투자한 시점까지 상승해도 펀드 수익률이 마이너스인 경우가 많다. 그것은 펀드의 유형에 따라 당연히 다를 것이고 펀드 운용자가 바뀌면서 그러한 현상이 나타나기도 하고 펀드의 총 자산이 중간중간 환매를 통해 바뀌기 때문이기도 하다.

서두에 미국이나 유럽 등 선진 자본시장에 참여하고 있는 많은 투자자는 적립식 투자로 큰 수익을 거두고 있다고 말했다. 우리의 투자가 그렇지 못한 이유는 주식시장이 너무 오랫동안 우상향 하지 못하고 박스권에 갇혀 있는 경우가 많았고, 적립식으로 장기 투자해도 그 효과를 충분히 누리지 못하는 잘못된 운용을 하는 펀드가 많았기 때문이었다. 간접 투자 상품인 펀드에 투자자들이 만족하지 못하는 가운데 몇 년 전부터 ETF가 활성화됐다. ETF의 개념과 장단점 그리고 기회의 상품이란 점은 앞에서 설명했다. 지수 ETF야말로 시장의 하락과 상승을 그대로 반영하는 좋은 상품이라 할 수 있다. 당분간 시장이 상승할지, 하락할지 모르지만 궁극적으로 한 10년 후에는 지금보다 상승할 것이라는 주식시장의 속성을 이해한다면 적립식으로 주식시장에 장기 투자하는 것은 그 무엇보다도 훌륭한 재테크가 될 것이다.

부동산/재테크/창업

롱텀 부동산 투자 58가지

장인석 지음 | 17,500원
348쪽 | 152×224mm

이 책은 현재의 내 자금 규모로, 어떤 위치의 부동산을 언제 살 것인가에 대한 탁월한 분석을 펼쳐 보여 준다. 월세탈출, 전세탈출, 무주택자탈출을 꿈꾸는, 건물주가 되고 싶고, 꼬박꼬박 월세 받으며 여유로운 노후를 보내고 싶은 사람들을 위한 확실한 부동산 투자 지침서가 되기에 충분하다. 이 책은 실질금리 마이너스 시대를 사는 부동산 실수요자, 투자자 모두에게 현실적인 투자 원칙을 수립할 수 있도록 해줄 뿐 아니라 실제 구매와 투자에 있어서도 참고할 정보가 많다.

나의 꿈, 꼬마빌딩 건물주 되기

나창근 지음 | 15,000원
302쪽 | 152×224mm

'조물주 위에 건물주'라는 유행어가 있듯이 건물주는 누구나 한 번은 품어보는 달콤한 꿈이다. 자금이 없으면 건물주는 영원한 꿈일까? 저자는 현재와 미래의 부동산 흐름을 읽을 줄 아는 안목과 자기 자금력에 맞춤한 전략, 꼬마빌딩을 관리할 줄 아는 노하우만 있으면 부족한 자금을 충분히 상쇄할 수 있다고 주장한다. 또한 액수별 투자전략과 빌딩 관리 노하우 그리고 건물주가 알아야 할 부동산지식을 알기 쉽게 설명한다.

월급쟁이들은 경매가 답이다
1,000만 원으로 시작해서 연금처럼 월급받는 투자 노하우

박갑현 지음 | 14,500원
264쪽 | 152×224mm

경매에 처음 도전하는 직장인의 눈높이에서 부동산 경매의 모든 것을 알기 쉽게 풀어낸다. 일상생활에서 부동산에 대한 감각을 기를 수 있는 방법에서부터 경매용어와 절차를 이해하기 쉽게 설명하며 각 과정에서 꼭 알아야 할 중요사항들을 살펴본다. 경매 종목 또한 주택, 업무용 부동산, 상가로 분류하여 각 종목별 장단점, '주택임대차보호법' 등 경매와 관련되어 파악하고 있어야 할 사항들도 꼼꼼하게 짚어준다.

초저금리 시대에도 꼬박꼬박 월세 나오는
수익형 부동산

나창근 지음 | 17,000원
332쪽 | 152×224mm

현재 (주)기림이엔씨 부설 리치부동산연구소 대표이사로 재직하고 있으며 [부동산TV], [MBN], [한국경제TV], [KBS] 등 방송에서 알기 쉬운 눈높이 설명으로 호평을 받은 저자는 부동산 트렌드의 변화와 흐름을 짚어주며 수익형 부동산의 종류별 특성과 투자노하우를 소개한다. 여유자금이 부족한 투자자도 전략적으로 투자할 수 있는 혜안을 얻을 수 있을 것이다.

주식/금융투자

북오션의 주식/금융 투자부문의 도서에서 독자들은 주식투자 입문부터 실전 전문투자, 암호화폐 등 최신의 투자흐름까지 폭넓게 선택할 수 있습니다.

주식투자
기본도 모르고 할 뻔했다

박병창 지음 | 19,000원
360쪽 | 172×235mm

코로나 19로 경기가 위축되는데도 불구하고 저금리 기조가 계속되자 시중에 풀린 돈이 주식시장으로 몰리고 있다. 때 아닌 활황을 맞은 주식시장에 너나없이 뛰어들고 있는데, 과연 이들은 기본은 알고 있는 것일까? '삼프로TV', '쏠쏠TV'의 박병창 트레이더는 '기본 원칙' 없이 시작하는 주식 투자는 결국 손실로 이어짐을 잘 알고 있기에 이 책을 써야만 했다.

하루 만에 수익 내는
데이트레이딩 3대 타법

유지윤 지음 | 25,000원
312쪽 | 172×235mm

주식 투자를 한다고 하면 다들 장기 투자나 가치 투자를 말하지만, 장기 투자와 다르게 단기 투자, 그중 데이트레이딩은 개인도 충분히 가능하다. 물론 쉽지는 않다. 꾸준한 노력과 연습이 있어야 한다. 하지만 가능하다는 것이 중요하고, 매일 수익을 낼 수 있다는 것이 중요하다. 그 방법을 이 책이 알려준다.

최기운 지음 | 18,000원
424쪽 | 172×245mm

10만원으로 시작하는
주식투자

4차산업혁명 시대를 선도하는 기업의 주식은 어떤 것들이 있을까? 이제 이 책을 통해 초보투자자들은 기본적이고 다양한 기술적 분석을 익히고 그것을 바탕으로 향후 성장 유망한 기업에 투자할 수 있는 밝은 눈을 가진 성공한 가치투자자가 될 수 있다. 조금 더 지름길로 가고 싶다면 저자가 친절하게 가이드 해준 몇몇 기업을 눈여겨보아도 좋다.

박병창 지음 | 18,000원
288쪽 | 172×235mm

현명한 당신의
주식투자 교과서

경력 23년차 트레이더이자 한때 스패큐라는 아이디로 주식투자 교육 전문가로 불리기도 한 저자는 "기본만으로 성공할 수 없지만, 기본 없이는 절대 성공할 수 없다"고 하며, 우리가 모르는 '기본'을 설명한다. 아마도 이 책을 보고 나면 '내가 이것도 몰랐다니' 하는 감탄사가 입에서 나올지도 모른다. 저자가 말해주는 세 가지 기본만 알면 어떤 상황에서도 주식투자를 할 수 있다.

최기운 지음 | 18,000원
300쪽 | 172×235mm

동학 개미
주식 열공

〈순매매 교차 투자법〉은 단순하다. 주가에 가장 큰 영향을 미치는 사람의 심리가 차트에 드러난 것을 보고 매매하기 때문이다. 머뭇거리는 개인 투자자와 냉철한 외국인 투자자의 순매매 동향이 교차하는 곳을 매매 시점으로 보고 판단하면 매우 높은 확률로 이익을 실현할 수 있다.

곽호열 지음 | 19,000원
244쪽 | 188×254mm

초보자를 실전 고수로 만드는
주가차트 완전정복

이 책은 주식 전문 블로그 〈달공이의 주식투자 노하우〉의 운영자 곽호열이 예리한 분석력과 세심한 코치로 입문하는 사람은 물론 중급자들이 놓치기 쉬운 기술적 분석을 다양하게 선보인다. 상승이 예상되는 관심 종목 분석과 차트를 통한 매수·매도 타이밍 포착, 수익과 손실에 따른 리스크 관리 및 대응방법 등 주식시장에서 이기는 노하우와 차트기술에 대해 안내한다.

유지윤 지음 | 18,000원
264쪽 | 172×235mm

누구나 주식투자로
3개월에 1000만원 벌 수 있다

주식시장에서 은근슬쩍 돈을 버는 사람들이 있다. '3개월에 1000만 원' 정도를 목표로 정하고, 자신만의 투자법을 착실히 지키는 사람들이다. 3개월에 1000만 원이면 웬만한 사람들 월급이다. 대박을 노리지 않고, 딱 3개월에 1000만 원만 목표로 삼고, 그것에 맞는 투자 원칙만 지키면 가능하다. 이렇게 1000만 원을 벌고 나서 다음 단계로 점프해도 늦지 않는다.

근투생 김민후(김달호) 지음
16,000원 | 224쪽
172×235mm

삼성전자 주식을 알면
주식 투자의 길이 보인다

인기 유튜브 '근투생'의 주린이를 위한 투자 노하우. 국내 최초로 삼성전자 주식을 입체분석한 책이다. 삼성전자 주식은 이른바 '국민주식'이 되었다. 매년 꾸준히 놀라운 이익을 내고 있으며, 변화가 적고 꾸준히 상승할 것이라는 예상이 있기에, 이 책에서는 삼성전자 주식을 모델로 초보 투자자가 알아야 할 거의 모든 것을 설명한다.

금융의정석 지음 | 16,000원
232쪽 | 152×224mm

슬기로운 금융생활

직장인이 부자가 될 방법은 월급을 가지고 효율적으로 소비하고, 알뜰히 저축해서, 가성비 높은 투자를 하는 것뿐이다. 그 기반이 되는 것이 금융 지식이다. 금융 지식을 전달함으로써 개설 8개월 만에 10만 구독자를 달성하고 지금도 아낌없이 자신의 노하우를 나누어주고 있는 크리에이터 '금융의정석'이 영상으로는 자세히 전달할 수 없었던 이야기들을 이 책에 담았다.

우영제 · 이상규 지음
23,500원 | 444쪽
152×224mm

자금조달계획서
완전정복

6·17 대책 이후 서울에서 주택을 구입하려는 사람이라면 (거의) 누구나 자금조달계획서를 작성해야 한다. 즉, 이 주택을 사는 돈이 어디서 났느냐를 입증해야 한다. 어떻게 생각하면 간단하고, 어떻게 생각하면 복잡한 문제다. 이 책은 이제 필수 문건이 된 자금조달계획서를 어떻게 작성해야 하는지, 증여나 상속 문제는 어떻게 해결해야 하는지를 시원하게 밝혀주는 가이드다.